本书为教育部哲学社会科学重大课题攻关项目"世界历史进程中多元文明互动与共生研究"（项目批准号08JZD0037）的成果之一

世界历史进程中多元文明互动与共生研究丛书

刘新成 主编

互动与认同：

古典时期中国与希腊族群认同的比较

魏孝稷 著

中国社会科学出版社

图书在版编目（CIP）数据

互动与认同：古典时期中国与希腊族群认同的比较/魏孝稷著.—北京：
中国社会科学出版社，2015.4
ISBN 978 - 7 - 5161 - 6021 - 3

Ⅰ.①互…　Ⅱ.①魏…　Ⅲ.①民族文化—对比研究—中国、希腊—古代
Ⅳ.①G03

中国版本图书馆 CIP 数据核字（2015）第 076600 号

出 版 人	赵剑英
选题策划	郭沂纹
责任编辑	郭沂纹
特约编辑	沂　涟
责任校对	韩天炜
责任印制	李寡寡

出　　版	中国社会科学出版社
社　　址	北京鼓楼西大街甲 158 号
邮　　编	100720
网　　址	http://www.csspw.cn
发 行 部	010 - 84083685
门 市 部	010 - 84029450
经　　销	新华书店及其他书店

印　　刷	北京市大兴区新魏印刷厂
装　　订	廊坊市广阳区广增装订厂
版　　次	2015 年 4 月第 1 版
印　　次	2015 年 4 月第 1 次印刷

开　　本	710×1000　1/16
印　　张	13.5
插　　页	2
字　　数	226 千字
定　　价	45.00 元

总　序

刘新成

当前，受全球化、"文明冲突"以及国际争端等诸多因素的影响，世界、文明和民族国家三者关系问题越来越受到关注。联合国将 2001 年定为"文明对话年"，联合国教科文组织则发布了"保护文化多样性宣言"。文明对话也好，保护文化多样性也好，其实都指向一个根本性的问题，即"异同关系"问题：世界同一，而文明和国家各异，因此必须处理好"异"和"同"的关系。

西方的"异同观"曾颇为"直白"：以异化同，亦即以西方文明同化世界，这与西方传统有关。西方自古典时代起就自视甚高，自称文明民族的同时，将毗邻的波斯人和日耳曼人等称为野蛮人。柏拉图设计的国家体制号称体现"普遍理想"，罗马法则以标志"人类共识"的"自然法"冠名。基督教取代犹太教也具有用普世宗教替代民族宗教的性质。中世纪教会宣称，世间全部生命毫无例外地服从上帝意志，（信仰）异端即属异类。宗教改革后，西方新兴阶级又恃其财富自称"上帝的选民"，睥睨所有"现世生活中的失败者"。1548 年西班牙人胡安·金斯·德·塞普尔维达写到，根据亚里士多德的学说，西方人的海外征服完全正义，因为在非正义君主统治下的印第安人并非完整意义上的人类，欧洲人是来解放他们的。在这些人看来，欧洲的海外扩张乃勉为其难的"白人负担"。启蒙运动后，宗教说教不再有市场，取而代之的是理性主义进步观和目的论，西方发展道路被说成人类发展必由之路，非西方文明与西方文明之间不再是类别之分，而是发展水平的差距，不仅西方对世界的同化理所当然，而且非西方文明的唯一出路就是向西方靠拢。总之，如某些西方学者所言，长期的唯我独尊加上近代以来视简化为美德的科学思维习惯，已经把西方导向"政治学摩尼教陷阱"，在他们眼中，世界永远是"我方"与"对方"

对峙的世界。时至今日，虽然许多西方人对"西方中心论"已经有所警觉，但传统思维方式仍然存在，仅从近年出版的中译西著《国富国穷》（［美］戴维·S.兰德斯，新华出版社2010年版）和《文明》（［英］尼尔·弗格森，中信出版社2012年版）等书中，就可以看到这一点。

　　在非西方世界，尽管如中国等有古代文明传统的国家在历史上不乏"求同存异""同无妨异""异不害同"等思想，但这些思想一般仅就本族内部而言，与营造"世界秩序"没有多大关系。事实上他们也不可能以这样的态度"看世界"。他们与世界"碰撞"的历史很大程度上是与被西方侵略的屈辱史连在一起的，他们从一开始认识世界，就陷于承认劣势又不甘于劣势，反感西方又不得不学习西方的矛盾之中，"体用心态"并非中国专利。从中国的"师夷制夷"到日本的"西方技术加日本精神"，从阿拉伯半岛的瓦哈比教到俄罗斯的民粹派，从沙特君主"要现代化，不要西化"的主张到20世纪30年代以后兴起的伊斯兰原教旨主义，尽管语言不同，说法各异，所产生的社会影响或运动后果也不尽一致，但都表达了一种二元对立的"世界定式"：在这个定式的一边是本土，另一边是西方。本土一方最初可能是某种文明，但随着时代进展越来越多指向民族国家。

　　有言道"读史使人明智"，但殊不知历史学本身也是时代的产物，受时代局限的史学有时非但不能使人明智，反而会制造认识误区。西方的世界史学就曾经起过误导作用。西方"现代历史科学"源于19世纪末的兰克学派。当时的欧洲民族主义盛行，唯心史观大行其道。黑格尔认为，人类历史就是一部理性发展史，但各民族理性发展不均衡，因而形成不同的民族精神，而理性发展到极致的民族精神（如日耳曼民族精神）则代表世界精神。按照这种历史观，只有理性民族才有历史可言（黑格尔认为东方民族尚未进入理性时代，所以没有历史），而世界历史就是理性民族史。黑格尔哲学中聚合不同民族精神而成的"想象世界"，在历史学演绎下成为以国家为本体的"历史世界"，这就意味着，西方历史学从一诞生就不承认"整体世界"的历史，而只承认"分割为不同民族和国家的世界"的历史。民族国家成为历史叙述的基本单位，所有人物、事件都在民族国家的背景下展开，国家之间彼此隔绝、互无联系，整体世界更无从谈起。这种"化整为零"的世界历史观凸显欧洲国家的理性先行者地位，与西方人长期以来的优越感相契合，与当时欧洲盛行的民族主义相呼应，是一种地道的西方产品，但是伴随西方的海外扩张和"文化殖民"，其影响遍及全球。今天，世界绝大多数国家的历史教育都采取本国史加外国史的模式，汤因比式的推崇民族文化纯洁性、视文化混杂为没落标志的"世界史"编纂方式在在留下痕迹，以至堆积国别、忽略整体成为世界历史叙述中的普遍现象，其结果是只见树木、不见森林，突出区别、淡化同一，呈现在人们眼前的多是一个分裂乃至对立和冲突的世界。

　　然而，20世纪特别是20世纪下半叶世界形势的发展却与世界史学叙述的传统脉络背道而驰。国际交往空前频繁，人员、商品、资本空前流动，国际组织、跨国组织空前活跃，现代化过程固有的规律限制了文化孤立存在和自我维护的机会，而以互联网为标志的科技发展简化了文化互动过程，静态的文明差异逐渐淡化，全球化趋势有目共睹。人们正是在对当代特点的思考和对现实世界的解释中，产生了对传统世界历史观的怀疑。德国学者哈贝马斯提出交往理论。他认为，人们的交往能力如同生产能力一样，也是推动社会发展的动力，"在实践知识、交往行动和用共识调解行为冲突的领域中，也存在着学习过程。……而且，只有这些学习过程才可能使新的生产力得到使用"。我国学者费孝通不失时机提出的"各美其美、美人之美、美美与共、天下大同"的思想，使我国传统文化中的"和而不同"观念具有了不同凡响的现代内涵。在国际史学界，布罗代尔、巴勒克拉夫、麦克尼尔、斯塔夫里阿诺斯等人或呼吁或力行，以宏观视野审视世界史，将世界作为一个整体而不是各部之和加以考察，所谓"全球史观"一时蔚然成风。全球史观内容繁复，"互动说"是其核心理念之一。该学说认为，人类属于为了生存不得不相互依存的物种，而他们为获得地球有限的能量必然彼此竞争，因此各人类群体不得不认真体会竞争与合作的关系；对合作与竞争理解最深入者通常可以获得最大限度的生存繁衍机会，与他人、他者、他方共处与交流能力是导致人类整体成功生存与繁衍的力量；在有文字以来的大部分时间里，推动历史变化的车轮是陌生人之间的接触，因为这种接触引起双方重新思考，在某种情况下甚至令其改变原有的行为方式，最初正是这类接触和反应导致文明的产生，此后文明之间或国际势力之间的互动乃是促成世界历史从文明的原初状态向当今状态演变的动力和基础，因此可以说，"世界历史的发展主要应归功于各文明、文化之间的相互交流，相互作用"。"互动说"容有不周之处，但它提供了一个全新的视角，从这种视角来审视世界历史，或许会带来新的启发。

首都师范大学全球史研究中心成立于2004年。十余年来我们除译介全球史论著外,也尝试做些研究工作。2008年在前期研究基础上,该中心获得教育部资助,承担了"世界历史进程中多元文明互动与共生研究"重大攻关课题。本套丛书就是该课题的研究成果。在我们申请这个课题的时候,就有专家问我们:你们怎么解释世界历史上的冲突?强调"共生"是否掩盖了国际冲突?我们承认世界历史上冲突不断,并无掩盖之想。我们也不相信互联网理想主义者尼葛洛·庞蒂所说的,"互联网的普及将改变我们的国别概念,国家会像个樟脑丸从固体直接转为气体那样蒸发掉",而对于当前国际上有关淡化民族利益的政治图谋,我们也保持足够的警惕。我们这些研究在重现历史上曾经发生却在世界历史学中被忽略的和平共处现象的同时,并不回避冲突,只是把冲突放在不同族群、不同文明之间的接触、相遇、碰撞、交往、交流、互动、共处、互容、相融等诸多方面中间来呈现,避免唯冲突论。

我们处在一个全球化时代,"全球公民"如何相处是一个越来越现实的问题。"文明冲突论"所引发的反响与争议事实上已远远超出作者亨廷顿原书涉及的内容。如何认识所谓"全球社会"才是关键所在,杜维明先生说,当前,"从政治上和伦理上说,世界民族大家庭需要作出艰苦的努力,才能超越出自我利益辞藻之上,重获世界相互依靠的精神"。我国作为负责任的世界大国,已提出建立"和谐世界"的美好愿景。本套丛书倘能使读者对世界的同一性和世界各部分之间的关联性增加一点儿认识,我们就很满足了。

目　录

前　言

纵观人类历史发展的进程，横向发展在朝着广度演进。人类全球化的历史早已开启，全球化的规模和力度随着历史的脚步，特别是随着技术的日新月异而日益扩大和强化。全球性在扩张的同时也造就了地方性，可以说全球化与地方化是一对孪生兄弟。族群/文明认同是典型的地方化行为，也是全球化的后果之一。

公元前8世纪至公元前3世纪，全球性气候变化、技术进步（比如铁器普遍使用于农业生产）和人口增长等因素促使人类社会一个大变革时代的兴起，也导致跨文化互动的规模和范围扩大。这是一个轴心突破的时代，也是一个全球性大扩张的时代。那时，华夏文明和希腊文明既面临着严峻的外部威胁，又存在向外扩张的冲动。周政权国家将政治中心东迁之后，西北方的戎狄集团也纷纷内迁到中原地区，此时游离于周政权之外的楚国在南方奋起，南北两股力量交侵中原。而中原国家在"尊王攘夷"的旗帜下展开了反击，界分族群内外的华夏认同被建构出来，成为攘外运动的意识形态工具。另外，晋国、齐国等华夏大国在争霸与扩张过程中也不断生产族群认同话语。希腊人与外部的强烈互动集中在公元前5世纪。反抗波斯的入侵被看作不同文明的生死之战，希腊认同被用于动员宣传；波斯势力退出希腊本土之后，雅典领导提洛同盟角逐东地中海地区的霸权，泛希腊认同变成提洛同盟海外扩张的政治修辞。大规模的全球化扩张强化了地方认同，地方认同也反过来影响着人们应对全球化的方式。

如果将族群边界意识的成长放在更为宏大的背景中考察，就会发现这次族群认同的变迁是一场族群/文明自觉运动，属于轴心突破运动的重要一环。从长时段来看，族群自觉的意义有二：第一，形成了文化认同的传统，也产生了文化偏见的意识。族群大互动之前，中国地区和东地中海地区的族群认同主要以血缘关系为标准，比如，"诸姬"意识可以说是周政权国家的意识形态,"希伦子孙"的观念为希腊人所共享。族群大互动的过程中,"诸姬"意识被超越血缘的"诸夏"意识取代,"希伦子孙"也被赋予文化的内涵,文化标准诸如礼制、城邦民主制以及礼义、节制、自由等文明价值观成为族群边界的新的界标。同时,边界以内的居民被看作高等的文明人,边界以外的居民被视为低等的野蛮人。这种文化中心主义传统传之久远,特别是现代的东方主义、西方中心主义可以追溯至此。

第二,形成了认同的文化模式。尽管华夏国家和希腊的精英在处理内外关系上都存在族群中心主义的偏见,但是处理方式极为不同,他们各自拥有一套共享的制度、价值观和思维方式。具体而言,华夏国家已经完全摒弃了认同的血缘标准,以文化标准为本位;希腊人采用的是文化、血缘兼具的复合标准,血缘标准理论化之后发展为种族主义的早期形态,成为现代西方种族主义的源头。另外,华夏文明反对对外部世界的文化征服,奉行文化多元和实质平等的对外政策,这是一种文明守成主义的传统;希腊文明鼓吹一元文明论,毫不掩饰向外传播文明的强烈动机,而实质是想建立一个不平等的帝国秩序,这是一种文明帝国主义的认同模式。揆诸中西文明史,两种认同文化赫然有别。

让我们警醒的是,源自希腊的认同文化模式没有消失,它仍然是某些国家处理国际关系的制度实践和思维方式。在"同住地球村"的今天,多族群、多元文明共存更是值得关注的对象,所以我们不得不思考文化认同问题和认同文化问题。追根溯源,本文旨在寻求文化认同和认同文化在中华文明史和西方文明史上的渊源。

笔者接触先秦史和古希腊史的时间比较短,涉足两个研究领域也浅,况且书稿草就仓促,自然会出现这样那样的纰漏。希望方家多批评指正,待来日弥补。

第 一 章

绪 论

公元前 546 年，亚洲的东方和西方发生了两件大事，一是弭兵之会，二是波斯人征服吕底亚，臣服于吕底亚王国的小亚的希腊城邦也并入波斯帝国的领土。前一个事件预示着春秋时期近两百年的华夷族群大互动进入尾声，华夷大融合的局面在逐步形成。后一个事件则为波斯帝国与希腊世界的冲突播下了种子。半个世纪之后，波斯两代君王大流士和其子薛西斯几度入侵希腊本土，在东地中海地区掀起战争的汹涛骇浪，这就是著名的波斯战争，或者叫希波战争。波斯战争以入侵者的战败结束，波斯军队仓皇退回亚细亚。在战争中得到历练、军事实力大为提升的希腊城邦雅典担当起了复仇波斯的领袖，希腊、波斯之间又展开几十年的角逐。公元前 8 世纪至公元前 5 世纪正是几大文明发生大变革的时代，在思想领域有轴心突破运动（axial breakthrough）。华夷大互动和希波之间的大互动也给轴心突破带来了冲击，最明显的就是族群意识的高涨，以及新的族群认同的出现。华夏国家强调礼别华夷，希腊人也形成了文化中心主义的蛮族（barbarian）观念。

公元前 4 世纪华夏文明和希腊文明诞生了东西方遥相呼应的两部政治学著作，一本是《公羊传》①，另一本是《政治学》。两本著作都高调宣扬内外之别，并就如何处理族际关系表达了看法，书中的内外观念分别是几个世纪以来族群意识的总结与集中体现。这种"陌生的平行"不是巧合②，而是有着内在的一致性。

---

① 关于《公羊传》的成书时间历来存在争议，本书采用"战国中期说"，详见书中解释。

② 维克托·利伯曼用"陌生的平行"形容东南亚大陆由山地分开的三个国家缅甸、泰国、和越南在公元 800 年至 1830 年经历的相似发展道路。参见 Victor Lieberman，*Strange Parallels*：*Southeast Asia in Global Context，c. 800 – 1830，Volume* Ⅰ：*Integration on the Mainland*，Cambridge：Cambridge University Press，2003.

本书就以上古时期中国和希腊为例,讨论两大族群在公元前8世纪至5世纪所经历的族群认同的变迁问题,旨在通过影响研究和比较研究,探讨历史发展的统一性,通过比较研究论述族群或文明共同体在历史发展中的差异性。此外,以中国族群认同为参照,重新思考希腊族群或希腊文明的希腊精神(Hellenism);同时,以希腊的族群认同为参照,在前人研究的基础上试着发掘、发展中华文明的历史遗产。

第一节　研究综述

比较史学要求研究者有扎实的史学功底,至少要有一定的知识储备,而实际上历史学工作者大多专注于某一研究领域,很少问津跨文化的研究。所以,历史比较法不易受到他们的青睐,甚至没有得到他们的认同。比较史研究的成果之少是可以想见的。华夏族群和希腊族群认同的比较不能说没有任何成果,但多是只言片语,无法系统而详赡地阐述中希族群认同的相似性和差异性及其意义。然而,不管是华夏认同的研究还是希腊认同的研究,在各自的领域都有比较深入的探讨。

一　关于华夏认同的研究

族群认同是一种意识形态,是一个族群称其为族群的重要甚至是核心的标志。然而长期以来,族群研究主要纠缠于所谓的族群的客观特征上。讨论华夏族群问题也是这样。所以在华夏形成的时间问题上竟有多种答案,有"原始社会末期说"、"夏代说"、"商代中期说"、"西周说"、"春秋时期说"和"战国时期说",莫衷一是。[①] 如果将族群的认同因素考虑进去的话,华夏族形成的问题便迎刃而解。书中会论述到,夏商西周时期统一的华夏认同还没有出现,姬姓、姜姓的姓族认同是主流,华夏概念和文化认同在春秋时期华夷关系极度紧张的时候才登上历史舞台。那么,主张超越血缘组织和血缘认同的华夏族形成于春秋时期的观点就更具有合理性。

也有不少学者关注到了华夏国家的族群意识或认同观念。治西周史的学者许倬云认为华夏族形成于西周时期,他说:"华夏民族的形成,当在

---

① 参见李龙海:《汉民族形成之研究》,科学出版社2010年版,第7—10页。

西周之时，以其包容各族群的气度，熔铸为一个有共同文化意识的民族。"还说道："终于……凝结了一个强烈的'自群'意识，后世的华夏观念，当由周初自群结合而开其端倪。"① 中国台湾籍的学者王明珂也说："在西元前2000—1500年间，出现了中央化的夏商王朝。并在之后的周王朝时代，华夏与夷戎蛮狄的观念形成，华夏成为一个强有力维护共同资源的人群。"② 显然，他也主张华夏认同形成于西周时期。

张正明认为，"夷夏之称始于西周，夷夏之防严于春秋"，并提出先秦时期区分夷夏的标准是族类标准和文化标准。③ 但是他对于"夷夏之称始于西周"的论述显得粗糙，也没有进一步细致地研究两种标准的变迁问题。有一本著作值得我们注意，就是王锺翰先生主编的《中国民族史》，该书的前两编关于先秦时期族群关系的章节由陈连开教授撰写。文章考虑到族群互动的作用，也提到"族群意识的进化"。关于族群意识作者指出，"春秋时期区分华夷，族类与文化并重，尤其强调文化。"④ 这明显受到陈寅恪先生有关族群认同论的启发（陈先生认为"胡汉之分，在文化不在种族"，后文还要详述）。但是，该书并没有从历史纵深的角度阐述此时期产生的族群意识变化。

李龙海博士的《汉民族形成之研究》一书是研究华夏族和汉族形成的集大成之作。作者综合运用文献材料和考古材料，追述夏人、商人、周人以及东夷之间的关系，重点论述了华夏族形成和周边族群的华夏化过程。李龙海花费不少笔墨分别叙述了华夏认同和群夷、众狄、诸戎、秦、楚、吴、越华夏化过程中的认同意识。⑤

与华夏认同研究密不可分的是"华夷之辨"的研究。实际上，华夷之辨是华夏认同的主要表达形式，不过，通常情况下是将"华夷之辨"作为独立的研究对象。近些年来，华夷之辨的研究论著可谓汗牛充栋，质量也参差不齐，有佳作，也有应景之作，这里仅胪列要者。大体说来，华夷之辨的研究可以分为以下几个板块：第一，华夷之辨或者华夷观念的形

----

① 许倬云：《西周史》（增订本），三联书店1993年版，序言第12页，正文第140页。

② 王明珂：《华夏边缘——历史记忆与族群认同》，台北：允晨文化实业股份有限公司，1997年版，第97页。

③ 张正明：《先秦的民族结构、民族关系和民族思想》，《民族研究》1983年第5期。

④ 王锺翰：《中国民族史》（增订版），中国社会科学出版社2001年版。

⑤ 李龙海：《汉民族形成之研究》，科学出版社2010年版。

成与演变，比如，林甘泉：《夷夏之辨与文化认同》，① 姜建设：《夷夏之辨发生问题的历史考察》，② 秦永洲：《春秋战国的华夷之辨与华夏正统之争》，③ 颜世安：《华夷之辨与春秋泓之战》，④ 柳岳武：《"一统"与"统一"——试论中国传统"华夷"观念之演变》，⑤ 张其贤："中国"概念与"华夷"之辨的历史探讨》⑥；第二，儒家的华夷观，主要论述孔子、孟子等儒家代表人物以及儒家经典《公羊传》、《谷梁传》中的华夷思想，比如，葛荃：《论〈春秋·公羊传〉的"大一统"政治思想》，⑦ 李炳海：《孔子种族意识的双向结构》，⑧ 浦卫忠：《春秋三传综合研究》，⑨ 蒋庆：《公羊学引论》，⑩ 常金仓：《"夷夏之辨"与"以德怀远"说》，⑪ 黄德昌：《儒家与夷夏之辨》，⑫ 许殿才：《"夷夏之辨"与大一统思想》，⑬ 陈其泰：《儒家公羊学派夷夏观及其影响》，⑭ 秦平：《〈春秋穀梁传〉华夷思想初探》，⑮ 余治平：《夷夏之变与文明超越——春秋公羊学视野下的中国道路选择》⑯；第三，论述文野之分与"礼别华夷"，代表作品有李云泉：《夏夷文野之分与华夏中心意识》、《夏夷之辨观念的擅变及其时代特

①　林甘泉：《夷夏之辨与文化认同》，《传统文化与现代化》1995 年第 3 期。

②　姜建设：《夷夏之辨发生问题的历史考察》，《史学月刊》1998 年第 5 期。

③　秦永洲：《春秋战国的华夷之辨与华夏正统之争》，《山东师范大学学报》2001 年第 6 期。

④　颜世安：《华夷之辨与春秋泓之战》，《南京工业大学学报》2004 年第 3 期。

⑤　柳岳武：《"一统"·与"统一"——试论中国传统"华夷"观念之演变》，《江淮论坛》2008 年第 3 期。

⑥　张其贤：《"中国"概念与"华夷"之辨的历史探讨》，博士学位论文，台湾大学，2009 年 9 月。

⑦　葛荃：《论〈春秋·公羊传〉的"大一统"政治思想》，《政治学研究》1987 年第 3 期。

⑧　李炳海：《孔子种族意识的双向结构》，《齐鲁学刊》1990 年第 2 期。

⑨　浦卫忠：《春秋三传综合研究》，台北：文津出版社 1995 年版。

⑩　蒋庆：《公羊学引论》，辽宁教育出版社 1995 年版。

⑪　常金仓：《"夷夏之辨"与"以德怀远"说》，《陕西师范大学学报》1997 年第 1 期。

⑫　黄德昌：《儒家与夷夏之辨》，《四川大学学报》2003 年第 4 期。

⑬　许殿才：《"夷夏之辨"与大一统思想》，《河北学刊》2005 第 3 期。

⑭　陈其泰：《儒家公羊学派夷夏观及其影响》，《史学集刊》2008 年第 3 期。

⑮　秦平：《〈春秋穀梁传〉华夷思想初探》，《齐鲁学刊》2010 年第 1 期。

⑯　余治平：《夷夏之变与文明超越——春秋公羊学视野下的中国道路选择》，《江海学刊》2012 年第 1 期。

征》两篇文章①，陈玉屏：《对先秦儒家"礼别华夷"的解读》，② 另外李龙海在《汉民族形成之研究》中也论述了"礼"作为华夷之辨标准的观点。华夷之辨的研究都提到华夷之辨的文化标准，但是却忽视了对春秋战国时期华夷之辨之实质的追问，也没有关注华夏族群意识觉醒前后的变化。

二　关于希腊认同的研究

冷战时代后期，族群矛盾上升，造成国际和国内局势的紧张。这引起政治学、社会学和人类学对族群问题特别是族群认同（ethnic identity）问题的兴趣。期间出现大量以族群、民邦（nation）、民邦主义（national-ism）为研究对象的理论著作③。历史学家和古典学家也将族群问题和族群认同问题引入历史学和古典学领域加以考察。另外，萨义德《东方主义》一书的出版，为族群认同研究提供了崭新的视角，受其批判西方中心主义思路的影响，一些极富创见性的著作纷纷面世。

1980 年，法国学者哈尔托格（Francois Hartog）出版了《希罗多德的镜子：历史书写中的他者表述》一书。④ 该书正如法语书名中所说的是一本论文集，但是却有一个一以贯之的主题精神。他在书中指出，希罗多德通过对波斯帝国境内诸多族群文化和风俗的叙述，实际上为希腊人描述了一个与希腊人相对立的"他者"群体——蛮族世界，这成为希腊人认识自身文化特性的一面镜子。1989 年，英国学者依迪丝·霍尔（Edith Hall）出版专著《发明蛮族人：希腊人通过悲剧定义自我》，指出在波斯战争之后希腊人才塑造了带有偏见和歧视意味的蛮族人形象，希腊悲剧的创作与演出在创作蛮族人形象过程中发挥了极其重要的作用。希腊人特别是雅典人通过发明负面的蛮族人形象，从反面衬托和突显希腊人自己的制度和文化价值观，从而实现自己的文化认同。雅典人充当了发明蛮族人的

---

① 李云泉：《夏夷文野之分与华夏中心意识》，《山东师范大学》2002 年第 3 期；《夏夷之辨观念的擅变及其时代特征》，《河北师范大学》2003 年第 1 期。

② 陈玉屏：《对先秦儒家"礼别华夷"的解读》，《烟台大学学报》2009 年第 1 期。

③ 参见［英］霍布斯鲍姆：《民族与民族主义》，李金梅译，上海人民出版社 2000 年版。

④ François Hartog, *Le miroir d'Hérodote：essai sur la representation de l'autre*, Paris：Gallimard, 1980. 英文版为 Francois Hartog, *The Mirror of Herodotus：The Representation of the Other in the Writing of History*, trans. , Janet Lloyd, Berkeley and Los Angeles：University of California Press, 1988.

主力军，幕后的动机是为雅典霸权提供话语基础①。保罗·卡特里奇（Paul Cartledge）将希腊人的蛮族观念放在希腊人的整个观念体系中综合考察。他在《希腊人：自我与他者的肖像》中说，希腊人习惯上用两极对立即自我和他者对立的思维认识世界，历史和神话、男人和女人、公民和非公民、自由人和奴隶、神祇和凡人在希腊的思想意识里都是对立而存在的，希腊人与蛮族人的对立只是二元思维的延伸②。此外，爱拉德·马尔金（Irad Malkin）和托马斯·哈里森（Thomas Harrison）各自主编了一本论文集，反映了西方古典学界对希腊族群认同的兴趣③。

著名学者乔纳森·霍尔（Jonathan Hall）在《古代希腊的族群认同》中提出，希腊人的认同是社会建构的结果。语言学、考古学和文献资料说明希腊人即"希伦子孙"（Hellenes）的观念本来仅在希腊北部地区传播，后来成为整个希腊地区居民的族称。他还认为，波斯战争之后，希腊认同的方式发生了变化。波斯战争之前，希腊人的认同是聚合型的（aggregative），之后变为对立型（oppositional）。前者是从内部（from within）定义自身，即通过建构源自统一祖先的血统谱系而将不同的亲缘部族整合为同一族群；后者从外部（from without）定义自身，即通过建构与自己相异的蛮族人来实现自我的识别④。在乔纳森的另一本著作《介于族群认同与文化认同之间的希腊认同》中，他运用大量材料进一步论证了希腊认同的形成过程，并指出波斯战争之后文化认同地位上升⑤。乔纳森敏锐地发现希腊早期社会族群认同的血缘本位特征，也注意到了古典社会文化认同的重要性。这里必须指出的是乔纳森的族性、族群认同的概念。在书中这些概念指血缘共同体的认同，他将族群认同与血缘认同等同起来，并把文化认同与族群认同的概念完全分离开来，缩小了族群认同范畴的内涵和

---

① Edith Hall, *Inventing the Barbarian: Greek Self-Difinition through Tragedy*, Oxford: Oxford University Press, 1989.

② Paul Cartledge, *The Greeks: A Portrait of Self and Others*, Oxford and New York: Oxford University Press, 1993.

③ Irad Malkin ed., *Ancient Perceptions of Greek Ethnicity*. Washington DC: Center for Hellenic Studies, 2001; Thomas Harrison, ed., *Greeks and Barbarians*, Edinburgh: Edinburgh University Press, 2002.

④ Jonathan Hall, *Ethnic Identity in Greek Antiquity*, Cambradge University Press, 1997.

⑤ Jonathan Hall, *Hellenicity: Between Ethnicity and Culture*, The University of Chicago Press, 2002.

外延，致使理解上发生偏差。乔纳森缩小族群概念恰恰是受西方历史经验及族群理论的局限所致。

这些学者多聚焦希腊人的文化认同，而艾萨克等人考察了古代希腊的另一种族群认同形式——种族主义①，他们认为，现代种族主义的源头可以追溯到古希腊。艾萨克本人将古典时代的种族主义称之为原种族主义（proto-racism）。

中国的学者也参与了古代希腊认同的探讨。北京师范大学2002届博士焦雅君比较早地捕捉到西方史学的前沿，她的博士论文就探讨希腊人蛮族观念的变化②。她认为，在波斯战争之前的荷马时代和古朴时代，希腊人看待外族人不带价值色彩，蛮族（barbarian）一词在希腊语中似乎已经出现，但无贬义的内涵。波斯战争改变了希腊人对外族人的看法，从此之后，带有歧视色彩的蛮族人形象出现在文学家、史学家、哲学家的作品以及政治家的演说词当中。

徐晓旭的博士后出站论文《古代希腊民族认同的形成》也是本领域的重要成果。他在文中重点考察了古代希腊人的族群认同形成过程中的客观特征，认为"这种客观特征是其族群属性观念化和族群认同的前提和基础"。客观属性就是希罗多德在《历史》中提到的"我们全体希腊人有着共同的血缘、共同的语言、共同的圣殿和祭仪，有着共同的生活方式"③。他的文章结构也是按照语言、血缘、宗教的顺序叙述的，最后一章节他吸收了当代西方的学术成果，考察了外部世界与希腊认同形成的关系④。

黄洋教授最近也关注古代希腊认同的议题，并且侧重于希腊认同中的东方主义现象。他在《古代希腊罗马文明的"东方"想象》一文中指出，希腊文明在对"东方"诸族群与文明的认知上体现出一种东方主义倾向。

---

①　Benjamin Isaac, *The Invention of Racism in Classical Antiquity*, Princeton：Princeton University Press, 2004；Miriam Eliav-Feldon, Benjamin Isaac and Joseph Ziegler, eds., *The Origins of Racism in the West*, Cambridge：Cambridge University Press, 2009.

②　焦雅君：《从平视到蔑视——古希腊人蛮族观念的演变》，博士学位论文，北京师范大学，2002年5月。

③　Herodotus, *The Persian Wars*, Loeb Classical Library, trans., A. D. Godley, Havard University Press, 2000, Ⅷ. 144.

④　徐晓旭：《古代希腊民族认同的形成》，博士后出站论文，复旦大学，2003年5月。

荷马史诗记叙的特洛伊战争预示了东西方的分野。希波战争爆发之后，希腊人逐渐把波斯帝国想象成了典型的蛮族世界，并且以波斯为原型塑造了抽象的蛮族形象，实际上形成了一个关于西方文明的"他者"的话语体系。以埃斯库罗斯和希罗多德为代表的精英人物在期间充当了主要角色。东方主义的表述在某种程度上推动了亚历山大东征并为其提供合法性依据。黄洋另一篇文章《希罗多德：历史学的开创与异域文明的话语》主要是具体分析希罗多德《历史》中的东方主义，他认为《历史》的主题就是通过对异域文明的描述向希腊人展示了一个由希腊人和蛮族人相互对立的两部分所组成的世界，希氏用这种对立解释希波战争爆发的根本原因①。

三　中希族群认同的比较研究

上文也提到，用比较的方法分析中希族群认同的论著并不多见。不过一些学者也注意到了同一时期中希族群观念的相似性问题。徐晓旭在他的博士后出站论文中说道，"希腊人的'希腊人—蛮族人对立'观念同中国古代的'华夷之辨'观念有着很大的相似性，都是一种以外族观念为表现形式的民族自我的认同。"还说道："在两种相似性的区分'自我'与'他人'的观念框架中，barbaroi 和夷狄的身份和属性是类似的，pantes Hellenes（'全体希腊人'）与'诸夏'这两个词则同样有着异曲同工的语法结构，从而分别表达了两种类型相似的民族认同方式。"② 笔者基本同意徐晓旭的看法，但是 pantes Hellenes 与"诸夏"是不能等同的，因为前者还指代共祖的血缘共同体，恰与"诸姬"、"群舒"的语法结构相似，而后者则完全是指文化共同体。徐松岩在翻译希罗多德《历史》时也曾从词源的角度比较这两个词，他说希腊语 barbaroi 当初也是指"异语之人"，代指非希腊人，这与孟子说"南蛮鴃舌之人"相似③。

中希族群认同的比较研究也有一本专著面世，即《古代希腊和中国

---

① 黄洋：《古代希腊罗马文明的"东方"想象》，《历史研究》2006 年第 1 期；《希罗多德：历史学的开创与异域文明的话语》，《世界历史》2008 年第 4 期。

② 徐晓旭：《古代希腊民族认同的形成》，第 10 页。

③ 希罗多德：《历史》，徐松岩译，上海三联出版社 2008 年版，第 1 页，译者注释。

的族群认同与外族人》①，这本书由在悉尼大学任教的韩裔女学者金贤贞（Hyun Jin Kim）所写。她在书中比较了早期中国时期（西方学者用以指东汉崩溃之前的中国历史时期）的中国人与古代希腊人的他者观念与族群认同，认为战国时代和希腊的古典时代（即波斯战争之后希腊历史时期）中国人和希腊人的他者形象或蛮族形象开始负面化，之前则是中性的。她之所以选取公元前 500 年前后这一时间节点，一是因为她过度怀疑《左传》《国语》的真实性，认为那是战国人纂修的就一定代表战国时人的观念，二是她以一种轻率的态度机械地截取公元前 500 年这个年代。实际上，《左传》《国语》的材料是可信的，周王室和各国都有发达的史官制度，从而保存了可靠的史料。这些史料或经过战国史人的润饰被收录在《左传》《国语》两本史著中。恰恰根据这两部史书的记载，我们认为，周边族群形象的负面化发生在春秋时期而不是战国时期，也就是华夷关系极度紧张的时期。她进一步比较了希罗多德和司马迁的蛮族观和华夷观，并寻求相似性。这也值得推敲，希罗多德是公元前 5 世纪中人，司马迁是跨越公元前 2 世纪和 1 世纪的史学家，两者时代相差 300 多年，放在一起比较年代上恐有误差。做中希比较研究特别是观念史的研究，我们应当注意，可以拿希罗多德《历史》、修昔底德《伯罗奔尼萨战争史》与《左传》《国语》《战国策》《山海经》相比较，而与《史记》比较则不太合适。另外，此书最大的缺陷则是只比较相似性，而忽略了差异性，但毕竟是一部勇于探索的作品，值得肯定。

第二节　互动的视角与比较的方法

在前人研究的基础上，本书采用全球史的视角和方法综合考量中国和希腊的族群认同在上古时期的变迁，并比较两者的相似性和差异性。一般而言，全球史研究可分为三大领域：宏大叙事本身，宏大背景下的影响研究（重点在互动研究）与比较研究。本书将涉及全球史研究的后两个领域，即互动研究与比较研究。

早在 80 年代，吴于廑先生就指出人类历史的发展经过了漫长的过程，这一过程包括纵向发展和横向发展两个方面，并且两者在互动中沿着深度

---

① Hyun Jin Kim, *Ethnicity and Foreigners in Ancient Greece and China*, London: Duckworth Publishers, 2009.

和广度向前发展①。他还说,世界各地之间横向联系研究不足,是我国世界史学科的薄弱环节。但是,这些年过去了,横向联系的研究仍然没有明显地改观②。著名史学家麦克尼尔认为,交往是人类历史发展的主要动力。这种观点或许不会得到多数学者的认同,因为它忽视了社会内部的力量,但是它至少提醒我们应该给予横向研究以足够的重视。毋庸多言,探索历史横向发展的进程以及它与纵向发展的关系,具有重要的历史学意义。本书主要关注轴心时期(一般认为指公元前8世纪至公元前3世纪)几大文明与周边族群发生的横向联系以及带来的影响。

　　本书选择了华夏文明与希腊文明与外部的联系作为比较的对象,最后附带考察了印度文明和犹太文明的内外交往。所以比较的方法是本书使用的重要的史学分析手段,但是传统的历史比较方法存在一定的缺陷,本书尝试克服传统历史比较的某些弊病。

　　比较研究虽然有相当长的源流,但是真正成为一种独立的史学方法则迟至20世纪初期,这要归功于马克·布洛赫(Marc Bloch)、亨利·皮朗(Henri Pirenne)等几位史学大家③。一方面西方帝国主义者的脚步踏向世界的每一个角落,西方文化包括西方史学也向非西方世界渗透,另一方面非西方世界的学者有感于自身文化的危机,纷纷向西方寻求救国救民的真理,于是他们常常比较西方与非西方的历史与文化传统,特别是想得出"西方为什么进步、其他地方为什么落后"这一问题的答案。历史比较的方法就被用于跨文化分析。但是,这种比较产生了西方中心主义的弊端,换句话说,这种历史比较完全是以西方为标杆尺度的。比如,就上述问题的解答出现了两种观点:第一,认为西方有什么非西方没有什么,以解释西方的成功,这方面最常见的也是影响最深的比较就是所谓的西方民主制度与东方专制主义的二元对立。西方学者认为传统久远的东方专制主义阻碍了东方社会的进步,并煞费苦心地为之寻找各种证据。中国学者也不假思索地接受这种观点,认为中国自夏代以来就是一个专制的社会,整个前现代的历史就是专制主义一步步加强的历史。事实上,秦汉以降的社会是

　　① 参见吴于廑《中国大百科全书·外国历史卷》"世界历史"条,后收入《吴于廑自选集》,首都师范大学出版社1995年版,第52—90页。

　　② 参见刘新成《〈新全球史〉序》,载杰里·本特利、赫伯特·齐格勒《新全球史》上,魏凤莲等译,北京大学出版社2007年版,第X页。

　　③ 参见范达人、易孟醇《比较史学》,湖南出版社1991年版,第267—270页。

否专制主义社会或可讨论，但秦汉之前的社会绝不是专制主义的，已有学者做了很好的阐释①。第二种观点是对上述观点的简单反驳，即探索"西方有什么非西方也有什么"。这种观点对西方中心论的批判有一定的贡献，但是却陷入了另一种形式的西方中心论，反驳相当机械，也没有很强的说服力。例如，日知先生不满西方学者和中国学者的东方专制主义论，力主中国上古社会也有城邦民主制度②，但还是遭到了一些学者的质疑和否定③。

不管怎么说，这两种观点存在共通的问题，即拿西方的历史经验或者说西方学者眼中的西方历史经验作为唯一不变的标尺，来衡量、剪裁非西方的历史。这样，非西方的历史被弄得体无完肤、面目全非。可以说，传统的历史比较多是一种偏向的历史比较，采用的是文化中心主义的视角，妨害了我们去客观地认识不同文明的历史。

尽管跨文化历史比较可能处处充满着陷阱，但是排除西方中心论的干扰，运用全球的视野，并严格地按照史学方法进行研究是可行的。本书采用的比较方法是对向的历史比较，也就是从文化相对主义的视角来分析问题。与偏向的历史比较相同的是，对向的历史比较也致力于论证历史发展的相似性（或曰统一性）与差异性；不同的是，前者依赖某个文明的历史经验，削足适履；后者综合考虑不同文明的历史经验，左右逢源。

第一，通过比较研究论证历史发展的统一性。全球史研究的的重要使命是"探讨人类历史的统一性"，这是"宏观世界史学的本初指向"④。毋庸置疑，全球横向联系的强化是人类历史统一性发展的重要内容。人类的发展历史表明，人类在逐步形成一个不可分割的统一体。但是，这种进程在1500年以前还是相当缓慢的，区域性的联系在加强，而全球性的横向联系毕竟是薄弱的。所以，仅仅从横向联系的角度认识人类历史特别是前现代历史的统一性是不够的。而横向比较为我们认识历史发展的统一性

---

① 参见易建平《部落联盟与酋邦——民主·专制·国家：起源问题比较研究》，社会科学文献出版社2004年版。

② 参见日知主编《古代城邦史研究》，人民出版社1983年版；日知著《中西古典学引论》，东北师范大学出版社1999年版。

③ 参见启良《希腊城邦与周天下——与日知先生商榷》，《世界历史》1991年第2期；徐松岩《雅典帝国、周天下与早期国家》，《重庆师院学报》1999年第1期。

④ 刘新成：《全球史观在中国》，《历史研究》2011年第6期。

提供了另一种空间。不同的文明或文化之间可能没有直接的联系，或者联系十分薄弱，然而，在大致的时段之内却具有相似的历史发展历程。换句话说，在同一个时期之内，不同共同体的技术变革、人口变化、经济波动、制度变迁、思想文化的改变表现出相似性或者说同步性。出现这种相似性或同步性不是偶然的，而是存在一定的必然性。比如，公元前 8 世纪至 3 世纪的轴心时代，中华文明、希腊文明、犹太文明、印度文明、甚至波斯文明几大古代文明在思想领域发生了影响深远的飞跃。这与全球性的气候变暖、铁器的广泛使用、人口增长、政体与国家形态的变迁都有直接或间接的关系。而本书关注的族际大互动与族群认同的变化也与这些因素存在深远的内在的联系。

　　第二，通过比较研究论述历史发展的差异性。讨论不同文明发展同步性的内容及其生成机制是横向比较的使命之一，探索文明之间的差异性也应该是跨文化比较的重要目标。实际上，两者是有机统一在一起的。历史比较研究的三位先驱者马克·布洛赫、奥托·欣策（Otto Hintze）、亨利·皮朗等人早在 20 世纪之初就提到，相似性和差异性的比较不可偏废其一[1]。陈寅恪先生也说：“比较研究方法，必须具有历史演变及系统异同之观念。否则古今中外，人天龙鬼，无一不可取以相与比较。荷马可比屈原，孔子可比歌德，穿凿附会，怪诞百出，莫可追诘，更无所谓研究之可言矣。”[2] 有着丰富的比较史学经验的刘家和先生也说，同异是历史比较赖以实现的前提，“有相同，才能比其异同；有相异，才能比其同异”[3]。所以，忽视差异性的比较是不完整的。

　　比较差异性有以下几个方面的意义。首先，通过比较差异性能够有效地客观地认识非西方文化和历史。毫无疑问，当今的学术体系来自于西方，可以说，非西方世界的人文社会科学无不深受西方人文社会科学的影响，这种影响甚至是支配性的。非西方的学术被打上了西方中心主义的烙印，非西方自身的文化和历史遭到曲解和误读。那么，克服学术研究中的西方中心论倾向就是准确理解非西方文化和历史的必经之路。如何克服西

　　① 参见［德］哈特穆特·凯博《历史比较研究导论》，赵进中译，北京大学出版社 2009 年版，第 5 页。

　　② 陈寅恪：《与刘叔雅论国文试题书》，载《金明馆丛稿二编》，三联书店 2001 年版，第252 页。

　　③ 刘家和：《经学、史学与思想》，北京师范大学出版社 2005 年版，第 2—3 页。

方中心论摆在了学者面前。当代西方历史学家约恩·吕森主张用跨文化比较的方法克服族群中心主义的影响，并重视文化差异性的研究。西方中心主义就是最为典型影响最大的族群中心主义，而普世主义又是西方中心主义最核心的神话。所谓普世主义是指，西方的文化被赋予正面的价值，成为普世的放之四海而皆准的效仿对象，而非西方的文化被认为是前现代的、负面的，阻碍了他们的自由、进步与富足。于是，否定、破坏自己的传统文化，全盘西化被非西方的精英奉为圭臬。事实上，西方文化不完全是普适性的，更多的是一种地方性知识。将西方的地方性知识普化做法并非解决非西方特殊性与地方性问题的良药。对非西方的历史研究者而言，应该承认自己文化的特殊性，并勇于探索自己文化的合理性和时代意义。

其次，全面认识西方的途径。西方中心论不仅支配非西方的学术，同时也支配西方的学术。西方中心论的根基是西方特殊论或者西方优越论。在很大程度上，西方优越论遮蔽了西方人对自己的清醒认识。因此，学术研究应该展开跨文化对话。认识西方文化有必要参考非西方的文化，将西方文化放在全球的背景中考察，重新思索西方文化在全球文化中的地位与价值，打破西方文化霸权。从这个角度看，差异性比较将有用武之地。

再次，差异性比较有助于实现文化自觉。费孝通先生晚年仍勤勉思考中华文化与异文化之间的关系问题。他提倡尊重多元文化，提出"各美其美，美人之美，美美与共，天下大同"的理念，更重要的是，他重申了"文化自觉"的思想，代表了新时代的知识分子新的文明觉醒意识。他说："文化自觉只是指生活在一定文化中的人对其文化的'自知之明'，明白它的来历，形成过程，在生活各方面所起的作用，也就是它的意义和所受其他文化的影响及发展的方向，不带有任何'文化回归'的意思，不是要'复旧'，但同时也不主张'西化'或'全盘他化'。自知之明是为了加强对文化发展的自主能力，取得决定适应新环境时文化选择的自主地位。文化自觉是一个艰巨的过程：首先要认识自己的文化，根据其对新环境的适应力决定取舍。其次是理解所接触的文化，取其精华，去其糟粕，加以吸收。"① 就如何实现文化自觉问题，费先生也指出了方向，他说："人们往往生活在自己的文化中，而没有用科学的态度去体会、去认

① 费孝通：《开创学术新风气》，载《费孝通论文化自觉》，群言出版社 2005 年版，第 216—217 页。

识、去解释，那是不自觉的文化。我们需要懂得各国、各地区的文化为什么不同，只有抓住了比较研究，才能谈得到自觉。"① 费先生提醒我们不能囿于自己狭隘的眼光，也不能妄自菲薄，而应该积极的了解其他文化，并用科学的态度比较自身和他者的文化差异，实现自我主体意识的觉醒。

总之，历史比较既不要中国中心论，也不要西方中心论或者其他的什么中心论，而应致力于摆脱文化中心主义的束缚，持平公允地探索历史变迁的统一性和差异性。本书将力求实践这一原则。

第三节　有关概念的说明

一　古风时期与古典时期

"古典时期"（classical antiquity/ classical era/classical period /classical age）的概念也在不断变化。从文艺复兴运动以来，"古典"一词通常的意义是"第一流的"，"古典文明"（classical civilizitions）也仅指古代希腊、罗马在鼎盛时期所创造的文化。一般而言，"古典时期"包括两层含义：a、希腊古典时代，指从波斯战争结束到亚历山大大帝去世的辉煌时期（公元前 478—323 年）；b、希腊—罗马文明的繁荣时期，指大约公元前 500—公元 500 年一千年左右的历史发展阶段。经历了第一次世界大战，西方文明受到重创，同时非西方的国家如日本走进强国之列，这使得西方优越的观念发生了一定程度上的动摇。一些历史学家在世界通史的编纂中开始加入了东方文明的内容，古典文明的内涵有所扩大，这就出现了古典时期的第三层含义；c、世界历史上希腊—罗马文明、印度文明、中国文明等几大文明的奠基时代。但是在通史编撰中西方古典文明的书写仍占据绝对的篇幅，非西方文明只是绿叶而已。第二次世界大战之后，随着第三世界的兴起，非西方世界在国际上的作用愈来愈重要，加上全球化的强烈刺激，西方中心论的话语受到严重挑战，反映在世界通史编纂中就是非西方的内容大幅度增加。全球史学为此作出卓越的贡献。古典文明主要由希腊—罗马文明、印度文明、中国文明这三大等量齐观的文明构成的观念逐步得到广泛的接受。然而，在西方主流史学界，古典文明仍主要指希腊罗马文明，古典时期也主要指前两层含义。

---

① 费孝通：《开创学术新风气》，载《费孝通论文化自觉》，第 213 页。

本书采用古典时期概念的第三层含义，指大约公元前 500 年左右至公元 500 年左右的世界历史阶段。当然，世界历史分期不能一刀切。世界史学家将前古典时期与古典时期的分界线定在公元前 500 年，仅仅是笼统的划分①。就中华文明而言，笔者认为分界线定在公元前 700 年左右为宜。孔子修《春秋》始于隐公元年，即公元前 722 年，也大致是这个时期。现代学者对为何孔子修《春秋》始于隐公元年有着多种猜测，莫衷一是②。但孔子肯定看到隐公时代是"礼崩乐坏"大开之时代。夫子将"天下有道"与"天下无道"的分期向前追溯至"十世"即隐公时期③。根据现代学者观察，春秋时期是个辉煌的大变革时期。所以，从世界史的角度看，将中华文明的古典时代之开端定在公元前 700 年前后即春秋早期是较为合理的。

在本书中笔者将上古时期分为两个阶段，即古风时期与古典时期。古风时期是指人类社会进入阶级社会之后的前古典时期，与青铜时代相对应。在中国的希腊史学界，一般把 archaic age 对译"古风时期"，所以，这给人以将古希腊的历史分期概念"嫁接"到世界历史分期的嫌疑。有人会质疑这是不是西方中心论的又一次胜利。笔者认为这不是机械地在搬用西方中心论式的概念，因为两者在内涵和外延上有着极大的差别。为了不与希腊史学的概念相混淆，笔者在使用 archaic age 一词时将之翻译为"古朴时期"。

二　族群

关于 ethnic group 的中文译法有很多种，比如民族、民族群体、族群、族裔等。本文采用了"族群"的译法。中国当代族群理论界也倾向于采用这种译法④。但是，现在学术界对 ethnic group, nation, people, diaspora 等重要的术语在中文译法上常常是混乱的，造成了概念上的模糊。笔者在这里有必要做一个简要的澄清工作，以便于本文的展开。

---

① 参见〔美〕杰瑞·本特利、齐格勒《新全球史——文明的传承与交流》，魏凤莲等译，北京大学出版社 2007 年版。

② 参见刘黎明《〈春秋〉经传研究》，巴蜀书社 2008 年版，第 398—401 页。

③ 《论语·季氏》，《十三经注疏》本，中华书局 1980 年影印版，第 2521 页。

④ 马戎编著：《民族社会学：社会学的族群关系研究》，北京大学出版社 2004 年版，第 61—66 页。

笔者将 nation 译为"民邦"，而不倾向于将之译为"民族"。笔者认为"民族"一词在中文语境当中过于宽泛。它可以指夏商周三代时期未进入国家社会的部族。现代的许多中国民族史都把夏族、商族和周族（三族是并行发展的）称作民族，也把戎、狄、蛮、夷各周边部族称为民族。它也可以指汉族、回族、满族等族群（ethnic group）层次的群体称作民族。它也指作为民邦（nation）层次的的群体为民族，如中华民族、美利坚民族。事实上，它已与英文 people 的含义接近，泛指一种群体。所以笔者主张将 people 翻译成"民族"，而将 nation 翻译为"民邦"。

另外，不管是在现实中，还是在学术作品中，ethnic group 翻译成"民族"的现象还普遍存在，怎么解决这个矛盾？笔者认为在学理的意义上应该将 ethnic group 译为"族群"较为合适，在一般的意义上，将之译为"民族"也无可无不可，因为此"民族"泛指一种群体，当然可以指"族群"，或者在通常的意义上，在日常用语中，在政治生活中，ethnic group 可以指"民族"。所以笔者主张在翻译 ethnic group 时，既可以翻译为"族群"，也不反对翻译为"民族"，但鉴于"民族"一次在中文语境中的多义性，在学术学理的意义上，将之译为"族群"更为恰切。

第四节　本书的框架

第二章在陈寅恪"胡汉之分在文化不在种族"的史观之上将族群认同的标准分为部族（血缘）标准和文化标准。通过比较古风时期中国地区和希腊地区的族群认同发现，这一时期的认同是以部族标准为导向，文化标准为附庸。中文传世先秦文献中的"族类"和希腊语古代文献中的"genos"两词竟惊人地一致，都指代当时的血缘性共同体。夏、商时期中国地区的部族认同表现为姓族认同，大的姓族就有姒姓、子姓、姬姓、姜姓、妫姓、嬴姓、风姓、妘姓、狄族隗姓、曹姓、芈姓等等血缘组织。西周时期的姓族组织虽然遭到冲击，但是以维护姬姓姓族利益的封建体制、姓族界限明显的国野体制和发达的祭祖仪式表明姓族边界和姓族认同仍然存在。古风时期希腊世界的各部族逐步整合为四大以命名先祖命名的部族：先祖为多罗斯（Doros）的多利亚人（the Dorians）、先祖为爱奥罗斯（Aiolos）的爱奥利亚人（the Aeolians）、先祖为阿凯奥斯（Achaios）的阿凯亚人（the Achaeans）和先祖为伊翁（Ion）的伊奥尼亚人（the Ionians）。古风时期末，四大部族有整合为一个更为庞大的自称"希伦子孙"（Hellenes）的群体——"希腊人"（the Hellenes）。中国地区和希腊地区部族认同的存在与当时仍然未解体的血缘性组织结构有直接关联。

第三章论述进入古典时代的周政权国家和希腊世界与周边族群的族际互动进程以及与进程当中相伴随的族群意识变化。公元前8世纪至公元前5世纪是周政权国家和希腊国家以及他们周边的族群大扩张的时代，这根植于全球性的气候变暖和人口增长。在这一时期内，周政权国家与他们周边的"蛮夷戎狄"展开了二百余年的族际互动进程，结果是族群大融合的完成。当华夷大互动进入尾声之际，东地中海地区的希腊国家与波斯帝国也进行了近百年的往还争胜，但是该地区的族群边界最后没有弥合反而扩大。族际互动导致了族群意识高涨，华夏精英和希腊精英都运用族群意识反击来自外部世界的威胁，也利用它作为向外扩张的工具。对华夏国家而言，部族认同时代的主流诸姬意识被超越血缘认同的诸夏意识取代，由华夏精英鼓吹的"华夷之辨"曾经是那个时代的鼓角声。对于希腊人来说，他们的族群意识在与波斯帝国的冲突中得到升华，歧视外部世界的新的内外观念也随之产生。不管族际大互动的结果如何，族群边界消失也罢，深化也罢，关于互动的记忆皆保留了下来，成为后世族群认同再建构的资源。

然而，华夏国家和希腊人本次族群意识的高涨，不仅仅是一次从低潮到高潮的改变，高涨的实质是族群认同的方式发生了根本性的变迁，即由部族标准导向转为文化标准导向。这是第四章和第五章关注的内容。族群认同的文化转向有两个内涵：第一，文化标准地位的隆升。在族群大规模互动之前，族群认同主要以血缘认同为主导，经过波澜壮阔的族群内外大互动，复杂化的古典文化标准隆升，或至唯一地位，或至主要地位。第二，文化标准本身的变化，即：由古风文化向成熟的古典文化的转变。进入古典时期，原始风俗、原始宗教、图腾崇拜等原始文化在希腊和华夏文明中仍然有一定的地位，不过它们或退居文明的边缘，或被更高一级的文化所取代，或淹没在历史的深处，而以理性的制度和价值观为代表的古典文化被体认出来，成为族群识别的主要标准。两层内涵也可以合为一层来理解，即古典文化超越（主观建构意义上的）血缘成为主导族群认同的标准。这是文化转向的实质。这方面华夏国家和希腊人又表现出惊人的一致。他们都赋予自己的制度规范（华夏国家称为"礼"或"礼制"，希腊人称作"nomos")和文明价值观比如"礼义"和"自由"以优越性,同时建构外部世界的野蛮性,从而建立起了内外世界新的藩篱。

自身文明优越性的建构与他者野蛮性的建构实际上是一套文野话语的生产,文野话语的实质是一种话语控制。文野话语当初为华夏国家和希腊人反抗外部入侵的政治动员提供理论依据,后来随着内外形势的变化演变为向外扩张的政治修辞。

第六章旨在比较中希族群认同文化转向的差异性。前两章主要比较认同变迁的相似性,两者的差异性也是显而易见的。第一,华夏认同转向之后古风时期的部族认同标准完全不见了,形成了文化本位的认同传统;希腊人的认同则不然,他们还保留了部族标准,部族认同经过文化精英的整理变成了早期的种族主义,这在柏拉图和亚里士多德的作品里面都能找到。第二,华夏国家和希腊人对待外部世界同样具有文化中心主义的偏见,但是,他们的差异也是显而易见的,华夏国家的内外意识是一体并立观,希腊人的内外意识是二元对立观。前者的理念是包容、稳定、实质平等、安全和秩序,不存在向外推广文明的冲动;后者的思维是征服和奴役,含有强烈的输出文明的动机。

第七章从横向和纵向两个角度考察族群认同之文化转向的时代域境和历史意义。从横向看,文化转向是轴心突破的有机组成部分,一些理论家提出的轴心突破的概念只是指内部突破,而文化转向属于外部突破。首先外部突破的推动因素来自外部,即族群/文明互动;其次外部突破为中希族群/文明提供了如何认识外部世界以及如何处理内外关系的超越秩序。从纵向看,这一超越秩序一次次被轴心文明的继承者实践化和制度化,成为继承者处理内外关系的思想资源。中希族群认同文化转向的差异性也被实践化和制度化,中华文明形成了文化本位和文明守成主义的认同文化,希腊—西方文明形成了种族主义和文明帝国主义的对外政策传统。

第 二 章

上古时期的部族认同

第一节　族群认同的两种标准与部族认同

陈寅恪先生在论述唐史时曾强调："（种族及文化）此二问题实李唐一代史事关键之所在，治唐史者不可忽视哉。"[①] 众所周知，"种族与文化"是陈寅恪史学思想的重要概念[②]。他在著作中多次论及，并提出极其宏见卓识的观点："胡汉之分在文化不在种族。"如他在论述南北朝时期的族群认同时说："总而言之，全部北朝史中凡关于胡汉之问题，实一胡化汉化之问题，而非胡种汉种之问题。当时之所谓胡人汉人，大抵以胡化汉化而不以胡种汉种为分别，即文化之关系较重而种族之关系较轻，所谓有教无类者是也。"[③] 后来他又将这一问题做一次总结，并述及明清之际的族群认同，他说："寅恪尝论北朝胡汉之分在文化而不在种族，论江东少数民族，标举圣人'有教无类'之义。论唐代帝系虽源出北朝文化高门之赵郡李氏，但李虎、李渊之先世，则为赵郡李氏中偏于勇武文化不深之一支。论唐代河北藩镇，实是一胡化集团，所以长安政府始终不能收复，今论明清之际佟养性及卜年事，亦犹其义。"[④] 陈先生曾给出"种族"一词的明确含义。他说，"微之出于鲜卑，白乐天出于西域"是不言自明的，原因是"种族之分，多系于其人所受之文化，而不在其所承之血统"[⑤]。此处陈先生用语有不规范的地方，"种族之分"实为"胡汉之分"。这句话的意思是胡汉之分在文化而不在血统。很明显，"血统"与

---

① 陈寅恪：《唐代政治史述论稿》，三联书店 2001 年版，第 183 页。
② 许冠三认为，陈寅恪用来解说历史的通识主要有两对概念，一是种族与文化，二是家族与门第。参见许冠三《新史学九十年代》，岳麓书社 2003 年版，第 205 页。
③ 陈寅恪：《隋唐制度渊源略论稿》，三联书店 2001 年版，第 79 页。
④ 陈寅恪：《柳如是别传》，三联书店 2001 年版，第 1002 页。
⑤ 陈寅恪：《元白诗笺证稿》，三联书店 2001 年版，第 317 页。

"种族"是同一种意义的不同表达,两词可以互训。

　　"种族"的概念在当时的学术环境中颇受学者青睐,这当然是受到西方学界的影响①,种族主义不考虑它的源头的话也在西方流行了几个世纪。然而,在当今的学术话语当中,"种族"的概念极不严谨。有的学者将"种族与文化"观的"种族"一词改释为"民族"②,但是,在陈寅恪的著作中"民族"与"文化"的概念常常是等价的③,也就是说,民族共同体与文化共同体是一致的。所以,将"民族"替换"种族"不符合陈先生的原意,更是对他思想的误读。

　　事实上,在先秦典籍中有一个词汇与"种族"的内涵相当,就是"族类"。在初始的意义上,"族类"指有着共同血缘的群体。《左传》僖公三十一年记载,狄人在强盛时,曾多次围攻卫国,卫国被迫迁到帝丘。卫成公因此事梦见卫国始封诸侯康叔对他说,夏朝君主相夺了他的祭品。成公打算祭祀相,保卫国平安。卫国大夫谏曰:"鬼神非其族类,不歆其祀。杞、鄫何事?"④意思是说,鬼神不是他的同族,就不享用他们的祭祀。姒姓的夏朝君主应该由同姓的杞国和鄫国来祭祀,姬姓的诸侯祭祀姒姓祖先是没有用的。姬姓诸侯和姒姓诸侯同为华夏族,但仍属不同的族类。此族类就是同姓的姓族。晋国大夫胥臣臼季将姓族与族类的等同关系说得更明白,他劝告还在逃亡中的晋公子重耳说,"异姓则异德,异德则异类"。"姓"指姓族,"类"指族类⑤。季文子也曾引用西周初年的史书《志》中的一句话说:"非我族类,其心必异"。杜预解释此处"族类"的意思是姬姓姓族⑥。

　　① 参见罗志田《有教无类:中古文化与政治的互动——读陈寅恪隋唐两论札记》,《社会科学研究》2004年第2期;周樑楷:《陈寅恪和傅斯年的历史观点——从西方学术背景所作的讨论(1880—1930)》,《台大历史学报》第20期(1996)。

　　② 陈寅恪的弟子王永兴在论述陈的"种族与文化"思想时,以"民族与文化"对举,见王永兴《陈寅恪先生史学述略稿》,北京大学出版社1998年版,第46—48页;彭华认为"种族"的用法不严格,应改为"民族",见彭华:《陈寅恪"种族与文化"观辨微》,《历史研究》2000年第1期。

　　③ 参见宁永娟《论陈寅恪先生的"种族与文化"观》,硕士学位论文,首都师范大学,2005年5月,第9—13页。

　　④ 《左传》僖公三十一年,《十三经注疏》本,中华书局1980年影印版,第1832页。

　　⑤ 《国语·晋语四》,集解点校本,中华书局2002年版,第337页。

　　⑥ 杜预:《春秋经传集解》成公四年,《十三经注疏》本,中华书局1980年影印版,第1901页。

　　然而，毕竟"族类"一词在先秦文献中是指血缘共同体，但是随着族群大融合的出现，族类的含义变化了，不再指血缘共同体，而与今天所使用的"族群"的概念相似。那么在当今的学术词汇当中有没有一个可以指代血缘共同体的术语呢？笔者认为"部族"一词十分恰当。杨祖希曾考察了"部族"一词在上世纪 80 年代之前的用法，他写到："我国著作中虽然也使用'部族'一词，但是它所指的是氏族和部落；它的含义始终不越出《辽史·部族》所说的'部落曰部，氏族曰族'的范围。近年来经常出现的译名'部族'指的是不包括氏族和部落在内的，资本主义以前的人们共同体，以区别于资本主义时代形成的民族。在这个意义上的部族，我们自己的称呼是民族，或简称为族。"① 杨氏认为，"部族"一词的习惯用法有二：一是指氏族和部落，是中国典籍中的习惯用法；二是指民族（族群）共同体，是与西方学术术语对译的用法。两种含义的区别不仅乎此，根本的区别是前者指文明社会之前的血缘共同体，后者指文明社会以来的某种非血缘的共同体。

　　王雷在《民族定义与汉民族的形成》一文中创造性地发挥了"部族"一词新的内涵。他通过推敲恩格斯《家庭、私有制和国家的起源》一书中"民族（Volk）"的概念得出："我们认为这个 Volk 指的就是部族。因此我们说部族是在部落联盟的基础上产生的。一方面具有血缘关系为基础的氏族社会的某些特点，另一方面又具有按照地域单位统一起来的最初的国家形式。……部族的形成开始打破以往部落和部落联盟间的界限，但并没有使氏族制度的影响完全消除。"② 王雷在这里给部族下的定义是，介于原始部落社会与以地域为中心的国家社会之间的社会组织，血缘在部族社会中仍发挥重要的作用。王雷根据此定义认为夏商周三代仍是部族社会。

　　徐杰舜也主张部族具有血缘性质，但否定夏、商、周集团是部族，相反，他认为夏、商、周集团是地域结构的民族③。这说明当时在学术大讨论的环境下，中国学者开始认识到先秦社会的某些特征。叶文宪认同王雷

---

　　① 杨祖希：《我国历史上古国和古族的表述问题》，《学术月刊》1980 年第 3 期。

　　② 王雷：《民族定义与汉民族的形成》，《中国社会科学》1982 年第 5 期。

　　③ 徐杰舜、彭英明：《部族的形成及特点浅探》，《云南社会科学》第 2 期；徐杰舜：《从部族的定义看夏、商、周三族的性质》，《广西民族研究》1985 年第 1 期。

的观点,他利用早期国家的概念说明商、周王朝是部族国家①。

尽管几位学者在具体问题上存在争论,但对于部族的概念的认定大体是一致的,我们可以总结一下:部族是人类刚从血缘结构的原始社会组织走出来的又带有血缘组织特征的血缘性共同体,这不同于后来更为复杂的地缘结构社会组织。结合前面提到的族类共同体,我们认为两者的含义极为相似,所以,用"部族"一词来代替陈寅恪使用的"种族"一词是恰当的。这个词既避免了"种族"所携带的贬义色彩,又带有中国特色。那么,笔者认为陈寅恪"胡汉之分在文化不在种族"史学论题就可以表述为"胡汉之分在文化不在部族"。

陈先生这一论题的意义在于,他在种族史观甚嚣尘上的时代、在法西斯搞种族大屠杀最疯狂之时大胆地提出中国历史的特性之一——族群(民族)认同的文化本位。换句话说,他提出了族群认同(具体为胡汉识别)的两个标准:部族(种族)标准与文化标准,并主张中国中古时期汉族群与周边族群的认同标准在文化,不在部族。陈先生的这一卓识已广为接受,并应用到春秋时期的历史研究当中去②。

许多学者对陈先生的"种族与文化"观给予了高度的评价,例如王尔敏先生说:"寅老著作,于中国史实之通识,其建树最大、并自信最深者,乃在其对于中国民族形成与扩大之根本理解。"③但是很少有学者将他的"种族与文化"观或者"部族标准与文化标准"的史学思想"接着讲"下去。

考察中国历史就会发现,族群认同的文化本位传统不是从来就有的,而是形成于春秋时期。这一时期在强劲的族群互动进程之下,华夏族的族群认同发生了文化转向。在文化转向之前,族群认同强调部族即血统或血缘的边界,族群认同的标准主要依靠部族标准,而文化标准处在附属的地位。如果放在世界历史的背景下来考察这一变化就会发现,大概在同一时

---

①　叶文宪:《论商王朝是我国早期的一个部族国家》,《殷都学刊》2001 年第 1 期;《论西周国家的性质——中国早期的部族国家》,《史海侦迹——庆祝孟世凯先生其实岁文集》,香港新世纪出版社 2006 年版,第 143—157 页。

②　参见王锺翰《中国民族史》,第 77 页;刘家和等主编《世界史·古代史编》上卷,高等教育出版社 2005 年版,第 341 页。

③　王尔敏:《陈寅恪著〈元白诗笺证稿〉读后》,《食货月刊复刊》第 2 卷(1973)第 10 期。

期或稍后，希腊文明在族群认同上也发生了相似的经历。也就是说，华夏族和希腊人在进入古典时期之前或者在古风时期族群认同是部族导向，而不是文化导向。

第二节　夏商周王朝与周边地区的部族认同
——姓族认同

上一节提到，王雷和叶文宪主张夏、商、西周时期的国家和社会具有部族性质。这里再引用沈长云的观点。沈长云是先秦史研究中"无奴派"的代表，反对将苏联史学的五种社会形态观强行运用到中国历史当中去。他在《华夏民族的起源和形成过程》一文中说："在我国，国家的形成经历了由早期的部族国家（由氏族和部落组成的国家）到完全以地域组织为基础的国家这样两个发展阶段。在早期国家里面，由于生产力水平等条件的限制，地域组织并没有建立，人们仍然生活在血缘组织之中。他们的财产单位或生产劳动的基本单位是家长制大家族。在这之上是宗族，这种宗族或者比宗族更大的血缘组织在文献中称作'邦'，整个天下有许多这样的'邦'，合称之为'万邦'。每个邦又都有自己的名称，叫'某某氏'；若干个具有姻亲关系的'氏'组织成一个核心，再加上一些外围氏族，即形成为早期国家。"①

沈长云先生在这里也用了"部族国家"一词强调早期国家的性质。他认为，在早期国家中，血缘组织仍为国家的基础。随着西方学术的不断引入，特别是考古学和人类学的理论与方法被介绍到中国学界之后，沈长云在中国古代国家形态变迁的研究上有了进一步的思考。他在《中国古代国家起源与形成研究》一书中运用新近的理论和大量史料论证早期国家问题。早期国家是指哪一个历史阶段的国家形态，据沈长云先生的论述，是指夏、商、西周时期由原始社会的酋邦共同体向阶级社会成熟国家组织过渡的一种国家政治形式。中国早期国家形成于夏，春秋战国时期蜕变为成熟的国家组织。他一再强调："早期国家仍长期保留着各种以血缘亲属关系为纽带的社会组织，并且这些血缘组织与国家的基本政治单位相

---

① 沈长云：《华夏民族的起源和形成过程》，《中国社会科学》1993 年版第 1 期。

互交织在一起,严格意义的地域组织并未真正建立起来①。因为部族国家和部族社会还没有完全解体,所以血缘组织和血缘观念仍十分发达的,这直接决定了共同体认同的部族性或者说血缘本位特征。当今的史学界论及上古时期的部族认同常使用姓族认同这一概念。姓族认同就是夏、商、周集团及周边族群部族认同的表现。

"姓族"的概念为杨希枚先生首倡,尽管"姓""族"二字联用甚早②。杨希枚考证,古代文献中所谓"姓"有三种含义:第一,训为"子"或"子嗣";第二,可训为"族"或"族属";第三,可训为"民"或"属民"③。且"姓"与"族"互训更为常见。他总结道:"古之所谓姓,也就是宗族或姓族的集团,一种与血缘相结合而彼此不得互婚的亲属集团,其基本组织相当于近代原始民族的'gens'或'clan'。"④

文献材料表明,夏商周三代的姓族组织十分庞大,大的姓族就有姒姓、子姓、姬姓、姜姓、妫姓、嬴姓、风姓、妘姓、狄族隗姓、曹姓、芈姓等等血缘组织。有学者指出,姓族在商代的作用仍比较明显,具有实体性质,但到了周代以后,只具有名义上和观念上的作用,已非实体⑤。不可否认,西周的大分封在一定程度上破坏了姓族组织的实体性。许倬云也说:"古代以姓族为集群条件的局面,遂因此改观。"⑥ 一些姓族因为分封而散居在中原各地,大集群而居的情况不再存在,然而姓族认同的传统不会马上消失,小集群而居则是姓族作为部族存在的新的形式。他们在经济利益上存在一致性,在政治上和宗教上也保持着一致的行动,常见的是周期性的祭祖活动,特别是在观念上仍然存在着强烈的集体认同。最显著的事实是,作为统治者部族的姬姓与异姓之间有着鲜明的界限和隔膜。我们可以从封建制、国野体制以及当时强烈的诸姬认同观念上可以看出姓族与姓族之间的分野。

---

① 参见沈长云、张渭莲《中国古代国家起源与形成研究》,人民出版社 2009 年版,第 125 页。

② 参见杨希枚《论先秦姓族和氏族》,载《杨希枚集》,中国社会科学出版社 2006 年版,第 68—69 页。

③ 参见杨希枚《姓字古义析证》,载《杨希枚集》,中国社会科学出版社 2006 年版,第 2 页。

④ 同上书,第 27—28 页。

⑤ 参见朱凤瀚《商周家族形态》,天津古籍出版社 2004 年版,第 14 页。

⑥ 杨宽:《西周史》,上海人民出版社 2003 年版,第 140 页。

　　东周时期，王室成员对周武王和周公大封建的目的仍有明确的记忆。《左传》僖公二十四年记载，周郑之间发生了冲突，周王欲援狄人伐郑，大夫富辰以祖宗之制度谏阻，他说：

　　　　昔周公吊二叔之不咸，故封建亲戚以蕃屏周。管，蔡，郕，霍，鲁，卫，毛，聃，郜，雍，曹，滕，毕，原，酆，郇，文之昭也。邘，晋，应，韩，武之穆也。凡，蒋，邢，茅，胙，祭，周公之胤也。召穆公思周德之不类，故纠合宗族于成周而作诗，曰："常棣之华，鄂不韡韡，凡今之人，莫如兄弟。"其四章曰："兄弟阋于墙，外御其侮。"如是，则兄弟虽有小忿，不废懿亲。今天子不忍小忿以弃郑亲，其若之何？庸勋亲亲，暱近尊贤，德之大者也。即聋从昧，与顽用嚚，奸之大者也。弃德崇奸，祸之大者也。郑有平、惠之勋，又有厉、宣之亲，弃嬖宠而用三良，于诸姬为近，四德具矣。耳不听五声之和为聋，目不别五色之章为昧，心不则德义之经为顽，口不道忠信之言为嚚，狄皆则之，四奸具矣。周之有懿德也，犹曰"莫如兄弟"，故封建之。其怀柔天下也，犹惧有外侮，扞御侮者莫如亲亲，故以亲屏周。①

作为周王室成员的富辰仍然固守旧的观念，宣扬血缘亲亲之义。不过，我们可以从他的谏言中窥见周初封建的本意。富辰多次强调"封建亲戚，以蕃屏周"，鼓吹兄弟之义。但他的"亲戚"的范围不包括与姬姓联姻的异姓诸侯，仅是文王、武王之昭穆及"周公之胤"，皆为姬姓。他又历数几代郑伯之德，大谈"诸姬"认同。从这里可以看出，周初封建的目的主要是处于政治与军事上的考虑，周王室和姬姓诸侯对异姓诸侯和被征服地区的居民有着戒心。为保证姬姓诸侯的统治地位，周初统治者大规模建制姬姓国家。荀子提到周初封国七十一，姬姓五十三②。陈槃认为"三"乃"五"之误③。即是说，周初姬姓国五十五，异姓诸侯国十六。显然，姬姓诸侯国在周王国内占据绝对的主导地位。

---

①　《左传》僖公二十四年，第1817—1818页。
②　《荀子·儒效》，新编诸子集成集解本，中华书局1988年版，第114页。
③　陈槃：《不见于〈春秋大事表〉之春秋方国稿》，上海古籍出版社2009年版，第5页。

　　另外姬姓诸侯国与异姓诸侯国的分布格局上也体现着族类的分野。周公在平定武庚和三监的叛乱之后，决定将子姓殷民分而治之。《史记·管蔡世家》记载："从而分殷余民为二，其一封微子启于宋，以续殷祀，其一封康叔为卫君。"[1] 将殷遗民一分为二，削弱殷商的旧势力，即在殷商故都地区封殷庶子微子于宋，在晚商故都朝歌地区封康叔为卫君。周王室对殷之余宋国仍不放心，又在宋的周围设置了内外二层包围圈，予以监督。第一层包围圈主要是异姓诸侯，使之相互牵制。在宋的西北有姒姓的杞（今河南杞县）、嬴姓的葛（今河南宁陵西北）；在宋的西南有妘姓的鄢（今河南鄢陵西北）、姜姓的许（今河南许昌东）、妫姓的陈（今河南淮阳）；在宋的南边还有异姓的厉（今河南鹿邑东）、传为神农氏之后的焦（今安徽亳州）。第二次外围包围圈主要是姬姓诸侯国，这样又可以监督异姓诸侯国：北方有曹（今山东定陶西北）、郜（今山东成武东南）、茅（今山东金乡西北）；西南方有蔡（今河南上蔡西南）、沈（今河南平舆北）等。[2] 这种处心积虑的政区规划的确可算得上是一个大杰作。

　　周王室对子姓贵族也就是先前的对手保有戒心亦在情理之中，拥有赫赫战功的姜姓贵族也遭到边缘化，姜尚的领地被封在"地潟卤，人民寡"的山东半岛，远离中原膏腴之地。周王室还封鲁国以与齐国毗邻，以制约齐国。周政权体制内最强大的异姓子姓和姜姓都遭到统治姓族姬姓集团的提防，甚至排斥。

　　国野体制是周人武装大殖民的产物，周人向外殖民首先建立军事据点，称为"城"，"城"外为"四郊"，"郊"外为"野"。四郊以内（包括四郊）为"国"，称为"六乡"，居民称"国人"，郊外称为"六遂"，居民称"野人"。国人和野人不仅仅在称呼上有差异，更实质的差异体现在礼或习惯法意义上的权利与义务上面。

　　杨宽先生认为野人是农业劳动的主要承担者，但不具备参政议政的权利，是被统治者群体[3]。而国人的义务是提供兵役，在早期国家里，只有全权国民才有资格为国家出兵打仗，因为他们独享参政议政和接受教育的

---

①　司马迁:《史记·管蔡世家》，中华书局1963年版，第1565页。

②　参见杨宽《西周史》，第386—387页。

③　同上书，第399—401页。

权利①。

《周礼·大司徒》说："若国有大故，则致万民于王门，令无节令者不行于天下。""大故"指国家大事，"万民"，孙诒让《周礼正义》注云："专指六乡之正卒"②。意思是说，每当国家出现例行或紧急情况时，就会把国人召集到宫门。召集国人不仅是要他们去打仗，或执行政令，还有参政议政的政治活动。《周礼·乡大夫》记载："大询于众庶，则各帅其乡之众寡而致于朝。"《周礼·小司寇》则记载了什么是大询，小司寇的职责是"掌外朝之政，以致万民而询焉，一曰：询国危，二曰：询国迁，三曰：询立君。"③"询国危"是说商讨国家所遇到的重大危难的解决策略，"询国迁"是讨论举国移民的可行性，"询立君"征询国君继承的问题。这些都是国家生死存亡的大事，全权国民有资格提出自己的建议。

"六乡"的国民才有资格担任公职。《周礼·乡大夫》云：

> 三年则大比，考其德行道艺，而兴贤者能者。乡老及乡大夫帅其吏，与其众寡，以礼礼宾之。厥明，乡老及乡大夫群吏，献贤能之书于王，王再拜受之，登于天府，内史贰之，退而以乡射之礼五物询众庶：一曰和，二曰容，三曰主皮，四曰和容，五曰兴舞。此谓使民兴贤，出使长之；使民兴能，入使治之。④

每三年在六乡之中举行一次大考，乡中官吏通过这次考试推举出贤能的人给以隆重奖励，向上推荐给国王除授官职，然后请其他国民评论是否称职。每个国中的成年男子都可以凭借品性和才干治理国家。

国人与野人在权利上还有个重大的差异是教育的不平等，国人垄断着受教育的权利。《周礼·大司徒》中说：

> 以六乡三物教万民而宾兴之，一曰六德：知、仁、圣、义忠、和；二曰六行：孝、友、睦、姻、任、恤；三曰六艺：礼、乐、射、

---

① 参见杨宽《西周史》，第402—404页。
② 孙诒让：《周礼正义》，中华书局1987年版，第769页。
③ 《周礼·地官·乡大夫》，第717页；《周礼·秋官·小司寇》，第873页。
④ 同上书，第716—717页。

御、书、数。①

"六德"和"六行"培养国人的"贤","六艺"培养国人的"能",可以看出,教育与国民"出使长之"、"入使治之"有很大的关系。孔子的学生子夏所说到的"学而优则仕"是有所本的。

从上述国人和野人的权利义务划分来看,国人是统治部族,野人是被统治部族,部族的界限在法律上或在礼制上有着明确的界限。有学者将这种关系称为奴役与被奴役的关系②,不免有些夸张,却道出了国野体制的不平等性质。因为西周封建诸侯国绝大部分是诸姬国家,且周王室是姬姓贵族,所以国人的主体就是姬姓姓族,野人主要是一些异姓姓族和当地土著居民。国野体制的实质是诸姬姓族维护部族利益的制度设置。

维护部族利益单靠制度是不够的,诸姬还宣扬诸姬意识以辅弼本部族的统治。

西周末年,"王室将卑",姬姓诸侯国普遍衰落,晋国待兴。尚未受封的郑桓公和周太史伯讨论兴衰问题。太史伯预见到"姜、嬴、荆芈实与诸姬代相干也",即预见了齐国、秦国、楚国的兴起。身为诸姬中的一员,郑桓公更关心"若周衰诸姬孰兴"的问题③。太史伯和郑桓公都关心诸姬的利益,对包括姜齐在内的异姓国家的兴起表示了担忧。可见,诸姬认同的观念在西周末年仍十分顽固。

另外,作为华夏认同观念的"诸夏"、"诸华"、"华夏"意识还没有形成,表示"华夏"意蕴的"华"或"夏"的观念出现得较晚。"夏"在文献中指代三种群体,一是指夏部族,二是指姬姓周人,三是指华夏。前两种含义是指血缘性群体,特别是第二种含义在西周的文献中多次出现:

> 《尚书·康诰》:惟乃丕显考文王,克明德慎罚……用肇造我区
> 夏,越我一二邦,以修我西土。

① 《周礼·地官·大司徒》,第 707 页。
② 叶文宪:《论西周国家的性质——中国早期的部族国家》,《史海侦迹——庆祝孟世凯先生其实岁文集》,香港新世纪出版社 2006 年版,第 155 页。
③ 《国语·郑语》,第 475 页。

《尚书·君奭》：惟文王尚克修和我有夏。

《尚书·立政》：帝钦罚之，乃伻我有夏，式商受命，奄甸万姓。①

《康诰》《君奭》《立政》篇属于《今文尚书》，语言古奥，学者认定是西周时期文献。这三篇引文中"夏"指姬姓周人，在学术界没有争议②。《立政》篇中的这句话尤其值得注意，它的意思是说，因为殷王暴戾，上帝重重地惩罚了他，于是就让我们周人继承了天命，治理其他万姓民众。《立政》是周公姬旦对周成王的训诫辞文，周公在这里将自称的"有夏"与"万姓"对立起来，显示出刚获得全国政权的姬姓姓族与天下万姓之间的认同界限。

"夏"的第三种含义超越了血缘性，指接受礼乐文明的诸侯国。然而，"诸夏"意识接替"诸姬"意识到春秋时期才出现。从先秦文献中看，不论是传世文献，还是出土文献，"诸夏"一词最早出现在《左传》闵公元年，亦即管仲向桓公进谏"攘夷"之时。《尚书》中出现的表示"华夏"义的"夏"凡四次："以抚方夏"，"华夏蛮陌"③；"尹兹东夏"④，"蛮夷猾夏"⑤。《武成》与《微子之命》乃古文《尚书》，虽未必是晋人伪造，但可以肯定是战国后作品。《舜典》是今文《尚书》，也是战国之后儒生所作⑥。所以，《尚书》中的"诸夏"观念是后人的附会，不能代表春秋之前的族群意识。到了春秋时期，"蛮夷猾夏"⑦的形势使中原诸侯国面临严峻的危机。超越族类认同，打出团结"诸夏"的大旗，发动"攘外运动"。"诸夏"或"华夏"的观念才被逐步接受。

周政权集团内部存在部族认同的分野，周政权集团与非周集团更存在

---

① 《尚书·康诰》，《十三经注疏》本，中华书局 1980 年影印版，第 203 页；《尚书·君奭》，第 224 页；《尚书·立政》，第 231 页。

② 颜世安：《周初"夏"观念与王族文化圈意识》，《北京师范大学学报》2007 年第 4 期，第 57 页。

③ 《尚书·武成》，第 185 页。

④ 《尚书·微子之命》，第 200 页。

⑤ 《尚书·舜典》，第 130 页。在今文《尚书》中《舜》与《尧典》为一篇。

⑥ 顾颉刚认为，今文《尧典》创作于战国秦汉间。见《古史辨》第一册，上海古籍出版社 1981 年版，第 202 页。

⑦ 语出《左传》僖公二十一年，第 1811 页，后见《尚书·舜典》。

明显的部族界限。这些非周集团之外的部族主要是南方的荆楚和北方的猃狁、犬戎等游牧部族。猃狁、犬戎的活动只有零星的记载，他们的认同已无法考信，相比而言，楚人的活动却有相当可观的史料供现代的学者稽考。

李龙海认为应该将"楚族"或曰"楚国公族"与"楚人"分开，"楚族"是指芈姓楚人，"楚人"是指芈姓楚族与土著居民融合所形成的新族群，"楚族"是楚人中的统治部族①。笔者赞同这种分类。楚国以姓区分"楚族"与一般"楚人"的做法表明，楚国内部存在部族认同。流传下来的文献材料也可以证明。

关于楚族的族源，学术界存在四种说法：东方说、西方说、北来说（中原说）、南方说（土著说）。这几种见解除了西方说之外，其他三种各有支持者，不过以北来说（中原说）最受欢迎。北来说认为，楚族本是生活在中原地区祝融部的一支，在殷商时期南迁到楚地②。楚族在当地建立政权，并逐渐与原住民融合，但仍保留自己的部族认同，这从楚族对先祖的祭祀可以看出来：

> 夔子不祀祝融与鬻熊，楚人让之。对曰："我先王熊挚有疾，鬼神弗赦而自窜于夔，吾是以失楚，又何祀焉？"秋，楚成得臣、斗宜申帅师灭夔，以夔子归。③

祝融是楚族的先祖，鬻熊是楚族的开国之祖，两人因在楚族的发展上厥功至伟而享受后人的祭祀。夔人先祖熊挚本是楚族成员，因为患有疾病祷告于楚先祖祝融和鬻熊，却没有得到任何回应，不再信仰先祖保佑的神话，带着一部分族人在夔地（今重庆奉节）建立新的国家，并中断对两位先祖的祭祀。这引起了楚公族的不满，楚公族于鲁僖公二十六年（公元前634年）以夔人不敬先祖，灭掉夔国。当然不祭祀祝融与鬻熊仅是楚公族灭夔的借口，但这说明在春秋时期的鲁僖公时代，楚公族仍祭祀不辍。楚

---

① 李龙海：《汉民族形成之研究》，第 193 页。

② 张正明：《荆楚族源通议》，《中国民族学院学报》，1984 年第 1 期；李玉洁：《楚国史》，河南大学出版社 2001 年版，第 12—17 页；李龙海：《汉民族形成之研究》，第 193—200 页。

③ 《左传》僖公二十六年，第 1821—1822 页。

公族的祖先崇拜与中原国家是相似的。正是因为这一点，司马迁才可能在《史记·楚世家》中完整地记载了楚公族的祖先谱系：

> 楚之先祖出自帝颛顼高阳。……高阳生称，称生卷章，卷章生重黎。重黎为帝喾高辛居火正，甚有功，能光融天下，帝喾命曰祝融。共工氏作乱，帝喾使重黎诛之而不尽。帝乃以庚寅日诛重黎，而以其弟吴回为重黎后，复居火正，为祝融。
>
> 吴回生陆终。陆终生子六人，坼剖而产焉。其长一曰昆吾；二曰参胡；三曰彭祖；四曰会人；五曰曹姓；六曰季连，芈姓，楚其后也。……季连生附沮，附沮生穴熊。其后中微，或在中国，或在蛮夷，弗能纪其世。
>
> 周文王之时，季连之苗裔曰鬻熊。……①

建构祖先谱系是部族认同的重要内容。楚族依靠对先祖的仪式性纪念来强化和延续部族认同，从而不断扩大自己的统治基础，维护本部族的利益。

出于部族认同的需要，楚族与中原地区诸姓族的界限也十分鲜明。楚国君主从不避讳自己的"蛮夷"立场。周夷王时，楚君熊渠说："我蛮夷也，不与中国之号谥。"② 春秋初期鲁桓公时期，熊通说："我蛮夷也。今诸侯皆为叛相侵，或相杀。我有敝甲，欲以观中国之政，请王室尊吾号。"③ 下文还将提到，"蛮夷"的歧视含义是在春秋时期，特别是在齐桓公打出"尊王攘夷"之后，才显现出来，所以熊渠和熊通自称蛮夷并不是自我贬低。但是可以看出，在西周时期和春秋初期，中原国家不认同楚族和楚人，楚族和楚人也不认同中原诸侯国。

总而言之，学者大都肯定西周之前部族（姓族）认同普遍存在，而关于西周时期是否存在部族认同则持怀疑态度。根据上述分析，我们认为，不管是在周政权国家还是在非周国家，部族认同还是存在的。

---

① 《史记·楚世家》，第 1689—1691 页。
② 同上书，第 1692 页。
③ 同上书，第 1695 页。

第三节　东地中海地区的部族认同

在古希腊语当中，类似于"族群"、"部族"、"族类"概念的词语有两个，即"ethnos"（复数为"ethne"）和"genos"（复数为"gene"）。"ethnos"是西方人类学"ethnic"、"ethnicity"等术语的词源，但比后者的内涵和外延要大。它可以指代一个群体，希罗多德可以用它描述一个城邦①，也可以用它描述若干城邦，彼奥提亚人和伯罗奔尼撒半岛上的居民就是"ethnos"②，也可以用它表述希腊以外的居民，例如哈里斯河（Halys）以西克洛伊索斯（Croisos）统治的吕底亚居民以及高加索地区的居民③。"ethnos"除了具有族群的意义之外，还有更广泛的所指。在荷马的史诗中间，它指年轻的勇士、高贵的亡魂、鸟群和蜂队；索福克勒斯在悲剧中指代成群的野兽④。所以，"ethnos"虽然是现代西方学术"族群"一词的词源，但与族群的概念出入比较大。

然而，"genos"与族群的概念十分接近。令人惊奇的是，在先秦典籍中"族类"表述血缘共同体，这个词汇也表述血缘共同体，竟是如此的相似。据西方学者乔纳森·霍尔的研究，"genos"与动词"出生"、"降世"相关联。它既可以表示一个人归属认同的标准（mechanism），也可以表示以血统（birth）为根据的某一群体，以第二种含义较为普遍，希罗多德用它来描述雅典两个显赫的大宗族：格菲莱伊家族（Gephyraeans）和阿尔克美昂家族（Alcmaeon）。但是"genos"不仅仅用在家族的意义上，也应用于成员之间依据血统相互认同的规模更大的共同体。希罗多德既用"ethnos"也用"genos"表述阿提卡人，因为雅典人认为他们有着相同的血统，同样他也用这两个词表述希腊人，因为希腊人共享相同的血缘（下文将提到希腊人共同血缘的建构过程）⑤。一些学者指摘希罗多德混乱地使用这两个概念，但是遭到琼斯（C. Jones）的否定。琼斯认为，"ethnos"是一个被视为地理、政治或文化统一的群体，而"genos"则是

---

① Herodotus, *The Persian Wars*, Ⅰ.57, Ⅴ.77。

② Herodotus, *The Persian Wars*, Ⅴ.77, Ⅷ.73.

③ Herodotus, *The Persian Wars*, Ⅰ.6, Ⅰ.203.

④ 参见 Jonathan Hall, *Ethnic Identity in Greek Antiquity*, p.35.

⑤ Jonathan Hall, *Ethnic Identity in Greek Antiquity*, p.35.

一个被视为由共同血缘来维系的群体①。安东尼·史密斯也认为与"eth-nos"相比,"genos"更强调以血缘为基础的组织②。乔纳森·霍尔也看到了这种区别。他认为"genos"有特殊的含义,即指共享血缘的群体③,尽管这种血缘共享是建构的不真实的古风时期东地中海地区④。

"Genos"(部族)范畴化称呼的存在反映了部族共同体的部族认同观念。文献资料记载,古风时期,包括希腊本土的东地中海地区分布着众多部族。例如,荷马史诗中提到,有一处国土克里特"居住着阿凯亚人(Achaean)、勇猛的纯粹的克里特人(Eteokretans)、库多涅斯人(Kydonians)、蓄发的多利亚人(Dorians),还有刚烈的皮拉斯基人(Pelasgians)⑤。皮拉斯基人是古典作家经常提到的一个非希腊族类。希罗多德认为他们是希腊土生土长的居民。他还认为雅典人就是皮拉斯基人的一支,后来这部分人改说希腊语而变为希腊人⑥。这不一定是历史事实,但可以说明皮拉斯基人与雅典人之间有着较早的联系。居住在阿提卡的皮拉斯基人与雅典人发生了冲突,结果被雅典人以冠冕堂皇的理由驱出阿提卡。整个部族被迫迁徙至列姆诺斯(Lemnos),后在波斯战争前夕,又被雅典将军米太雅德(Miltiades)武力征服⑦。在克里特岛居住过另一个说非希腊语的部族,是卡里亚人(Carian)。卡里亚人又被称作勒勒吉人(Leleges)⑧,后来伊奥尼亚人和多利亚人扩张,将卡里亚人驱逐出克里特岛⑨。

这些部族有一个共同的现象,就是用共同的先祖名字给自己的部族命名,这个先祖就称为命名先祖(eponymous ancestor)。皮拉斯基人是以他们的始祖皮拉斯戈斯(Pelasgus)命名的部族。勒勒吉人也有明确的祖先

---

① 参见 C. Jones, "Ethnos and Genos in Herodotus", *Classical Quarterly* 46 (1996), pp. 315 – 320;徐晓旭《古希腊人的"民族"概念》,《世界民族》2004 年第 2 期。

② Anthony D. Smith, *The Ethnic Origins of Nations*, Oxford: Basil Blackwell Ltd, 1986, p21.

③ Jonathan Hall, *Ethnic Identity in Greek Antiquity*, p. 36.

④ 既然"genos"一词的概念与中文中"族类"、"部族"的概念十分相近,就可以用"族类"或"部族"对译"genos",相应的,笔者仿照"ethnic group",创造出一个英文单词"genusic group"来对译"族类"与"部族"。

⑤ Homer, *Odyssey*, 19. 172—177, Loeb Classical Library, trans., A. T. Murray, Havard University Press, 2002.

⑥ Herodotus, *The Persian Wars*, Ⅰ. 56—57.

⑦ Herodotus, *The Persian Wars*, Ⅵ. 137—140.

⑧ Herodotus, *The Persian Wars*, Ⅰ. 171.

⑨ Iibd.

谱系，他们的命名先祖是勒勒克斯（Lelex）[①]。希腊四大部族各有命名先祖：多利亚人先祖多罗斯（Doros）、爱奥利亚人先祖爱奥罗斯（Aiolos）、阿凯亚人先祖阿凯奥斯（Akhaios）和伊奥尼亚人先祖伊翁（Ion）。这与华夏地区诸姓族的祖先崇拜是一样的，姬姓祭祀后稷、文王、武王，子姓祭祀契、商汤，楚人祭祀祝融、鬻熊。保留对祖先的记忆是部族认同的标志，部族成员都声称他们是共同先祖的子孙，拥有相同的血脉。相反，那些不认同自己先祖的人就不会成为本部的成员，即使有着共同的语言。希罗多德记载，在小亚细亚的米拉萨（Mylasa）有一座属于卡里亚人的古老宙斯神庙，卡里亚人只允许米西亚人（Mysians）和吕底亚人（Lydians）进入神庙，而禁止与卡里亚人说同样语言的其它族人进入神庙。因为按照卡里亚人的说法，米西亚人和吕底亚人是他们的同族，卡里亚人、米西亚人、吕底亚人的命名先祖卡尔（Kar）、米苏斯（Mysos）、吕都斯（Lydos）是一母同胞的三兄弟[②]。可见，希罗多德时代东地中海地区的部族认同仍十分强烈。在希腊世界，两个强大的部族是多利亚人和伊奥尼亚人，斯巴达人和雅典人分别是两部族最强大的支脉。

当迈锡尼文明式微之时，北方的多利亚人趁虚入侵希腊。在荷马史诗和其他希腊神话中，多利亚人参与的大事并不多，可以说明他们是外来人。多利亚人占领了大片希腊领土，不可避免地与当地居民产生极深的矛盾。为缓解多利亚人与被征服者的紧张关系，他们编造了多利亚人的希腊土著身份，这要归功于杜撰出来的"赫拉克勒斯子孙回归"的神话故事。

故事的梗概是这样的：赫拉克勒斯（Heracles）是迈锡尼王国创建者珀尔修斯的后裔，天王宙斯与迈锡尼公主阿尔克墨涅（Alcmene）之子，宙斯打算让自己的私生子赫拉克勒斯继承王位，但是生性嫉妒的天后赫拉从中作梗，让赫拉克勒斯失去继承权，还迫使他效力于王权竞争者当然也成功继位的欧瑞斯透斯（Eurystheus）。赫拉克勒斯死后，子孙遭到欧瑞斯透斯的迫害。长子许罗斯（Hyllos）率族人避难希腊北部边陲的多利亚人部落。当初，赫拉克勒斯曾帮助过多利亚人保卫领土，得到多利亚人相赠三分之一国土的许诺。多利亚人仍然信守前诺，并拥戴许罗斯为多利亚三

---

① Pausanias, *Description of Greece*, Ⅲ.1, Loeb Classical Library, trans., W. H. S. Jones and H. A. Ormerod, Harvard University Press, 2003.

② Herodotus, *The Persian Wars*, Ⅰ.171.

部落的首领之一，该部落也以许罗斯的名字命名。后来，许罗斯率领自己的子孙及多利亚人返回伯罗奔尼撒复仇，未获成功，许罗斯也战死沙场。许罗斯的三个重孙特墨诺斯（Temenos）、阿里斯托德摩斯（Aristodemos）、克瑞斯丰特斯（Kresphontes）重整旗鼓又一次率领多利亚人返乡，终于杀死迈锡尼国王，征服伯罗奔尼撒地区。在战斗中，阿里斯托德摩斯和多利亚另外两个部落的首领潘菲洛斯（Pamphylos）和狄玛斯（Dymas）不幸丧生，多利亚人全归赫拉克勒斯子孙统领。迈锡尼王国也被赫氏子孙瓜分，特墨诺斯获得阿尔戈斯（Argos），克瑞斯丰特斯拥有美塞尼（Messene），战死的阿里斯托德摩斯其双生子占领斯巴达。

现代学者解释了神话故事背后的历史事实与神话编造过程。西方学者马丁·尼尔森认为，多利亚人的命名祖先多罗斯的儿子埃吉米俄斯（Aigimios）是多利亚人古老的族类英雄，而多利亚人三部落的名祖许罗斯、潘菲洛斯和狄玛斯，最初应是其三子，因为这三个部落的名祖是不能分开的。但是，许罗斯后来被神话编造者强行指定给赫拉克勒斯做儿子，从而使赫氏后裔的身份与多利亚人建立联系。赫拉克勒斯最初并不是多利亚人的英雄，而是迈锡尼人的英雄，他的重要神话都源自迈锡尼时代。外来的多利亚人选择他当祖先是因为他建立了不朽的功勋，在全希腊最得人心。然而，多利亚人与大英雄无缘相见，神话编造者只好把一个多利亚人部落的名祖许罗斯变成赫拉克勒斯的儿子，并使他成为多利亚国王埃吉米俄斯的继子和其他两部落名祖的"非血缘"兄弟，从而勉强地把多利亚人和赫拉克勒斯套上亲属关系①。这样在神话中间，由于长期的互婚，赫氏子裔在血统上加入了多罗斯子孙即多利亚人的队伍，多利亚人也可以说是赫氏子孙，一种新的杂糅的多利亚部族认同就被竖立起来，也逐渐被承认。乔纳森·霍尔分析称，两个谱系通过这种相当粗糙的方式统一起来，统一的时间应该在公元前7世纪中叶之前②。

尽管是多利亚人部族认同的建构相当粗糙，但是多利亚人是赫拉克勒斯子孙的观念还是深入人心。当时的希腊人对神话的真实性并不表示怀疑。博学的柏拉图就说多利亚人本是居住在伯罗奔尼撒半岛的阿凯亚人，

---

① Martin. P. Nilsonn：*Cults*，*Myths*，*Oracles and Politics in Ancient Greece*. New York，1972，pp. 68—69.

② Jonathan Hall，*Ethnic Identity in Greek Antiquity*，p. 60.

被驱逐出了伯罗奔尼撒,后来改换了族名①。公元 2 世纪的希腊旅行家波桑尼阿斯也对赫拉克勒斯子孙回归神话笃信不疑,认为是"绝对正确的",这表明"希腊人没有能力不把神话当历史看待"②。事实上,主观认同标准与客观事实往往不相符!如果真要较真的话,按照部族标准,多利亚人的认同是不成立的,但是,虽然存在这样那样的抵牾,但却不为人怀疑。因为认同是主观的,有非理性的因素存在,就不可以用逻辑去推演。认同的维持和变更需要历史记忆,也需要历史失忆,更需要历史虚构。而主观认同作为一种事实却是客观存在。

如果说,多利亚人的部族认同不可用客观的理性的标准去推演,那么,在博闻强识的希罗多德看来,伊奥尼亚人声称他们在血统上最纯洁的观点简直是无稽之谈。他做过一番调查之后认为:

> 有些人认为小亚的伊奥尼亚人比其他地方的伊奥尼亚人在血统上更纯正也更高贵,这种说法实在是愚蠢之极。因为,他们中间有不小的一部分人是来自尤俾亚(Euboea)的阿班特斯人(Abantes),这些人连名字都不属于伊奥尼亚人。另外,与伊奥尼亚人混血的部族还有:奥科麦努斯的米尼亚人(Minyans of Orchomenus)、卡德摩斯人(Cadmeans)、德里奥皮斯人(Dryopians)、脱离本帮的佛基斯人(Phocian)、莫洛西亚人(Molossians)、阿卡底亚的皮拉斯基人(Pelasgian Arcadians)、埃皮道鲁斯的多利亚人(Dorians of Epidaurus)以及其他许多部落。即使当中来自雅典议事会堂的居民,虽自诩是真正的伊奥尼亚人,也没有携带妻子到新征服的土地,而是杀死土地上的原主人卡里亚人的男人后霸占他们的女儿为妻。③

伊奥尼亚城邦的居民可不愿意做希罗多德这样精细的考证,他们毋宁相信自己是同根同源的兄弟。当然,包括雅典在内的伊奥尼亚人部族认同也有一个建构的过程。混居的小亚移民在习俗上愈来愈趋于一致,他们建

---

① Plato, *Laws*, Book Ⅲ, Loeb Classical Library, trans., R. G. Bury, Harvard University Press, 2001, p187.

② Ken Dowden, *The Uses of Greek Mythology*, London and New York, 1992, p. 72. 转引自王以欣《古希腊神话与土地占有权》,《世界历史》2002 年第 4 期。

③ Herodotus, *The Persian Wars*, Ⅰ. 146.

构了以伊翁为先祖的同族神话，在共同先祖的名义之下整合出伊奥尼亚人的部族认同。此时雅典人尚在伊奥尼亚认同之外。随着阿提卡居民与小亚居民交流的加深，阿提卡的语言和习俗也深受伊奥尼亚人的影响。语言学表明，阿提卡方言与伊奥尼亚方言的相似性是后来交往合流而成。雅典的四部落结构也来源于小亚伊奥尼亚城邦的制度设置。由于小亚伊奥尼亚城邦在经济上有很强的吸引力，雅典人便接受了伊奥尼亚人的认同。在公元前 8 世纪，居住在阿提卡的雅典人建构了伊奥尼亚城邦从雅典向小亚移民的新的神话，并与伊翁攀上了亲戚①。到了公元前 6 世纪，梭伦提到阿提卡是"伊奥尼亚人最古老的故乡"②。在后人的记忆中，伊奥尼亚人的认同也经常被提及。希罗多德认为斯巴达人属于多利亚族，雅典人属于伊奥尼亚族，两邦是希腊最强大的③。修昔底德也把雅典人归属为伊奥尼亚族④。此时，伊奥尼亚人的认同已经根深蒂固。

值得一提的是，在波斯战争期间，雅典杰出的政治领袖地米斯托克利（Themistocles）利用雅典人与小亚伊奥尼亚城邦的部族认同使了一招离间计。波斯人曾两次征服小亚伊奥尼亚人城邦，并迫使小亚城邦加入波斯入侵希腊本土的军队。面对庞大的波斯大军，希腊人在阿尔特米西昂（Artemisium）的近海地区阻击波斯海军，但是随着陆上温泉关战役的失利，希腊海军只好战略性撤退。在撤退时地米斯托克利派遣一部分精锐在波斯军队必经的饮水之地的岩石上铭刻了留给伊奥尼亚人的一段告白：

> 伊奥尼亚人，你们攻打父祖之邦，奴役希腊人，是不义之举。你们最应该做的是与我们并肩作战，若不能如此，也应该退出战争，并说服卡里亚人向你们一样离开波斯军队。若你们无法挣脱强有力的束缚，做不到这两点，那也请你们在战场上不要全力以赴。请记住：你们是我们的子孙，我们与蛮族人的战争也因你们而起。⑤

---

① W. R. Connor："The Ionian Era of Athenian Civic Identity"，*Proceedings of the American Philosophical Society*，Vol. 137，No. 2（1993），pp. 194 – 199.

② Solon，fr. 4. Diehl，转引自 Jonathan Hall，*Ethnic Identity in Greek Antiquity*，p. 51.

③ Herodotus，*The Persian Wars*，Ⅰ. 56.

④ Thucydides，*History of the Peloponnesian War*，Loeb Classical Library，trans.，C. F. Smith，Harvard University Press，1998，Ⅶ. 57.

⑤ Herodotus，*The Persian Wars*，Ⅷ. 22.

　　希罗多德游历各地，他可能在考察战场时准确地抄录了这段铭文。铭文两次提到雅典人与小亚伊奥尼亚人的同宗共祖关系，特别是，雅典人提醒伊奥尼亚人注意共同的血缘，而没有考虑他们文化上的相似之处。这些证据表明，在伊奥尼亚人的部族认同建构之初，文化的相似性只起到了平台的作用，一旦这种建构建立起来，文化的相似性反而退居次位了，部族标准上升为最核心的认同标准。

　　希腊人的部族认同与中原地区诸姓族的部族认同还有一个明显的区别，即夏商西周时期中国先民的的部族（姓族）认同是碎裂的，而古希腊人有一个统一的部族认同，他们都将自己称作"希伦的子孙"（Hellenes）。亚里士多德说，依部族（genos）论，有人称希腊人，有人称伊奥尼亚人。前者是希伦（Hellen）的子孙，后者以伊翁为公共祖先[1]。"希伦子孙"的概念与"伊翁子孙"的概念并不是并列的，"伊翁子孙"是"希伦子孙"的一支。但是，这种观念不是一直存在的。修昔底德根据传说推测，在特洛伊战争之前，当时整个地区不叫"希腊"，各个地区以各种不同的部落名号称呼自己。"希伦和他的子孙"初居住在希腊北部的泰俄提斯地区，后以同盟者的身份被邀请到其他国家。这些国家因和希伦家族的关系纷纷自称是"希伦的子孙"或"希伦族人"。经过许久之后，这个名称才排弃了其他一切的名称，成为希腊地区居民唯一的族名[2]。修昔底德的推测大体上是不差的，但时间上十分模糊。据现代学者考证，"希伦子孙"或"希腊人"作为希腊地区居民的通称出现得要晚一些。乔纳森·霍尔认为，到（伪）赫希俄德创作《列女传》（*Catalogue of Women*）时[3]，"希腊子孙"的概念已经广为接受。《列女传》一书记载了"希腊子孙"的谱系：希伦（Hellen）生子多罗斯、克苏托斯（Xouthos）和爱奥罗斯，克苏托斯生子阿凯奥斯和伊翁。多罗斯、爱奥罗斯、阿凯奥斯、

---

　　① Aristotle, *Metaphysics*, V. XXⅧ.1, Loeb Classical Library, trans., Hugh Tredennick, Harvard University Press, 2003.

　　② Thucydides, *History of the Peloponnesian War*, Ⅰ.3.

　　③ 乔纳森·霍尔认为此书创作于公元前六世纪末，见 Jonathan Hall, *Ethnic Identity in Greek Antiquity*, Cambridge: Cambradge University Press, 1997, p.44.

伊翁分别是多利亚人、爱奥利亚人、阿凯亚人和伊奥尼亚人的命名祖先①。这反映希腊地区居民及海外殖民地居民就以血缘的名义统一起来，他们都认希伦为祖先，自称"希伦的子孙"，且王族通过传说的谱系都可以在这个庞大家族中找到自己的位子。

"希伦子孙"认同的出现要晚于四大部族的部族认同，但是按照神话谱系的安排，希伦是四部落命名祖先的长辈。这也是一个顾颉刚所说的"层累地"的构造。乔纳森·霍尔这个"层累地"的构造过程一个很好的解释。他说，关于希伦的神话年代很久远，在荷马史诗中就已经提到，但关于他的神话仅局限在希腊北部的色萨利地区（Thessaly），第一批自称希伦子孙的人就是居住在色萨利的东南部。因为"爱奥罗斯的子孙"或爱奥利亚人居住在色萨利，所以在早期希伦的神话里，他只有一个儿子爱奥罗斯。后来，多利亚人感到自己的祖居地也在希腊北部，便将自己的先祖谱系加入希伦谱系中去，在神话中，多罗斯与爱奥罗斯成了亲兄弟。同样，"伊翁子孙"（伊奥尼亚人）和"阿凯奥斯子孙"（阿凯亚人）感到他们的祖居地都在伯罗奔尼撒，相信他们源于一个共同的先祖克苏托斯。接着，希伦谱系的神话进一步扩大，吸纳了克苏托斯谱系，克苏托斯、爱奥罗斯和多罗斯同为希伦之子②。

乔纳森·霍尔还提供了一个古朴时期希腊人部族认同的实证。他分析称，由于希腊人和埃及人商贸往来的关系，希腊的许多城邦向埃及的重要商业城市瑙克拉提斯（Naukratis）移民。希腊人在瑙克拉提斯的移民社区建立一些希腊人的神庙。希罗多德认为这些神庙建于埃及法老阿玛西斯执政时期（Amasis，公元前569—前525年在位）。他记载：

> 对那些经常来这儿而又不愿永久居住的希腊人，他（阿玛西斯）给他们土地以建立祭坛和神庙。这些宗教场所中最大最有名且香火最盛的要数一个叫希伦子孙宫（Hellenion）的地方。它是由伊奥尼亚人、多利亚人和爱奥利亚人的许多城邦共同建造的，其中属于伊奥尼亚人的城邦有：开俄斯（Chios）、泰奥斯（Teos）、佛凯亚（Pho-

① Hesiod, fr. 9, fr. 10（a）6—7, 20—24. 转引自 Jonathan Hall, *Ethnic Identity in Greek Antiquity*, pp. 42—43.

② Jonathan Hall, *Ethnic Identity in Greek Antiquity*, pp. 48—49.

caea）和克拉左门奈（Clazomenae），属于多利亚人城邦的有：罗德斯（Rhodes）、克尼多斯（Cnidus）、哈利卡纳苏斯（Halicarnassus）和法赛里斯（Phaselis），属于爱奥利亚人的城邦是米提林（Mytilene）。……另外，埃吉那人（Aeginetans）、萨摩斯人（Samians）和米利都人（Milesians）只能向自己的神庙献祭，他们分别供奉的神是宙斯、赫拉和阿波罗。①

考古证据表明来瑙克拉提斯经商的希腊人成分更为复杂，还有北部伊奥尼亚人、雅典人、斯巴达人、科林斯人、埃吉那人、萨摩斯人、米利都人等等。神庙也不是在同一时间建造的，萨摩斯人供奉的赫拉神庙、米利都人供奉的阿波罗神庙建于公元前7世纪后期，建造各自为信的神庙说明泛希腊（panhellenic）意义上的部族认同还没有完成。考古学家通过发掘希伦子孙宫遗址发现，泛希腊意义的希腊子孙宫的建造时间要晚，不会早于公元前6世纪中期。据此，乔纳森·霍尔认为希伦子孙谱系最后确立的时间当为公元前6世纪中期②。乔纳森给出的时间仍是希伦子孙谱系最终确立的时间，或者说是他根据考古材料和传世文献推测出来的最后的、最保守的期限。实际上，"希伦子孙"的适用范围是在不断发展的。

乔纳森·霍尔在另一本书中详细论证了"Hellenes"（希腊人或希伦子孙）、"Panhellenes"（泛希腊人或泛希伦子孙）、"Hellas"（希腊地区）三个词的区别与演变。他认为，"Hellas"一词起初仅指代色萨利南部的很小的一块儿区域，后来指代中希腊；到了公元前7世纪末，它被用来指代整个希腊大陆，6世纪中叶代表整个希腊世界。"Hellenes"当初的意义是指居住在色萨利南部的"Hellas"的居民，后来这个词在文献中消失了，6世纪之后又出现并指代最宽泛意义上的希腊人。这个中间期指代"Hellas"居民的是"Panhellenes"③。不管是"Panhellenes"还是"Hellenes"在古希腊的古朴时代都是指希伦的血脉源流。

在这里，有人可能认为希伦子孙谱系的建构和黄帝谱系的建构有相似之处，事实上，两者极为不同，后面将会提到，黄帝子孙神话的建构要晚

---

① Herodotus, *The Persian Wars*, Ⅱ.178.

② Jonathan Hall, *Ethnic Identity in Greek Antiquity*, pp. 49—50.

③ Jonathan Hall, *Hellenicity: Between Ethnicity and Culture*, pp. 125—134.

得多，在战国后期，即公元前四世纪之后，真正的确立要归功于司马迁。最大的不同是黄帝子孙的观念立足于天下，而希伦子孙的观念立足于希腊一族；另外，华夏先民在先秦时期从没有用黄帝子孙的观念用作族群认同的标准。换句话说，黄帝子孙的观念是中国历史进入古典时期而非古风时期才建构而成的，这种观念在族群认同上特别是部族认同上不具有实际意义，所以两者不能相提并论。

以上讨论了古风时期东地中海地区特别是爱琴海地区的各族群或部族的部族认同，当然我们不能只考虑族群认同的部族标准，文化标准在古风时期的族群认同中也占据着不可或缺的地位。具有泛希腊意义的文化生活当数盛行于整个希腊的四大赛会。这四大赛会是奥林匹亚赛会、皮提亚赛会（Pythian Games）、地峡赛会（Isthmian Games）和尼米亚赛会（Nemea Games）。一般认为，奥林匹克运动会开始于公元前 776 年，祭祀宙斯神；皮提亚运动会创于公元前 586 年，四年举行一次，祭祀阿波罗神；地峡运动会和尼米亚运动会分别创始于公元前 580 年和公元前 573 年，均为两年一届，是为献祭波塞冬和宙斯而举办的。奥林匹亚赛会虽然早在公元前776 年就开始举办，但是现代的学者怀疑它在公元前 7 世纪是否具备泛希腊的性质[1]。我们惊奇地发现，泛希腊赛会最初举办时间与希腊子孙谱系完备的时间相一致。这说明古风时期希腊族群认同的部族认同与文化认同的不可分割性。

但是泛希腊赛会认同又有着明显的部族认同内涵。这四大赛会泛希腊化之后，赛会成员的身份就固定了，那就是只能是希伦子孙。奥林匹克赛会的裁判官称为"Hellandikai"，从字面意思上去理解为"希腊人的裁判官"或者更进一步解释为"裁定希伦子孙身份的人"[2]。他们裁定谁是公认的希伦的子孙谁有资格参与赛会的竞争。这一传统到了古典时期依然没有变化。希罗多德记载了马其顿国王亚历山大一世获准参加一届奥利匹亚运动会的故事：

---

[1]　Jonathan Hall, *Hellenicity*: *Between Ethnicity and Culture*, p. 154；徐晓旭：《古代希腊民族认同的形成》，第 60 页。

[2]　赛会裁判官的人数当初是一个，召开于公元前 580 年的第 50 届运动会上增加到两名。参见 Jonathan Hall, *Hellenicity*: *Between Ethnicity and Culture*, p. 130. 后来裁判官的人数增加到 10 名。

　　这些柏迪卡斯（Perdiccas）的后代按照他们自己的说法属于希腊人（或希伦的子孙）。我是偶然的机会得知这些的，在后来的篇章里我将证实它。并且，主持奥林匹克赛会的希腊人裁判官（Hellenodicae）也肯定了这件事。亚历山大想参加比赛且为此目的进入赛场的时候，与他竞技的希腊人阻止了他，他们说比赛是希腊人的事，外族人无权参与。但是亚历山大证明自己是一个阿尔戈斯人，然后被认定为是一名希腊人。所以他参加了跑一弗隆的比赛（the furlong race），还赢得了并列第一的名次。①

　　希罗多德果真在《历史》的第八章详述了亚历山大一世与希腊人命名祖先希伦之间的血缘关系。按照当时流行的神话，谱系是这样的：希伦生多罗斯，多罗斯生埃吉米俄斯，埃吉米俄斯收养赫拉克勒斯的儿子许罗斯为义子，许罗斯是特美努斯（Temenus）的曾祖父，特美努斯的后人生柏迪卡斯三兄弟，柏迪卡斯三兄弟逃离阿尔戈斯，柏迪卡斯生阿尔盖乌斯（Argaeus），阿尔盖乌斯生菲力（Philippus），菲力生埃罗普斯（Aeropus），埃罗普斯生艾尔凯塔斯（Alcetes），艾尔凯塔斯生阿明塔斯（Amyntas），阿明塔斯生亚历山大，是为亚历山大一世。② 就因为有这种谱系神话的存在，亚历山大才有资格参与比赛。所以，希伦子孙的身份决定谁可以参加比赛、谁会遭到禁止。说到底，奥利匹亚赛会是表达以血统为基础的希腊认同的工具。

　　影响仅次于奥林匹亚赛会的皮提亚赛会同样充溢着希腊子孙认同。公元2世纪的旅行家波桑尼阿斯（Pausanias）游历希腊时到访过希腊人的圣地德尔菲（Delphi），在德尔菲他抄录了一则铭文，铭文镌刻在一个青铜铸造的三角架上。铭文的内容如下：

　　　　阿卡底亚人伊克赫姆布罗图斯（Ekhembrotus）在近邻同盟（Amphiktyones）所举行的竞技比赛中获得的胜利，并为希腊人（或

---

　　① Herodotus, *The Persian Wars*, V. 22

　　② Herodotus, *The Persian Wars*, Ⅷ. 137—139；参见 J. M. Hall, 'Contested Ethnicities: Perceptions of Macedonia within Evolving Definitions of Greek Identity', in Irad Malkin eds., *Ancient Perceptions of Greek Ethnicity*, pp. 168—169.

希伦子孙）唱了颂歌和挽歌，然后将此物（指青铜三脚架）奉献给赫拉克勒斯。[1]

青铜三脚架是公元前 586 年第一届皮提亚赛会的祭品。铭文中有希腊人（或希伦子孙）一词，也可证明希伦谱系建构完成的时间在公元前 6 世纪初[2]。

不难看出，泛希腊赛会最能体现古朴时期希腊人的文化认同，然而，希腊人的文化认同却不占据族群认同的主导地位。换句话说，文化认同是附属于部族认同的，所以，古风时期的部族认同是希腊人认同的核心和根本。我们回过头再来考察春秋时期之前周人和周边族群文化认同和部族认同的关系，就会发现，他们的文化认同同样是附属的、非核心的。

在周人眼里，"国之大事，在祀与戎"。"戎"属军事这里就不考虑了，祭祀无疑是周人文化生活乃至政治生活的重中之重，是礼之最重要的组成部分。在古风时期的中国，礼深入到社会的每一个角落，名目极多，不可胜数，《中庸》曾提到"礼仪三百，威仪三千"[3]，也仅仅是个大概。后人为了使用和研究的需要，对复杂纷繁的礼进行分类。战国时期成书的《周礼》将礼分为吉礼、凶礼、军礼、宾礼和嘉礼，后被广为接受。五礼之中吉礼最为重要，就是所谓"国之大事，在祀与戎"的"祀"，是各种祭祀的统称。《周礼·春官·大宗伯》说"以吉礼事邦国之鬼、神、示（祇）"[4]，将祭祀对象分为人鬼、天神和地祇。天神之祭包括祭上帝、日月星辰、风雨雷电等"天上"的神明，地祇之祭包括祭社稷山川树木虫鱼等"地上"的神明，人鬼之祭包括祭祀祖先和先贤，主要是祖先崇拜[5]。总之，吉礼无非就是祖先崇拜和对自然万物的图腾，属于原始宗教信仰。

流传的史料和考古材料表明华夏地区各姓族的对祖先的崇拜要盛于对自然万物的图腾。后世儒生在归纳商代宗教的特点时曾经说："殷人尊

---

① Pausanias, *Description of Greece*, X．Ⅶ．6.

② 参见 Jonathan Hall, *Hellenicity：Between Ethnicity and Culture*，p. 130.

③ 《礼记·中庸》，第 1633 页。

④ 《周礼·春官·大宗伯》，第 757 页。

⑤ 参见彭林《中国古代礼仪文明》，中华书局 2004 年版，第 21—26 页。

神，率民以事神，先鬼而后礼"①，"先鬼"说明祭祀祖先的优先性和重要性。王国维也说，"商道尚鬼"②。"尚鬼"就是指祖先崇拜。周因于殷礼而有所损益，姬姓贵族继承了殷商的祖先崇拜的传统并有所变化，重要的一个变化就是赋予至上神"天"的崇拜以更多的祖先崇拜的色彩，姬姓诸侯的领袖周王自称"天子"，这使祖先崇拜的重要性更深了一层③。我们单从《诗经》中保存下来的祭祀祖先的颂词中就可窥见殷、宋、周祖先崇拜之貌:

《商颂·那》:猗与那与！置我鞉鼓。奏鼓简简，衎我烈祖。……汤孙奏假，绥我思成。鞉鼓渊渊，嘒嘒管声。……自古在昔，先民有作。温恭朝夕，执事有恪，顾予烝尝，汤孙之将。

《商颂·烈祖》:嗟嗟烈祖！有秩斯祜。申锡无疆，及尔斯所。……自天降康，丰年穰穰。来假来飨，降福无疆。顾予烝尝，汤孙之将。

《商颂·玄鸟》:天命玄鸟，降而生商，宅殷土芒芒。古帝命武汤，正域彼四方。方命厥后，奄有九有。商之先后，受命不殆，在武丁孙子。

《大雅·文王》:亹亹文王，令闻不已。陈锡哉周，侯文王孙子。文王孙子，本支百世，凡周之士，不显亦世。……厥作裸将，常服黼冔。王之荩臣，无念尔祖。无念尔祖，聿修厥德。永言配命，自求多福。

《周颂·维天之命》:维天之命，於穆不已。於乎不显，文王之德之纯。假以溢我，我其收之。骏惠我文王，曾孙笃之。

《周颂·天作》:天作高山，大王荒之。彼作矣，文王康之。彼徂矣岐，有夷之行。子孙保之。④

---

① 《礼记·表记》，第 1642 页。
② 王国维:《观堂集林》卷十《殷周制度论》，上海古籍书店 1983 年影印版，第 15 页。
③ 参见牟钟鉴、张践《中国宗教通史》，社会科学文献出版社 2000 年版，第 115—116 页。
④ 《诗经·商颂·那》，《十三经注疏》本，中华书局 1980 年影印版，第 620 页;《诗经·商颂·烈祖》，第 621 页;《诗经·商颂·玄鸟》，第 622—623 页;《诗经·大雅·文王》，第 504—505 页;《诗经·周颂·维天之命》，第 583—584 页;《诗经·周颂·天作》，第 585—586 页。

　　《大雅·文王》《周颂·维天之命》《周颂·天作》创作于西周初期当无疑问。《商颂·那》《商颂·烈祖》《商颂·玄鸟》的创作年代聚讼纷纭，现代的学者多主张商代说，而摒弃了春秋说①。那么，这些文献可以反映出中国古风时代的社会风貌。《大雅》是会朝之乐，《颂》是宗庙祭祀用的乐歌，特别是后者载歌载舞，是祭祖仪式的重要组成部分。

　　这几段文献分别是子姓贵族和姬姓贵族祭祀祖先所用的歌词，歌词中提到"衍我烈祖"、"汤孙之将"、"文王孙子"、"无念尔祖"、"曾孙笃之"、"子孙保之"等字词，祷告先祖能福佑子孙，也表达了遵循先祖的贤德，永葆家业、国业。在当时家国同层同构的宗法政治体制下，祭祀姓族的祖先不仅仅是家族的事情，更代表国家意志。可以看出，祭祀祖先也是团结本姓族、表达姓族认同的有效手段。祭祖仪式所体现的文化因素在本质上还是依附于部族认同。

　　为什么古风时期的周人及周边族群与希腊人在族群认同上表现出部族本位的特征？这还要从他们社会的内部结构来分析。古风时代的社会并没有彻底地打破血缘结构，地缘性的组织也没有建立起来。恩格斯在《家庭、私有制与国家的起源》一书中提到了国家形成或人类进入文明社会的两个重要标志："第一，它（指雅典的梭伦改革）造成了一种已不再直接等同于武装起来的全体人民的公共权力；第二，它第一次不依亲属集团而依共同居住地区为了公共目的来划分人民。"② 简单地说，人类社会进入文明社会的两个特征就是，第一是少数人垄断了公权力，第二是地域组织取代的血缘组织。这两个特征曾在中国学术界广为引用，但是关于第二个特征已有不少学者提出疑问，特别是将这种理论运用到中国先秦史的研究当中去的时候，朱凤瀚就论述道："商周时代虽已进入阶级社会，即恩格斯所谓组成国家的社会，代表少数贵族统治阶级利益的国家机器已建立，然而如我们在本书中所要揭示的那样，社会的基层单位却并未立即转变为纯粹的地区性团体，而血缘性的家族组织仍长期地作为社会的基层单位存在着。地区性组织虽在这种社会中缓慢地形成、发展，但直到春秋时期仍未能全部代替家族组织，这点显然与恩格斯在《家庭、私有制和国

---

① 参见姚小欧《〈商颂〉五篇的分类与作年》，《文献》2002 年第 2 期。
② 《马克思恩格斯选集》第 4 卷，人民出版社 1995 年版，第 113 页。

家的起源》中所论的国家的基层单位已非血缘团体而是地区团体不尽相合,因此这也可以认为是中国早期国家形态的特点。"① 朱氏的看法得到沈长云等学者的应和②。

实际上,希腊世界血缘性组织的最后解体也是在由古风时代末古典时代初,即公元前 6 世纪、5 世纪之交。从长时段和全球的视野看,这与朱凤翰提到的华夏地区社会组织变革的时间相当。恩格斯论述的由原始氏族社会到文明社会转变的两个特征恰恰是古代文明史上古风时代向古典时代转变的时代特征。他所论述的对象——雅典国家的形成时间是始于公元前 6 世纪初的梭伦改革、终于 6 世纪末的克利斯提尼改革,此时雅典的四大血缘性部落组织才被彻底摧毁③。希腊神话中宙斯家族的系谱结构正是古风时代希腊社会血缘性组织的存在在意识形态里的反映。

正是由于古风时期仍然顽强存在着血缘性组织和浓厚的血缘意识,族群认同才表现出明显的部族本位特征。当希腊与华夏两大文明由古风时期步入古典时期,伴随着血缘性组织的解体,部族认同赖以为凭的制度基础和意识形态基础也大为衰减。当周边族群以风起云涌的态势向他们发起强烈的冲击之后,两族群的族群意识勃然而兴,他们的族群认同也发生了根深蒂固的变迁。

---

① 朱凤翰:《商周家族形态研究》,第 2 页。
② 参见沈长云、张渭莲《中国古代国家起源与形成研究》,第 114—150 页。
③ 《马克思恩格斯选集》第 4 卷,第 109—118 页。

第 三 章

族群互动与族群意识的高涨

人类学、社会学比较早地探讨了"互动"对人们的影响，乔治·米德等人在互动理论方面颇有建树。但是，人类学、社会学的互动理论主要针对社会的微观领域，例如乔治·米德认为，"自我必须在社会过程中、在交际中才能得到解释……单单身体还不是自我，只有当它在社会经验背景中发展了心灵，它才成为一个自我"①。乔治·米德关注的是个体（自我）、心灵（自我意识）与社会互动交往的过程。全球史则关注大规模互动进程②，考察宏观领域的互动对历史进程的影响。所谓大规模互动进程，一是指互动的主体不是个人或小的社会而是大的社会共同体，包括国家、族群、文明或宗教共同体；二是指互动的规模是长距离或长时段的。大规模的互动进程对参与方的影响是巨大而深远的。互动的方式也是多种多样，包括合作、交流、迁徙、控制、冲突、战争等等。冲突和战争是激烈紧张的互动方式，对历史的影响最为直接，特别是对互动双方观念的冲击力也更为迅猛。从公元前 8 世纪到公元前 5 世纪的三百年间，华夏族和希腊人与周边族群展开了大规模的互动进程，他们的族群意识和族群认同发生了根本性的变化。

第一节　互动的原因

这一时期族群互动有其深刻的历史背景。进入公元前 8 世纪的希腊文明和中华文明都加快了向外扩张的步伐，同时也面临着外部的威胁。从公

---

① ［美］乔治·米德：《心灵、自我与社会》，赵月瑟译，上海译文出版社 1992 年版，第44 页。

② 参见刘新成《互动：全球史观的核心理念》，《全球史评论》第二辑，中国社会科学出版社 2009 年版，第 3—12 页。

元前 8 世纪到公元前 5 世纪的三个多世纪是世界历史上一个大扩张的时代。

从深层背景分析,族群扩张与当时的全球性气候变化与人口变化有内在关联。也有不少学者认识到历史变迁的气候因素。一般说来,气候转冷的时期往往是北部少数族群南侵最力的时期,也是内部爆发饥荒、战争最频繁的时期,内忧外患最终酿成了王朝更迭。章典等学者用统计学的方法论证了这一现象①。许多学者在叙述两周之际的族群关系时也常提到,气候转冷迫使华夏西北部的戎狄部落南迁,对中原政权造成很大压力。蒙文通很早就注意到了西周末年气候变迁与族群迁徙之间的关系,他说:"西周末造,一夷夏迁徙之会也。而迁徙之故,殆原于旱灾,实以于时气候之突变。"接着他举《诗经》、《通鉴·外纪》等文献材料加以论证②。其他的学者也支持这种观点③。加上周政权内部矛盾的激化,在双重压力下,西周政权灭亡,平王东迁洛阳,建立东周政权。所以,司马迁一语道破平王东迁的动机:"平王立,东迁于雒邑,辟戎寇。"④

然而,学者考虑到了气候转冷变旱对族群迁移的影响,但是有些问题无法解释。根据地理学家的研究,公元前 8 世纪的气候有一个明显的变化,即气温转暖的趋势。竺可桢考察,近五千年来,中国的气候可分为四个温暖期和四个寒冷期。商周之际第一个温暖期结束,转入第一个寒冷期。春秋时期气候转暖,进入长达七百年的第二个温暖期⑤。由于中国的气候类型是季风气候,温暖与湿润是相一致的。那么,为什么春秋时气候转暖之后周人面临更大的外部危机,"华夷"之间的冲突更为激烈?如果

---

① 参见 David D. Zhang, Jane Zhang, Harry F. Lee and Yuan-qing He:"Climate Change and War Frequency in Eastern China over the Last Millennium", *Human Ecology*, Vol. 35, No. 4 (Aug., 2007), pp. 403 – 414; David D. Zhang, Peter Breeke, Herry F. Lee, Yuan-Qing He and Jane Zhang:"Global Climate Change. War. And Population Decline in Recent Human History", *Proceedings of the National Academy of Sciences of the United States of America*, Vol. 104, No. 49 (Dec. 4, 2007), pp. 19214 – 19219。

② 蒙文通:《蒙文通文集》第二卷《周秦少数民族研究》,巴蜀出版社 1993 年版,第 49—50 页。

③ 王鍾翰:《中国民族史》,第 62 页;杨铭、刘春鸣:《西周时期的气候变化与民族迁徙》,《中原文物》1997 年第二期;李龙海:《汉民族形成之研究》,第 145—148 页。

④ 《史记·周本纪》,第 149 页。

⑤ 参见竺可桢《中国近五千年来气候变迁的初步研究》,《考古学报》,1972 年第 1 期。

说，战争爆发与天气转冷的关系是正相关，为什么春秋战国时期的温暖期内，战事更加频繁？显然这是没有考虑到温湿气候对人口移动和族群扩张的影响。现代学者的研究表明，如果其他条件不变，年平均温度升高（降低）1℃，我国粮食亩产量将有 10% 的增产（减产）[1]。平均气温升高，农作物的产量增加，土地可养活的人口也会增加。文献材料表明春秋时期中原地区人口增长速度是空前的。

西周时期中原诸侯国的人口增长还比较缓慢，人口极少，旷地极多。但春秋时期，列国国家规模日趋扩大。以鲁国为例，鲁国在《春秋》所记二百四十二年当中，凡建新城二十三座，增改旧城一座。另外，由于人口繁衍加快，宗族的数量也在扩大，所以为适应宗族数量增加的需要，各国频频颁赐新的氏族，于是鲁有仲孙、叔孙、季孙、臧孙，齐有高氏、国氏、崔氏、陈氏，卫有孙氏、宁氏，晋有郤氏、栾氏、韩氏、赵氏、魏氏，郑有罕氏、驷氏、游氏，不一而足[2]。人口增加，人地矛盾也会凸显出来，为解决这种马尔萨斯危机，向外拓取资源或者加强与外部的经济交流成为可以选择的两条重要路径。所以，在华夏及周边地区，不仅"狄、戎、蛮"等部族向中原拓进，中原诸侯国的晋、齐、鲁、秦等国家因直接与周边部族接触也积极向外部扩张，其中楚、晋、齐、鲁、秦在双方的扩张中强大起来。

气候变迁对东地中海地区的历史进程也有相似的影响。据西方学者研究，公元前 13 世纪晚期、12 世纪早期到公元前 9 世纪，地中海地区的气候变得更加寒冷且干燥，这与希腊文明史上迈锡尼文明的解体以及所谓的"黑暗时代"的来临相一致。青铜时代晚期气候的突变引起了大范围农作物减产，并导致大饥荒、社会危机和动荡、城池破坏，人口迁徙[3]。但是，公元前 8 世纪以后，虽然地中海地区的气温没有出现大幅度的提升，降水却变得丰富得多了。西方学者查勒斯沃斯（Charlesworth）将距今二

---

① 张家诚：《气候变化对中国农业生产的影响初探》，《地理研究》1982 年第 1 卷第 2 期。

② 钱穆：《国学大纲》，商务印书馆 1994 年版，第 66—67 页。

③ D. Kaniewski, E. Paulissen, E. Van Campo, H. Weiss, T. Otto, J. Bretschneider, K. Van Lerberghe, "Late second-early first millennium BC abrupt climate changes in coastal Syria and their possible significance for the history of the Eastern Mediterranean", *Quaternary Research*, Vol. 74, Issue 2, pp. 207 – 215.

三千年前即周秦时代的气候称之为亚大西洋时代,气候特征是冷而湿润①。美国气象学家米勒(A. A. Miller)也认为公元前第一千纪气候变得湿润②。查勒斯沃斯和米勒都认为欧洲的气候在公元前 1000 年左右变得湿润,但前面卡纽斯基(Kaniewski)等人的研究表明,地中海地区至公元前 9 世纪气候仍是干燥的,所以公元前 8 世纪该地区的气候变得湿润的结论是可信的。地中海地区纬度低,气温的波动对农业的影响不大,降水量的大小更直接关系到农作物的生长。湿润的气候有利于农作物的生长,粮食产量增加,能够保障更多的人口生存。所以从公元前 8 世纪起,希腊的人口增长速度有一个大的提升。英国学者斯诺德格拉斯的人口急剧增长说或不可取③,但学者大都肯定古朴时代的人口存在一定规模的增长,有学者根据雅典水井的使用情况推测,雅典在几何陶时代人口增长了三倍④。下文还将提到雅典的粮食问题与海外扩张的关系。

在封闭的环境中,人口的增长会给生存资源带来压力,造成人口危机。贸易与寻求土地是农业社会打破封闭、寻求解决人口危机的两种主要的途径。希腊的扩张采取了这两种形式。华夏国家的扩张主要以寻求土地为主。

第二节   族群互动与族群意识的高涨
——华夏与夷狄

春秋初期,华夏国家与周边族群并没有划分为华夏集团和"西戎"、"东夷"、"南蛮"、"北狄"组成的夷狄集团两大泾渭分明的族群阵营。华夏与四夷的五方格局是战国人的想象。周边族群的成分也颇为复杂,种族也多样,比如"允姓之戎"是早期的"猃狁"和后来史书上的"塞人",他们与希罗多德《历史》中提到的斯基泰人是同族;而北狄支系的长狄因身材高大给人留下深刻的印象⑤。此时华夏意识还没有出现,夷狄

---

① 见竺可桢《历史时代世界气候的波动》,《气象学报》第 31 卷第 4 期,1962 年 1 月。
② 见刘昭民《中国历史上气候之变迁》,台湾:商务印书馆 1992 年版,第 8 页。
③ 参见黄洋《古代希腊土地制度研究》,复旦大学出版社 1995 年版,第 70—73 页。
④ John Boardman, N. G. L. Hammond, eds., *Cambridge Ancient History*, Vol. Ⅲ, Part3, Cambridge: Cambridge university press, 2008, p.420.
⑤ 参见舒大刚《春秋时期少数民族分布研究》,台北:文津出版社 1994 年版,第 47 页。

也不具有与华夏族相对立的野蛮人内涵。

春秋初期的族群构成大体可分为：周政权国家，两周之际内迁的戎、狄诸部族，南方的楚人与吴越，环踞中原国家周围的原住民，东夷国家，初为周政权国家后被视为夷狄的秦人。正是春秋时期的族群互动才导致了华夏人自我意识的觉醒，也导致他们发明了"夷狄"的身份，高调提倡"夷夏之防"。这一时期的族群互动进程可分为两个阶段：一是"猾夏"与"攘夷"阶段，二是争霸与融合阶段。

一　"猾夏"与"攘夷"

1. 戎狄南迁

前面提到，气候转冷迫使中国西北部的族群不断入侵周政权国家，这些部族趁着西周政权虚危之际纷纷内迁。西周末年，周太史伯就敏锐地观察到了华夏族与周边族群交错相居的局面，他其实也预见到了后来的政治形势：

> 王室将卑，戎、狄必昌，不可偪也。当成周者，南有荆蛮、申、吕、应、邓、陈、蔡、随、唐；北有卫、燕、狄、鲜虞、潞、洛、泉、徐、蒲；西有虞、虢、晋、隗、霍、杨、魏、芮；东有齐、鲁、曹、宋、滕、薛、邹、莒；是非王之支子母弟甥舅也，则皆蛮、荆、戎、狄之人也。①

太史伯的话音结束没多久，一场政变改变了王室、诸侯与戎狄之间的政治格局。周幽王宠幸褒姒，废申后和太子宜臼，而改立褒姒子伯服为太子，立褒姒为后。这一废立事件扰动了当时的政坛，幽王为此付出了巨大代价。申后父、前太子宜臼的外祖父申侯，便联合缯国力量，引入西戎犬戎部势力，攻打西周都城镐京。幽王曾做出"烽火戏诸侯"的荒唐举动，且任用奸佞，从而失信于诸侯。镐京遭到围攻，诸侯不肯来救，幽王被杀。幽王被杀不是孤立的事件，它预示着太史伯所说的"王室将卑"时代的来临。此后，西戎势力大举内迁，《后汉书·西羌传》记载了西周灭亡之后戎狄部族借势内迁的情形：

---

① 《国语·郑语》，第461—462页。

乃平王之末，周遂陵迟，戎逼诸夏，自陇山以东，及乎伊洛，往往有戎。于是渭首有狄、〈豲原〉、邽、冀之戎，泾北有义渠之戎，洛川有大荔之戎，渭南有骊戎，伊、洛间有杨拒、泉皋之戎，颍首以西有蛮氏之戎。当春秋时，间在中国。①

当时中原地区的诸侯国仅仅是以都邑为中心的据点，周遭土地空旷无人居住，内迁的部族多是占领了这些空旷地区，对诸侯的实际威胁不是很大。内迁的戎狄部族由游牧的生产方式改为农耕的生产方式，生存成本大为降低，所以，东周初期，戎狄和周政权国家能够相安无事。随着人口增加，不管是诸侯国还是戎狄部族的统治区域都在扩大，两者的接触更加频繁，土地财产矛盾也日益凸显出来。戎狄与中原国家的争夺愈演愈烈。

进入春秋时期，与中原诸侯国交错相居的山戎率先活跃起来。山戎又称北戎，族群分布在戎州地区（今濮阳西南）和戎州之北的太行山区。山戎本出于祝融八姓的昆吾己氏，与楚公族有亲缘关系，是夏的属国。汤灭夏而昆吾己氏窜于山林，游离在中原政权之外，被视为戎②。隐公七年（公元前716年），凡伯受周天子派遣聘问鲁国，在返程的路上，经过楚丘（今山东成武县西南）这个地方，遭北戎袭击，做了俘虏。这件事过后，北戎胆子壮大，隐公九年（公元前714年）侵犯郑国，桓公六年（公元前706年）进犯齐国，都被获得"小霸"地位的郑庄公派兵击退③。北戎经这两次失败，消停了几十年，到了庄公二十四年（公元前670年），又侵犯曹国，致曹伯射姑瞿难。曹大夫羁曾向曹伯进谏曰："戎众以无义。君请勿自敌也。"④北戎的军队竟能用"众"来形容，可见势力已经相当庞大。北戎势力后经齐人和鲁人的反击⑤，实力遭到削弱，向北迁徙。

继山戎而起的是内迁的诸狄部族。狄族成分极其复杂，史书上有

---

① 范晔：《后汉书·西羌传》，中华书局1965年版，第2872页。

② 舒大刚：《春秋时期少数民族分布研究》，第85—93页。

③ 《左传》隐公九年，第1734页；桓公六年，第1750页。

④ 《公羊传》庄公二十四年，第2238页；何休：《公羊解诂》庄公二十六年，《十三经注疏》本，中华书局1980年影印版，第2239页。

⑤ 《春秋经》庄公二十年，第1773页；二十六年，第1780页。

"六狄"、"八狄"、"五狄"之说①。事实上，见之于史籍的狄族可分为赤狄、白狄与长狄三大部族。三部族又分为若干部落。例如赤狄有东山皋落氏、潞氏、甲氏、留吁、铎辰、廧咎如六部；白狄有鲜虞、肥、鼓、仇由四部；长狄有缘斯、侨如、焚如、荣如、简如五胞族②。北狄诸部在迁徙的过程中并不是无组织的。当赤狄部落强大时，建立了以他们为首的北狄联盟。所以，北狄部族对中原诸侯国的威胁是巨大的，清人顾栋高说："戎狄之为中国患甚矣！而狄为最！"③这绝不是虚言。

狄人在中原地区刚刚崛起就对邢、卫、晋、郑等国家发动多次入侵行动。庄公三十二年（公元前662年），狄人伐邢，导致翌年齐桓公联合诸侯救邢④。闵公二年（公元前660年），狄族灭卫国，致卫国国君罹难，遗民男女仅剩730人⑤。可见此次狄祸之惨烈。次年，狄又寇邢⑥。之后的几十年中，狄族伐晋、灭温、侵郑、寇卫、攻齐，诸侯疲于应对。（见《戎狄寇扰周政权国家大事列表》）

表1　　　　　　　　　　**戎狄寇扰周政权国家事件列表**

时间	侵灭对象	文献出处
公元前716年	戎伐凡伯与楚丘	《左传》隐公七年
公元前714年	北戎侵郑	《左传》隐公九年
公元前706年	北戎伐齐	《左传》桓公六年
公元前676年	鲁庄公追戎于济西	《左传》庄公十八年
公元前670年	戎侵曹，曹伯射姑罹难	《公羊传》庄公二十四年；《公羊解诂》庄公二十六年
公元前665年	山戎伐燕	《史记·齐太伯世家》
公元前662年	狄伐邢	《左传》庄公三十二年

---

① 见《周礼·夏官·职方氏》，第861页；《尔雅·释地》，《十三经注疏》本，中华书局1980年影印本，第2616页；《逸周书·明堂篇》，汇校集注本，上海古籍出版社1995年版，第764页。

② 舒大刚：《春秋时期少数民族分布研究》，第25—62页。

③ 顾栋高：《春秋大事表》，中华书局1993年版，第2160页。

④ 《左传》闵公元年，第1786页。

⑤ 同上书，第1787—1788页。

⑥ 《左传》僖公元年，第1791页。

续表

时间	侵灭对象	文献出处
公元前 661 年	狄灭卫	《左传》闵公二年
公元前 659 年	狄再攻邢	《左传》僖公二年
公元前 652 年	狄伐晋	《左传》僖公八年
公元前 650 年	狄灭温，温子奔卫	《左传》僖公十年
公元前 649 年	扬拒、泉皋、伊雒之戎伐京师	《左传》僖公十一年
公元前 647 年	狄侵卫	《左传》僖公十三年
公元前 646 年	狄伐郑	《左传》僖公十四年
公元前 644 年	狄侵晋	《左传》僖公十六年
公元前 642 年	邢人、狄人伐卫	《左传》僖公十八年
公元前 639 年	狄侵卫	《左传》僖公二十一年
公元前 636 年	夏，狄伐郑；秋，狄师伐周，大败周师，获周公忌父、原伯、毛伯、富辰，王出适郑	《左传》僖公二十四年
公元前 630 年	狄侵齐	《左传》僖公三十年
公元前 629 年	狄围卫，卫迁于帝丘	《左传》僖公三十一年
公元前 627 年	狄侵齐，伐鲁	《左传》僖公三十三年
公元前 623 年	狄侵齐	《左传》文公四年
公元前 620 年	狄侵鲁西鄙	《左传》文公七年
公元前 618 年	狄侵齐	《左传》文公九年
公元前 617 年	狄侵宋	《左传》文公十年
公元前 616 年	狄侵齐	《左传》文公十一年
公元前 614 年	狄侵卫	《左传》文公十三年
公元前 606 年	赤狄侵齐	《左传》宣公三年
公元前 604 年	赤狄侵齐	《左传》宣公五年
公元前 603 年	赤狄伐晋	《左传》宣公六年
公元前 602 年	赤狄侵晋	《左传》宣公七年

2. 楚兴南国

与此同时，楚国在南方强大起来，步步进逼中原。楚国的君主久蓄"观中国之政"的志向。周公东征之后，在周政权控制的范围之内大分封诸侯，在南部边疆分封了一些小国，后世诸王也有不断向南扩张的举动，在江汉流域建立了一些国家，因这些国家大多为姬姓国，所以统称"汉阳诸姬"，这些国家有：申、吕、曾、随、唐、厉、贰、轸、郧、西黄、应、息、道、房、柏等。周分封这些国家的重要目的是提防楚国势力的北进①。然而楚国还是奋起了。

楚武王自封为王，与周王室分庭抗礼，扩张的野心昭然若揭。但是衰落的周王室和实力分散的中原诸侯只能看着楚国一步步蚕食周的南部疆土。楚武王、文王两代君主先后灭掉"汉阳诸姬"，打开了向中原扩张的门户，进而威胁蔡郑等中原诸侯国。至楚成王时，楚国势力进一步增强，司马迁谓："齐桓公始霸，楚亦始大。"② 楚国进军中原的步伐加快。庄公二十八年（公元前 666 年）楚国大举进军中原，伐郑国，遭齐桓公率领鲁师、宋师援郑，北略小挫。然而六年之隔，楚国卷土从来，于僖公元年、二年、三年（公元前 659—657 年）连续三年伐郑③，再加上狄人在北方伐邢、灭卫，寇扰诸侯国，中原地区南北方向都受到严峻的威胁，所以后来的儒家在评论这一时期的局势时说："南夷与北狄交，中国不绝若线"④。楚成王十六年（公元前 656 年），时为中原霸主的齐桓公，联合鲁、宋、陈、卫、郑、许、曹八国伐楚。楚成王无力与八国之师交战，派屈完与齐桓公盟于召陵（今河南郾城），罢师而归，实际上是承认了齐桓公的霸主地位⑤。楚师北略受阻，但转而经略淮水流域。

等到齐桓公去世之后，齐国霸权急剧衰落，楚成王又乘隙北进，与图霸的宋襄公展开较量。僖公二十二年（公元前 638 年），泓之役，楚军大败宋国军队，宋襄公受伤而死⑥，楚人在中原的势力复盛。两年之后，晋公子重耳回国继位，晋国实力大增，晋楚之间争夺不可避免。僖公二十八年（公元前 632 年），楚人伐宋，宋人告急于晋，晋纠合齐师、宋师、秦师伐楚。楚成王想"知难而退"，令尹子玉坚决请战，楚王"少与之师"。两军战于城濮，楚师败绩⑦。楚人北进的计划再次受挫，不过楚军主力并

---

① 参见李玉洁《楚国史》，第 56—61 页。

② 《史记·楚世家》，第 1696 页。

③ 《左传》庄公二十八年，僖公元年，第 1791 页；僖公二年，第 1791 页；僖公三年，第 1792 页。

④ 《公羊传》僖公四年，第 2249 页。

⑤ 《左传》僖公四年，第 1792—1793 页。

⑥ 《左传》僖公二十二年，第 1813—1814 页。

⑦ 同上书，第 1824—1825 页。

没有损失，而是将兵锋转向淮河流域，以恢复实力。尽管楚人进军中原的计划多次受阻，但是对陈、蔡、郑、宋等与楚国接近的华夏国家的打击是巨大的；另外楚国在汉水流域、淮河流域、长江流域的扩张却从没有停止，这为不久楚庄王称霸中原奠定了基础。

表 2　　　　　　　　　　　　楚人北略事件列表

时间	侵、灭对象	文献出处
公元前 706 年	侵随	《左传》桓公六年
公元前 704 年	伐黄、随	《左传》桓公八年
公元前 688 年	攻申、伐邓	《左传》庄公六年
公元前 684 年	败蔡，俘蔡哀侯	《左传》庄公十年
公元前 680 年	灭息，攻入蔡国	《左传》庄公十四年
公元前 678 年	灭邓；伐郑	《史记·楚世家》；《左传》庄公十六年
公元前 666 年	伐郑	《左传》庄公二十八年
公元前 659 年	伐郑	《左传》僖公元年
公元前 658 年	侵郑	《左传》僖公二年
公元前 657 年	伐郑	《左传》僖公三年
公元前 655 年	灭弦，弦子奔黄	《左传》僖公五年
公元前 654 年	楚人围许	《左传》僖公六年
公元前 649 年	伐黄	《左传》僖公十一年
公元前 648 年	灭黄	《左传》僖公十二年
公元前 645 年	伐徐	《左传》僖公十五年
公元前 638 年	宋公及楚人战与弘，宋师败绩	《左传》僖公二十二年
公元前 636 年	宋及楚平	《左传》僖公二十四年
公元前 634 年	伐宋，围缗	《左传》僖公二十六年
公元前 633 年	楚人、陈侯、蔡侯、郑伯、许男围宋	《左传》僖公二十七年
公元前 632 年	楚人及晋侯、齐师、宋师、秦师战于城濮	《左传》僖公二十八年
公元前 623 年	灭江	《左传》文公四年
公元前 622 年	灭六、蓼	《左传》文公五年
公元前 606 年	伐陆浑之戎，观兵于周疆	《左传》宣公三年

3. 尊王攘夷

面对戎狄部族和楚人分别在北方和南方交相入侵的危险形势，中原国家先是以一国之力反击，继之联合起来，共同讨伐来犯之敌。为了适应诸侯团结的需要，华夏的族群意识被激发出来，所以，"华夷之辨"或曰"夷夏之防"的观念被召唤出来，成为时代的最强音。所谓"华夷之辨"就是构建自我相似性的华夏共同体意识，同时也构建作为自我对立面的夷狄形象，强调前者的优越性和后者的落后性与野蛮性；强调同族人应该团结起来，共同御辱反对"夷狄"对华夏文化的践踏和毁灭。

"攘夷"便是当时中原诸侯国高举的族群认同的大纛。中原诸侯第一个竖立"攘夷"大旗的是齐桓公。齐桓公任用管仲为相，锐意改革，致齐国国富民强，甲兵充足，成为中原实力最为雄厚的国家。齐桓公和管仲担当起了"攘外"的重任。鲁庄公二十八年（公元前 666 年），楚成王第一次伐郑，齐桓公率领鲁国宋国救郑，"楚师夜遁"[①]。程颐称"此役为救郑制楚之始"[②]。四年之后，位于北方的邢国遭到了狄族的入侵[③]。管仲向齐桓公谏言出兵伐狄救邢，他说道：

> 戎狄豺狼，不可厌也。诸夏亲昵，不可弃也。宴安鸩毒，不可怀也。《诗》云："岂不怀归，畏此简书。"简书，同恶相恤之谓也。请救邢以从简书。[④]

齐桓公遂救邢。管仲的谏言陈述了作为诸夏国家一员的齐国应该救邢的理由：戎狄像豺狼一样贪得无厌，他今日灭邢，明日壮大起来就会侵略齐国；诸夏国家在文化上有亲缘性，在道义上应该支援邢国，不能坐视华夏文化遭到破坏；安逸享乐等于毒药，我们不可留恋；现在不仅邢国面临威胁，现在的威胁是华夏人共同面对的。这是第一次见之典籍的明确的全面的"诸夏"或"华夏"意识表述，前面提到，在"蛮夷猾夏"之前的西周时期，族群意识是部族意识，在当时主要是诸姬意识。正是在戎狄与强楚南北交侵之时，中原国家的精英——非姬姓的齐桓公和管仲第一次表达了超越部族意识和诸姬意识的诸夏意识。管仲的这些话事实上是华夏族群

---

① 《左传》庄公二十八年，第 1781 页。

② 《〈春秋三传〉注》，宋元人注《四书五经》本，中国书店 1985 年影印版，第 134 页。

③ 《春秋经》庄公三十二年，第 1783 页。

④ 《左传》闵公元年，第 1786 页。

意识觉醒的宣言书，后面将提到，像"戎狄豺狼"观念、"诸夏亲昵"观念、"同恶相恤"观念流传开来，成为诸夏精英的普遍意识。

齐桓公联合诸侯伐楚救邢的举动，拉开了大规模"攘外"运动的序幕。闵公元二年、僖公元年（公元前660年、前659年），齐桓公率诸侯师帮助邢卫两国建立新都，军队无私，竟致"邢迁如归，卫国忘亡"①。面对楚人的咄咄攻势，齐桓公率八国军队讨伐楚国，与楚国盟于召陵②。楚国向北扩张的势头得到遏制，"南夷与北狄交"的严峻局面在很大程度上得到缓解。

华夏意识除了体现在"攘外"事件上，还体现在诸侯盟会上，盟会诸侯是华夏内部团结的制度设置。齐桓公号称"九合诸侯"，其中最重要的一次是葵丘之盟。鲁僖公九年（公元前651年），齐桓公在葵丘（今河南兰考县附近）召集鲁、宋、卫、郑、许、曹等国国君盟会，周天子嘉许齐桓公为安定华夏秩序所做出的贡献，派周公宰孔参会，赏赐祭肉给桓公，且命令曰："以尔自卑劳，实谓尔伯舅，无下拜。"桓公不知所措，召管仲商议，管仲曰："为君不君，为臣不臣，乱之本也。"桓公大惧，见周天子之使曰："天威不违颜咫尺，小白余敢承天子之命曰'尔无下拜'，恐陨越于下，以为天子羞。"下拜受命。桓公尊王的行动具有重要意义，《左传》、《国语》都有详细地记载③。

事实上，"攘夷"意识和"尊王"意识是分不开的。童书业曾论述两者的一体性。他说：

> 因为王室衰微，所以造成列国互相争胜的形势；因为列国互相争胜，中原内部因不统一而更不安宁，所以又造成戎、狄交侵的形势。要"攘夷"必先"尊王"，"尊王"的旗帜竖起，然后中原内部才能团结；内部团结，然后才能对外，所以"尊王"与"攘夷"是一致的政策。④

---

① 《左传》闵公二年，第1789页。
② 《左传》僖公四年，第1793页。
③ 《左传》僖公九年，第1800页；《国语·齐语》，第237—238页。
④ 童书业：《春秋史》，商务印书馆2010年版，第150页。

"尊王"与"攘夷"相得益彰，都是族群意识的表达。

然而，葵丘盟会之后的齐桓公年事已高，雄心不在了，霸权开始衰落，荆楚和戎狄又开始活跃起来。狄人再度发动攻势，灭温，侵卫，入郑，乱晋，不由得后人责问："齐桓坐视而不救，失其职矣！"[1] 鲁僖公十一年（公元前 649 年），由于周王室庶孽之祸，王城被居住在洛阳附近的扬据、泉皋、伊洛之戎攻破，城东门被焚毁。第二年，齐桓公也只派管仲主持王室与戎讲和[2]。僖公十七年（公元前 643 年），齐桓公薨，中原"诸侯无伯（霸）"，给了周边族群袭击中原的可乘之机。僖公二十四年（公元前 636 年），周室庶孽之祸又起，狄人攻入王城，襄王出奔郑地[3]。

当时，晋文公刚刚即位，便接过了"尊王攘夷"的大旗。在谋臣的支持下，晋文公定"勤王"之计，击败狄人，护送襄王回周，平定王室之乱，从而"信宣于诸侯"[4]。实力强大的晋国又与咄咄逼人的楚国发生冲突。两国最终在城濮陈兵开战，楚师败绩。楚国势力再次退出中原。

城濮之战获胜之后，晋文公效齐桓公在践土盟会诸侯。周天子也被邀请莅会，并在形式上策命晋文公为"侯伯"[5]。这是中原诸侯国的一次大团结。楚国败退之后，晋国着手对付北方的狄族，先"作三行以御狄"[6]，后"蒐于清源，作五军以御狄"。[7] 面对晋军的强大攻势，狄族内部出现了危机。僖公三十二年（公元前 628 年）"狄有乱"[8]，随之白狄见于《左传》[9]，说明北狄内部出现裂痕，北狄联盟开始瓦解。不久，白狄彻底与赤狄分裂，狄族势力大降[10]。狄族无力大肆进攻华夏国家，这给了中原诸侯国各个击破的机会。此后的半个世纪里，诸侯国逐步灭掉了北狄各部[11]。狄族占据的土地和人口被纳入了郡县体制。从此之后到战国末期匈

①　顾栋高：《春秋大事表》，第 2172 页。

②　《左传》僖公十一年，第 1802 页；僖公十二年，第 1802 页。

③　《左传》僖公二十四年，第 1817—1818 页。

④　《左传》僖公二十五年，第 1820 页。

⑤　《左传》僖公二十八年，第 1825 页。

⑥　《左传》僖公二十八年，第 1827 页。

⑦　《左传》僖公三十一年，第 1831 页。

⑧　《左传》僖公三十二年，第 1832 页。

⑨　《左传》僖公三十三年，第 1833 页。

⑩　蒙文通：《周秦少数民族研究》，135 页；王锺翰：《中国民族史》，120—121 页。

⑪　参见王锺翰《中国民族史》，第 141 页。

奴力量兴起，北部没有出现大的威胁。

不可否认，齐桓晋文的霸业开启了后世的争霸战争。"《春秋》无义战"，儒家对争霸战争提出了严厉的批评，但是他们还是称赞齐桓公、管仲和晋文公的贡献。特别是齐桓公，论"攘外"的武功他不如晋文公，但是在儒家看来，他的成就却在晋文公之上。孔子说："晋文公谲而不正，齐桓公正而不谲。"① 孟子说："五霸，桓公为盛。"② 为什么儒家高齐桓而低晋文，原因就是齐桓公霸诸侯所采取的正义与和平的价值取向。桓公北退戎狄，南制强楚，定周安燕，救邢存卫，而"师无私焉"；"九合诸侯，不以兵车"③；他与楚盟于召陵，"不战而屈人之兵"，恐怕是世界上最早使用威慑战略的战略家吧。

另外，孔子特别推崇辅助齐桓公"攘外"称霸的管仲。孔子对管仲的一些做法是有微词的，比如他批评管仲器量小、不节俭、不知礼④，但他称：

> 管仲相桓公，霸诸侯，一匡天下，民到于今受其赐。微管仲，吾其被发左衽矣。岂若匹夫匹妇之为谅也，自经于沟渎而莫之知也。⑤

孔子称赞管仲的功业主要还是从"尊王攘夷"的角度考虑的，也就是赞许他保存华夏文明所作出的努力。

总之，这一时期戎狄和荆楚从北南两个方向夹击中原诸侯国，中原诸侯国在齐桓晋文等华夏诸侯领袖的带领下展开了反击。构建华夏国家的族群意识被激发出来，成为团结诸侯、一致对外的精神武器。诸姬意识走向淡薄，诸夏意识轰轰烈烈地走进了历史舞台。值得注意的是，本是周政权国家的秦，虽自认为是华夏国家，但是与经过秦穆公戎化政策之后却被华夏精英视为夷狄。这正是华夏认同出现的另一个表现。

---

① 《论语·宪问》，第 2511 页。
② 《孟子·告子下》，第 2759 页。
③ 《论语·宪问》，第 2511 页。
④ 《论语·八佾》，第 2468 页。
⑤ 《论语·宪问》，第 2512 页。

表3　　　　　　　　　**诸夏"攘外"事件列表**

时间	事件	文献出处
公元前714年	郑人大败戎师	《左传》隐公九年
公元前706年	狄侵齐，郑太子忽救齐	《左传》桓公六年
公元前674年	齐人伐戎	《春秋经》庄公二十年
公元前668年	鲁庄公伐戎	《春秋经》庄公二十六年
公元前666年	楚伐郑，鲁、齐、宋救郑	《左传》庄公二十八年
公元前664年	山戎伐燕，齐桓公北伐山戎	《国语·齐语》、《管子·小问》
公元前661年	齐桓公救邢；	《左传》闵公元年
公元前660年	齐国派人替卫人戍守曹邑；虢公败犬戎于渭汭；狄灭卫，宋桓公逆卫之遗民	《左传》闵公二年
公元前659年	狄再攻邢，齐、宋、曹合兵救之，迁邢与夷仪；楚伐郑，齐桓公与宋、郑、曹邾等国会盟，谋救郑	《左传》僖公元年
公元前658年	诸侯筑楚丘而封卫；虢公败戎于桑田	《左传》僖公二年
公元前657前	齐侯、宋公、江人、黄人会于阳谷，谋伐楚也	《左传》僖公三年
公元前656年	齐侯、鲁公、宋公、陈侯、卫侯、郑伯、许男、曹伯侵蔡，遂伐楚，次于陉；楚屈完来盟于师，盟于召陵	《左传》僖公四年
公元前654年	楚人围许，诸侯遂救许	《左传》僖公六年
公元前650年	齐侯、许男伐北戎	《左传》僖公十年
公元前649年	扬拒、泉皋、伊雒之戎伐京师，秦晋出兵，伐戎以救周	《左传》僖公十一年
公元前648年	齐桓公使管仲平戎于周，使隰朋平戎于晋；诸侯城卫楚丘之郛；秦晋伐戎以救周	《左传》僖十二年
公元前647年	淮夷侵杞，戎犯周，鲁桓公会诸侯，同年秋，诸侯戍周	《左传》僖十三年
公元前646年	齐桓公与诸侯筑缘陵，迁杞	《左传》僖公十四年
公元前645年	楚伐徐，齐、宋、陈、卫、郑、许、曹会盟与牡丘，伐厉救徐	《左传》僖公十五年
公元前644年	戎侵周，齐征诸侯戍周，是年十二月，征人为鄫国筑城，防淮夷	《左传》僖公十六年
公元前638年	秦晋迁陆浑之戎于伊川	《左传》僖公二十二年

续表

时间	事件	文献出处
公元前 632 年	晋侯、齐师、宋师、秦师及楚人战于城濮,楚师败绩	《左传》僖公二十八年
公元前 616 年	叔孙得臣败狄于鹹,获长狄侨如	《左传》文公十一年
公元前 594 年	晋师灭赤狄潞氏,以潞子婴儿归;获长狄焚如	《左传》宣公十五年
公元前 593 年	晋人灭赤狄甲氏及留吁、铎辰	《左传》宣公十六年
公元前 588 年	晋却克、卫孙良父伐廧咎如,讨赤狄之余	《左传》成公三年

4. 秦霸西戎

秦人的构成与楚人相似,统治部族为嬴姓姓族,是为秦族或秦公族[1]。嬴姓秦族曾居住在东方,后举族辗转西迁至渭河流域,与当地人汇合,构成更大的族群群体——秦人。与楚人不同的是,秦人在两周之际伐戎救周有功,而被周王室封为诸侯国。据司马迁记载:

> (秦襄公)七年春,周幽王用褒姒废太子,立褒姒子为适(嫡),数欺诸侯,诸侯叛之。西戎犬戎与申侯伐周,杀幽王郦山下。而秦襄公将兵救周,战甚力,有功。周避犬戎难,东徙洛邑,襄公以兵送周平王。平王封襄公为诸侯,赐之岐以西之地。曰:"戎无道,侵夺我岐、丰之地,秦能攻逐戎,即有其地。"与誓,封爵之。襄公於是始国,与诸侯通使聘享之礼。[2]

秦国成为周政权国家,所以后来秦人也以华夏国家("中国")自居,例如,秦穆公说:"中国以诗书礼乐法度为政,然尚时乱,今戎夷无此。"他将"中国"与"戎夷"截然区分开来,并认同于前者。在攘外运动中秦国也做出不少贡献,僖公十二年(公元前 648 年),秦晋联合"伐戎以救周";僖公二十二年(公元前 638 年),"秦晋迁陆浑之戎于伊川"[3]。华夏精英也承认秦为华夏国家的身份。《诗经》中的《风》采自十五个国家和地区,这些国家都是周政权国家,所以在《诗经》初始编撰时,有

---

① 参见李龙海《汉民族形成之研究》,第 216—223 页。

② 《史记·秦本纪》,第 179 页。

③ 《左传》僖公十二年,第 1802 页;僖公二十二年,第 1813 页。

《秦风》而无楚国《风》①。但是，秦穆公之后的一些列戎狄化措施，激起了华夏精英的厌恶，秦国始被退为夷狄。

秦国建国之后，延续"逐戎"政策，获得极大成功。到了秦宣公（公元前 675—664 年在位）时，随着实力的壮大，秦国开始将主要力量向东发展②，所以与晋国的关系是时而联合，时而冲突，这都符合既定的"东进"政策。秦穆公将东进政策推到极致，但是他却受阻于称霸中原的晋国。经崤之战和彭衙之役的惨败之后，秦穆公采取了"霸西戎"和"戎狄化"的政策以增强国力。司马迁记载：

> 戎王使由余於秦。由余，其先晋人也，亡入戎，能晋言。闻缪公贤，故使由余观秦。秦缪公示以宫室、积聚。由余曰："使鬼为之，则劳神矣。使人为之，亦苦民矣。"缪公怪之，问曰："中国以诗书礼乐法度为政，然尚时乱，今戎夷无此，何以为治，不亦难乎？"由余笑曰："此乃中国所以乱也。夫自上圣黄帝作为礼乐法度，身以先之，仅以小治。及其後世，日以骄淫。阻法度之威，以责督於下，下罢（同"疲"）极则以仁义怨望於上，上下交争怨而相篡弑，至於灭宗，皆以此类也。夫戎夷不然。上含淳德以遇其下，下怀忠信以事其上，一国之政犹一身之治，不知所以治，此真圣人之治也。"於是缪公退而问内史廖曰："孤闻邻国有圣人，敌国之忧也。今由余贤，寡人之害，将奈之何？"内史廖曰："戎王处辟匿，未闻中国之声。君试遗其女乐，以夺其志；为由余请，以疏其间；留而莫遣，以失其期。戎王怪之，必疑由余。君臣有间，乃可虏也。且戎王好乐，必怠於政。"缪公曰："善。"因与由余曲席而坐，传器而食，问其地形与其兵势尽督（同"察"），而後令内史廖以女乐二八遗戎王。戎王受而说之，终年不还。於是秦乃归由余。由余数谏不听，缪公又数使人间要由余，由余遂去降秦。缪公以客礼礼之，问伐戎之形。……三十七年，秦用由余谋伐戎王，益国十二，开地千里，遂霸西戎。③

---

① 《诗经》并非由孔子编订，学界已有定论。《周南》、《召南》一些诗采自于河南南部和湖北的北部，在春秋之后这些地方被楚国兼并，但二《南》的创作时代多是西周和春秋早期，此时周的封建国家还存在。

② 林剑鸣：《秦史稿》，上海人民出版社 1981 年版，第 43 页。

③ 《史记·秦本纪》，第 192—194 页。

太史公记载的这段史料颇具戏剧化,不一定是历史的真实情形,恐为战国的纵横家演义而成。但是,由余变法却是真实的。从这段材料可以看出,秦国早期仍尚"诗书礼乐法度",秦缪(穆)公与由余一番谈话,折服于内部上下一致的戎狄制度,知由余可用,便用计谋赚来,使之在秦国变法。由余变法的内容就是采用戎狄的一些制度。秦国制度经由余变法而有一变革,复经商鞅变法,又一变革。在商鞅变法之前,秦国奉行的是"戎狄之教"。商鞅自诩改革的功德说:"始秦戎翟之教,父子无别,同室而居。"① 可以看出秦穆公戎狄化政策之后的情形。

对华夏精英来说,秦人戎狄化的后果之一就是华夏国家的身份被褫夺了。司马迁说:"秦僻在雍州,不与中国诸侯之会盟,夷翟遇之。"② 后穆公时代的秦国将主要精力用在经略西部,与关东诸侯的盟会来往大大减少。《谷梁传》说得更为明白。《谷梁传》僖公三十三年记曰:"狄秦也,其狄之何也?秦……乱人子女之教,无男女之别。秦之为狄,自殽之战始也。"③ 殽之战,正是秦穆公戎狄化战略转变的转捩点。

从公元前 8 世纪末戎狄和荆楚交侵中原开始到公元前 7 世纪末晋文襄的"攘外"霸业达到辉煌顶点,这一百年是中原诸侯国与周边部族紧张冲突的时期,是中原文化面临生死存亡的危机时刻。整体而言,华夏国家是胜利了,强楚北进多次遭到阻击,北狄联盟在华夏国家的压力之下逐步瓦解而削弱战斗力。可以说,将这一时段视为华夷互动的前一阶段是合适的。这是一个"蛮夷猾夏"与"尊王攘夷"相互博弈的时期,阶段特征是:冲突、战争为互动的主要方式;对华夏国家而言,战争的性质是攘外战争;另外,产生了非血缘的华夏意识。但是这一阶段也存在着族群之间经济文化交流、政治联盟、族际通婚等和平方式的互动,正是这一互动方式改变了接下来一个时期内华夷互动的特征:战争的性质改为争霸战争或兼并战争,周边部族的华夏化进程加快。

二　争霸与融合

华夏国家与周边部族互动的第二阶段的始点是由一系列事件构成的,

---

① 《史记·商君列传》,第 2234 页。

② 《史记·秦本纪》,第 202 页。

③ 《谷梁传》僖公三十三年,第 2403 页。

这些事件可归为两类：一是楚庄称霸，二是狄的衰退，主要事件皆发生在公元前 6 世纪初。这一时期的互动仍然是南北两条线索，楚国北进与晋国争霸，引起列国之间的弭兵运动；戎狄势力消退，遭到齐晋等国家的打击，到晋国"和戎"政策的出台；最后两条线索合在一起："夷狄进于爵"，族群大融合完成。

1. 楚晋争霸

《春秋经》庄公二十三年记载："荆人来聘。"杜预注曰："不书荆子使某来聘，君臣同辞者，盖楚之始通，未成其礼。"杜预认为，《春秋经》此处不写"荆子使某来聘"而写"荆人来聘"，不符合诸侯国聘礼之惯例，原因是楚人这时刚开始与中原国家行聘享之礼，礼仪不成熟①。杜预从《春秋经》的记载看到了楚国与华夏国家关系的转折。庄公二十三年（公元前 671 年），楚成王恽继位，司马迁记载：

> 初即位，布德施惠，结旧好于诸侯。使人献天子，天子赐胙，曰："镇尔南方夷越之乱，无侵中国"。②

楚成王乃弑兄继位，希望中原国家承认其继位的合法性，从而改变了楚武王以来的孤立主义政策，通上国，"献天子"。既然与中原国家结好，就要按照华夏国家的聘享之礼行事。所以春秋才记载了这么重要的一件事。楚成王结好于诸侯，可以看做是楚国华夏化的新的起点。从此之后，楚国与诸侯盟会聘往的记载多见于史籍③。

楚庄王时代是楚国华夏化进程中的一个关键时期。庄王延请熟悉华夏历史与文化的楚国大夫士亹做太子葴（或曰"箴"）的师傅。士亹复请教于楚贤人申叔时，闻如何施教，申叔时回答说，应该用中原文化经典《诗》《礼》《乐》教导太子，并主张以华夏的道德伦理约束太子④。可以看出，楚国的上层包括庄王在内都愿意接受华夏文化。

实际上，华夏化政策是楚庄王称霸中原的大战略，他深知要想得到华

① 杜预：《春秋经传集解》庄公二十三年，第 1778 页。
② 《史记·楚世家》，第 1697 页。
③ 参见李龙海《汉民族形成之研究》，206—207 页。
④ 《国语·楚语上》，第 483—487 页。

夏精英对他霸主地位的承认，就得按照华夏国家的规范行事。楚庄王素有"一鸣惊人"之志，他在位期间励精图治，任贤使能，使楚国国力从城濮之战的败绩中恢复过来。在平定内乱外患之后，庄王率师观兵于周疆，竟问代表王室权威的九鼎的大小轻重，其征服中原之心昭然可见。

楚庄王的战略成功了，他做了几件让华夏精英觉得符合华夏礼制的大事，并得到他们的认可。第一件是平陈国夏征舒之乱。宣公十年（公元前599年），陈国大夫夏征舒弑陈君，翌年，庄王以夏氏之乱的缘故兴师伐陈，并采纳申叔时的建议，复陈君之位。《春秋》在此事上是褒扬庄王的，认为庄王"有礼"[①]。第二件是"胜郑而不有"。宣公十二年（公元前597年），庄王大举伐郑，郑国投降。庄王没有灭郑，反而退舍七里，与郑国结盟。楚国将军子重对庄王的举措不解，庄王解释道："古者杠不穿，皮不蠹，则不出于四方，是以君子笃于礼而薄于利。"[②] 重义轻利是典型的华夏价值观。第三件是邲之战义败晋师。庄王伐郑，晋军救郑，两军相遇，在邲（今河南荥阳县东北）发生了一场大战，是为"邲之战"。晋师大败，士兵争相逃跑渡河，先上船的将士用刀砍攀舷而欲上者的手，以至"舟中之指可掬"。然而，庄王念及"两君不相好，百姓合罪？"下令勿追杀晋兵[③]。《春秋》记载邲之战曰："夏六月乙卯，晋荀林父帅师及楚子战于邲，晋师败绩。"儒家认为，这样记载是有褒贬的，"大夫不敌君，此其称名氏以敌楚子何？不与晋而与楚子为礼也。"[④] 华夏精英赞与楚庄王能"为礼"，而斥责晋国的无礼。

经过这一系列的事件，庄王不但做了霸主的位子，也赢得华夏精英的尊重。庄王去世之后第三年（即公元前589年），楚共王召集秦人、鲁人、宋人、陈人、卫人、郑人、齐人、曹人、邾人、薛人、鄫人、蔡人、许人在蜀地（今山东泰安县附近）盟会。[⑤] 这是楚国首次大规模地与中原国家结盟，也是自春秋开始以来参加国数最多的一次大盟会。除了晋国没有派代表与会之外，几乎所有的有地位的华夏国家都参加了这次盟会。可以说楚庄王时代是华夏国家开始认同楚国的转折期，从此之后，华夏国家

---

① 《左传》宣公十一年，第1876页。

② 《公羊传》宣公十二年，第2285页。

③ 同上。

④ 同上书。

⑤ 《左传》成公二年，第1897页。

逐渐将楚国视为华夏成员国。

2. 晋楚启土

晋国虽然在南方与楚国的争霸过程中败下阵来，但在北方与众狄的较量过程中获得了优势。晋国的"启土"政策进行得很早，晋献公在位时期，曾伐骊戎①，征东山皋落氏②，晋国的启土政策也是这一时期确立的。骊姬设计离间晋献公与太子申生之间的关系，便嗾使晋献公的两个嬖臣向晋献公献"启土"之策，好使太子申生离开国都。两人言于晋献公说："狄之广莫，于晋为都。晋之启土，不亦宜乎？"③深契献公之意。后来，晋文公君臣再次明确表述了"启土"政策。文公舅氏子范建议晋文公勤王，他说道："继文之业，定武之功，启土安疆，于此乎在矣。"即劝说晋文公抓住勤王立功立德的机会，继承晋文侯、晋武侯的事业，开疆拓土。晋文公接受了这个建议，"乃行赂于草中之戎与丽土之狄，以启东道。"④

随着晋文襄霸业的扩展，北狄族的势力减弱，赤狄、白狄、长狄的联盟瓦解。晋国趁势相继灭掉了赤狄和长狄，并占有其地。宣公十五年（公元前 594 年），赤狄的重要一支潞氏的执政大臣酆舒专权，杀死了晋景公的姐姐潞氏国君的夫人姬氏。晋景公派遣在邲之战战败但仍保留爵位的荀林父率领伐潞，顺势灭了潞氏，俘获潞君婴儿。景公遂赏荀林父"狄臣千室"，亦赏赐保全荀林父的士伯"瓜衍之县"。⑤次年，晋君命士会灭赤狄的甲氏、留吁、铎辰等部。⑥鲁成公三年（公元前 588 年），晋与卫联兵伐赤狄廧如部，赤狄之余部尽灭。

晋国在北方启土安疆之时，楚国在南方和东方扩张事业也开展得如火如荼。楚国在西周末年还是"土不过同"的中等国家，到了春秋末期已经"土数圻"的大国⑦，在不足三百年的时间里领土扩张几十倍。当今学者统计，楚国在春秋时期灭国四十八，为同一时期各国灭国拓疆之首

---

① 《国语·晋语一》，第 249—254 页。

② 《左传》闵公二年，第 1788 页。

③ 《国语·晋语一》，第 266 页。

④ 《国语·晋语四》，第 351 页。

⑤ 《左传》宣公十五年，第 1888 页。

⑥ 《左传》宣公十六年，第 1888 页。

⑦ 《左传》昭公二十三年，第 2103 页。

（参见表 4《楚灭国表》）。

表 4　　　　　　　　　　**楚灭国表**

国名	姓氏	都城今位置	灭年
冉阝	姬	约湖北钟祥西北	约熊咢元年至若敖十七年（公元前 799—前 774 年）
权	子	约湖北荆门、钟祥间	约楚武王三十四年至五十年（前 707—前 691 年）
罗	熊	湖北宜城、南漳、襄阳间	约楚武王四十三至五十年（前 698—前 691 年）
卢戎	妫	襄阳县西	同上
郧	妘	湖北京山境	约楚武王四十年至楚文王六年（前 701—前 684 年）
申	姜	河南南阳市	约楚文王三至六年（前 687—前 684 年）
息	姬	河南息县西南	楚文王六年（前 684 年）
缯	姒	河南方城境	约楚文王三至十一年（前 687—前 679 年）
应	姬	河南鲁山东	同上
邓	曼	湖北襄樊市北	楚文王十二年（前 678 年）
厉		湖北随县东北	约楚文王五年至楚成王十六年（前 685—前 656 年）
贰		湖北应山境	同上
蓼	己	河南唐河湖阳镇	同上
州	偃	约湖北监利东	同上
谷	嬴	湖北谷城	约堵敖元年至楚成王十六年（前 676—前 656 年）
绞	偃	约谷城西北	约堵敖二年至楚成王十六年（前 675—前 656 年）
西黄		约湖北天门、钟祥一带	约楚成王元至十六年（前 671—前 656 年）
弦	隗	河南潢川、光山一带	楚成王十七年（前 655 年）
黄	嬴	潢川西北	楚成王二十四年（前 648 年）
英氏	偃	安徽金寨、霍山间	楚成王二十六年（前 646 年）
蒋	姬	河南固始东北	约楚成王二十四至三十七年（前 648—前 635 年）
皖	偃	安徽潜山境	约楚成王二十七至三十七年（前 645—前 635 年）
夔	芈	湖北秭归境	楚成王三十八年（前 634 年）
道	姬	河南确山北	约楚成王三十至四十六年（前 642—前 626 年）
柏		河南西平西北	同上
房	祁	河南遂平境	同上
轸		湖北应城西	约楚成王三十至四十六年（前 639—前 626 年）
江	嬴	河南正阳南	楚穆王三年（前 623 年）
六	偃	安徽六安北	楚穆王四年（前 622 年）

续表

国名	姓氏	都城今位置	灭年
蓼	姬	安徽霍丘、河南固始间	同上
鄀	允	湖北宜城境	约楚穆王五至十二年（前621—前614年）
舒	偃	安徽庐江西	楚穆王十一年（前615年）
宗	偃	安徽舒城、庐江间	同上
吕	姜	河南南阳西	约楚庄王元年至楚共王六年（前613—前585年）
庸		湖北竹山东	楚庄王三年（前611年）
麇	嬴	陕西白河、湖北郧县间	约楚庄王四至十七年（前610—前597年）
舒蓼	偃	安徽舒城西南	楚庄王十三年（前601年）
州来		安徽凤台	约楚庄王十六至楚共王六年（前598—前585年）
萧	子	安徽萧县西北	楚庄王十七年（前597年）
巢	偃	安徽六安东北	约楚共王八至十六年（前583—前575年）
舒庸	偃	安徽霍山、桐城间	楚共王十七年（前574年）
舒鸠	偃	安徽舒城境	楚康王十二年（前548年）
养	嬴	河南沈丘、安徽界首间	约楚康王元年至楚灵王三年（前559—前538）
不羹	嬴	河南舞阳北	约楚灵王七至十年（前534—前531年）
赖		河南新蔡南	约楚灵王四至十一年（前537—前530年）
唐	姬	河南唐河南	楚昭王十一年（前505年）
顿	姬	河南项城西	楚昭王二十年（前496年）
胡	归	安徽阜阳	楚昭王二十一年（前495年）
蛮氏	允	河南临汝西南、汝阳东南	楚昭王二十五年（前491年）
杞	姒	约山东新泰境	楚惠王四十四年（前445年）
莒	己	山东营县	楚简王元年（前431年）

（转引自何浩：《楚灭国研究》，武汉出版社1989年版，第10—12页）

晋国的启土安疆，楚国的灭国拓疆，都面临一个问题，即如何治理新征服的居民，或者说如何处理与其他族群的关系，楚国的族群关系最为复杂，有南蛮部族，有东夷国家，有中原诸侯国。事实上，他们共同选择了郡县制这一新的地方管理制度。

晋楚两个国家在春秋时期扩张的势头都很强劲，两国的郡县制设置的也最早最为普遍①。其中以楚国设县最早。楚国设县从灭亡周政权的诸侯国时就开始了。《左传》哀公十七年曾记载，楚文王以彭仲爽为令尹，"实县申、息"，追述楚文王在灭申国和息国之后分别设立申县和息县②。在楚文王之前，楚武王曾灭权国并设县③。顾炎武说："春秋之世，灭人之国，固为己县。"④ 此言甚是。郡县制是否也在兼并夷狄族群时应用，答案是肯定的。荀林父灭潞氏国，晋君赏荀林父"狄臣千室"。杨伯峻注"狄臣千室"曰："狄臣，狄人之为奴隶者。室为其居住之处，故用作计算单位。此赏以奴隶，则其所耕土地宜一并赏之。"⑤ 杨先生受当时史学潮流的影响，将狄臣解释为"狄人之奴隶"，笔者以为这种解释不很合理，当时的奴隶规模没有那么宏大。事实上"狄臣"即是"狄人"，"狄臣千室"即为"狄人千家"，晋景公将狄人人口千户和千户人口的土地一并赏于荀林父。所以晋国在兼并潞氏国之后，并没有打破狄人的组织结构，而是因地制宜改潞氏国为潞县。这一点虽没有直接史料支撑，但是现代学者考证出战国时期，潞地为县，秦时属上当郡⑥。

3. 弭兵之会

经过邲之战的失败，晋国的霸业中衰，但不像齐桓霸业衰落之后一蹶不振。晋景公、厉公、悼公在与楚国和齐国的争霸中多次获得优势，晋国霸业维持几十年。但是晋国和楚国都面临许多问题，晋国的国内问题比较严重，君与卿大夫之间的矛盾极为突出，赵盾专权引起晋灵公的不满，灵公欲设宴杀害赵盾反被赵氏家族弑杀。后来，晋景公联合其他家族又几乎灭了赵氏⑦。赵氏专权之后有栾氏，同样遭灭门之祸。晋国内部的祸乱削弱了自身的势力，与楚国争霸愈见力不从心。楚国的危机是在外部。晋国趁势使了个均势外交的战略，让吴国强大起来在背后牵制楚国。楚国申公巫臣与令尹子重、司马子反结怨，逃奔晋国，并毛遂自荐出使吴国，然后"与其射御，教吴乘车，教之战陈，教之叛楚"。结果，"子重、子反于是

① 韩连琪：《春秋战国时代的郡县制及其演变》，《文史哲》1986 年第 5 期。

② 《左传》哀公十七，第 2179 页。

③ 参见李玉洁《楚国史》，第 127 页。

④ 顾炎武：《日知录》卷二二，集释全校本，上海古籍出版社 2006 年版，第 1239 页。

⑤ 杨伯峻：《春秋左传注》，中华书局 1981 年版，第 764—765 页。

⑥ 参见后晓荣《秦代政区地理》，社会科学文献出版社 2009 年版，第 331 页。

⑦ 参见白国红《春秋晋国赵氏研究》，中华书局 2007 年版，100—103 页，110—114 页。

乎一岁七奔命。蛮夷属于楚者，吴尽取之，是以始大，通吴于上国。"①
吴国的强盛给楚国带来的麻烦很快显现出来。晋楚争霸多年都感到疲敝，
有了议和的打算。

晋楚争霸令两国民力凋敝，处于狭缝地位的小国也承受不了"牺牲
玉帛候于二竟（境）"②的压力。宋国的执政华元因与晋楚两国当局交好，
于是穿插于大国之间，鼓励两国"弭兵"。鲁成公十二年（公元前 579
年）经过一番努力，晋楚两国终于在宋国西门外盟会，定"无相加戎"
之约③。但是两国盟好的局面没有坚持多久，一场爆发在鄢陵（今河南省
鄢陵县）的战争彻底破坏了和约，第一次"弭兵运动"失败。

随着两国内部外部的危机进一步加深，晋楚不得不重启弭兵之约。这
一次又是宋国充当了中间人的角色。襄公二十七年（公元前 546 年），晋
国、楚国、齐国、秦国等十六个国家派代表与会。规模之大超过蜀地之
盟，因为有晋国参加。盟会的结果是："释齐、秦，他国请相见也。"即
除去齐国和秦国，其他所有与会国家合在一起，共属晋楚④。第二次弭兵
之会之所以能够成功是晋楚两国妥协的结果，特别是晋国做出了巨大的让
步⑤。这次弭兵运动还算成功，之后中原地区近半个世纪没有大的战争。

从族群认同的角度讲，这次盟会的一个重要结果是楚国与华夏国家的
双向认同关系最终确立。晋楚之间的争霸斗争将近一个世纪，几乎所有国
家都参与了进去，经过长时间的激荡，华夏国家最终认同了楚国，楚国也
以华夏上国自居。定公四年（公元前 506 年），楚昭王失国，申包胥到楚
昭王的母舅之国——秦国乞师说道：

> 吴为封豕长蛇，以荐食上国，虐始于楚。寡君失守社稷，越在草
> 莽，使下臣告急，曰："夷德无厌……"。⑥

将这一段话与管仲在闵公元年向齐桓公的谏言比较一下会发现，两者

---

① 《左传》成公七年，第 1903 页。
② 《左传》襄公八年，第 1939 页。
③ 《左传》成公十二年，第 1910 页。
④ 《左传》襄公二十七年，第 1995—1996 页。
⑤ 参见童书业《春秋史》，第 229 页。
⑥ 《左传》定公四年，第 2137 页。

竟有惊人的一致。楚人申包胥也骂吴国为禽兽,斥责吴国为夷,贪得无厌。另外申包胥在自认为华夏人的秦君面前称楚国也是"上国",完全是华夏国家的口吻。前面提到,楚国在成王时期开始通上国,聘诸侯,当时被华夏国家视为"蛮夷"国家。可见,春秋晚期楚国的族群身份完全发生了变化。

4. 和戎政策

当华夷关系紧张之时,周政权国家处理与周边部族关系的怀柔政策和怀柔思想发生了变化。周穆王将征伐犬戎,卿士祭公谋父谏阻曰:"先王耀德不观兵。"① 周人的执政策略是以德服远人。可是到了春秋前期,华夏精英的对外政策变成了"德以柔中国,刑以威四夷"②。《诗经·鲁颂·閟宫》有一句提到:"戎狄是膺,荆舒是惩,则莫我敢承。"郑玄笺曰:"(鲁)僖公与齐桓举义兵北当戎与狄,南艾荆与群舒,天下无敢御也。"③ 这句诗是歌颂鲁僖公攘外的丰功伟绩,从中也可以看出华夏精英对外的刑兵政策。当北边的戎狄部族和南方的强楚入侵华夏国家的势头减弱的时候,周边族群华夏化进程加快的时候,华夏国家重新拾起了"怀柔"政策。

早在鲁宣公十一年(公元前 598 年),晋国的郤缺曾与白狄组建联盟,破坏以赤狄为首的北狄联盟。《左传》记载:

> 郤成子(缺)求成于众狄,众狄疾赤狄之役,遂服于晋。秋,会于欑函,众狄服也。是行也,诸大夫欲召狄。郤成子曰:"吾闻之,非德,莫如勤,非勤,何以求人?能勤有继,其从之也。《诗》曰:'文王既勤止。'文王犹勤,况寡德乎?"④

当然,与众狄结好的目的是为了打击赤狄,但是绝不是权宜之计,郤缺深入狄境,主张修德服远人,体现了结盟的诚意。之后若干年里,晋国与白狄长期保持着盟友的关系,在晋国的军队里常看到"狄卒"、"狄师"

① 《国语·周语上》,集解点校本,中华书局 2002 年版,第 1—2 页。
② 《左传》僖公二十五年,第 1821 页。
③ 《诗经·鲁颂·閟宫》郑玄笺,十三经注疏本,中华书局 1980 年影印本,第 617 页。
④ 《左传》宣公十一年,第 1876 页。

的身影①。郤缺"求成于众狄"代表了"怀柔远人"政策的回归。

晋悼公的"和戎"政策是"怀柔"政策的延续和另一种表达。《左传》和《国语》都记载了晋国魏绛和戎这件影响深远的大事②。鲁襄公四年（公元前569年），北戎国君嘉父派使孟乐出使晋国，与晋国国卿魏绛商谈华戎议和之事。魏绛表示赞同，而谏于晋悼公，曰：

> 和戎有五利焉：戎狄荐居，贵货易土，土可贾焉，一也。边鄙不耸，民狎其野，穑人成功，二也。戎狄事晋，四邻振动，诸侯威怀，三也。以德绥戎，师徒不勤，甲兵不顿，四也。鉴于后羿而用德度，远至迩安，五也。君其图之！"公说，使魏绛盟诸戎。③

和戎政策实施之后，晋国北部四十年没有战争。这是华夏族与戎狄部族相互融合的关键时期。直到鲁昭公十二年和十三年（公元前530年，529年），晋国大夫荀吴率师征伐狄人中的鲜虞部、鼓部国家，然而这时按照当时华夏精英的观念，"夷狄进于爵"，戎狄国家已属于华夏国家，晋国与戎狄国家在性质上是兼并战争，与兼并其他华夏诸侯国无异。

"魏绛和戎"与"弭兵运动"是华夏族与周边部族长期冲突与交流后的必然归宿。其后果是华夏族与周边族群之间的界限不再清晰，两族群经过长期的融合已经化为一体，形成了新华夏族或扩大的华夏族。创作于战国时代儒家后学之手的《礼记·王制》篇有一段记载反映了族群界限的消失。《礼记·王制》中描述：

> 中国戎夷五方之民，皆有性也，不可推移。东方曰夷，被发文身，有不火食者矣。南方曰蛮，雕题交趾，有不火食者矣。西方曰戎，被发衣皮，有不粒食矣。北方曰狄，衣羽毛穴居，有不粒食者矣。……五方之民，语言不通，嗜欲不同。④

---

①　《左传》成公二年，第1895页；定公十四年，第2151页。

②　"魏绛和戎"是春秋时代晋国历史上光辉的一页，受到千古颂扬。在古代蒙书《龙文鞭影》中曾提到"魏绛和戎"。《龙文鞭影》是古代流传最广、影响最大的知识性蒙书之一。

③　《左传》襄公四年，第1933—1934页。

④　《礼记·王制》，十三经注疏本，中华书局1980年影印版，第1338页。

这段文字将夷蛮戎狄的分布对应于华夏族群居住区之外的四个方位，显然是一种几何图形式的想象，不符合战国时代更不符合春秋时代的族群分布格局。从这段文字中我们可以看出，华夏族群与周边族群杂居的局面消失了。华夏居住区之外的四方部民虽然方位不同，但生活方式却十分相似，不过披发纹身、茹毛饮血而已。这种蛮族人形象显然不是秦楚吴越也不是"魏绛和戎"之前的夷人和狄人。此时的战国人对更外围的"夷狄"所知甚少，因为新"夷狄"距文明中心相当遥远，他们与文明中心的居民尚未展开直接的频繁的互动。只是到了战国末期，中华地区的族际互动转向了新的华夏族与胡人、匈奴等新的周边族群之间。

第三节　族群互动与族群意识的高涨
——希腊与波斯

在东地中海地区，公元前 6 世纪波斯人在吕底亚（Lydia）、米底、埃及等诸王国的基础上迅速建立了空前庞大的帝国。帝国联结埃及、两河、印度河三大文明。在大流士（Darius）执政时期，波斯帝国臻于鼎盛，他借口雅典和普拉提亚援助伊奥尼亚城邦反叛，发动入侵希腊本土的战争。这仅是波斯扩张的延续而已。希罗多德的《历史》就是叙述波斯人兴起、扩张、入侵希腊、败退回亚洲的波澜壮阔的历史[1]。波斯战争的另一当事主体——希腊世界也处在一个扩张的时代。如果将希腊世界作为一个整体来看待，从公元前 8 世纪到公元前 5 世纪，他们的扩张大体经历了三个阶段：希腊本土城邦的海外殖民，斯巴达同盟的扩张，提洛同盟的扩张及雅典帝国的建设。在第三个阶段他们与周边族群互动的规模与广度以及对历史的影响都要大得多。希腊世界向外扩张，遭遇到了波斯帝国的暴兴，以及迦太基这个竞争对手。所以，当中华地区族群互动进入尾声之际，东地中海地区的希腊族群与外族之间展开了半个多世纪的激烈的族际互动。互动的一方是希腊世界，另一方即是庞大的波斯帝国以及她的同盟迦太基。这一互动进程也可以分为两个时期，前一阶段是波斯战争时期，在这段时期内，波斯帝国入侵希腊并最终失败；后一个时期是雅典扩张时期，在这一时期内，雅典领导下的同盟和帝国主导了希腊世界与波斯帝国之间的

---

① 参见徐松岩《历史·译序》，上海三联书店 2008 年版，第 5—6 页。

关系。

一　波斯战争

1. 小亚的战火

　　波斯战争的导火索是臣服于波斯帝国的小亚希腊城邦发动起义。小亚的希腊城邦曾在吕底亚君主克洛伊索斯（Croesus）执政时期臣服于吕底亚[①]，公元前546年，波斯人征服吕底亚，小亚城邦随之隶属于波斯帝国。但是，公元前514年，波斯大王大流士又征服色雷斯和黑海海峡，原来由雅典、米利都（Miletus）等希腊城邦所掌控的黑海贸易，现在转到很早就依附于波斯的腓尼基人手中。公元前500年，米利都等小亚的城邦为维护自己的贸易权益，发动了反抗波斯统治的起义[②]。在发动起义之前，米利都的僭主阿里斯塔哥拉斯（Aristagoras）曾向希腊本土求援，先后游说斯巴达和雅典。他向斯巴达的国王克列奥美涅斯（Cleomenes）宣讲希腊人的族群意识，以图当时实力雄厚的斯巴达出兵帮助本族人免遭灾难，他说道：

> 克列奥美涅斯阁下，我如此坚定地到这边来，您应该不会感到奇怪，这都因为我们所面临的紧迫的形势：伊奥尼亚人的子孙将要沦为奴隶，不再自由，对我们来说，这是耻辱和悲痛，对你们斯巴达人来说，更是这样，因为，你们是希腊人的领袖。因此，现在我们以希腊诸神的名义恳求你们拯救你们的伊奥尼亚同胞，使我们免遭奴役。[③]

显然，阿里斯塔哥拉斯是在煽动希腊人的族群意识。小亚希腊城邦臣服波斯帝国已经近半个世纪，若是遭奴役的话，早不是自由人。在这里阿里斯塔哥拉斯提到，他们将要失去自由，主要是指小亚城邦起义失败后的结局。阿里斯塔哥拉斯劝说斯巴达人，他们有共同的血缘、共同的宗教，斯巴达人有保护本族人免遭奴役的责任。可见，当小亚希腊人的利益受到威胁的时候，他们同样鼓动和重构希腊人族群意识，以团结全体希腊人，御

---

① Herodotus, *The Persian Wars*, Ⅰ.26 – 28.

② 李天祜:《古代希腊史》, 兰州大学出版社1991年版, 第209—210页。

③ Herodotus, *The Persian Wars*, Ⅴ.49.

辱于外。

　　然而，结果让阿里斯塔哥拉斯失望，斯巴达人竟无动于衷，阿里斯塔哥拉斯无奈只好向日益强大的雅典求救。阿里斯塔哥拉斯当着雅典民众的面陈述了在斯巴达陈述过的理由。他提醒雅典人，米利都是小亚的殖民地，两邦同属伊奥尼亚人。雅典人很受触动，决定派 20 艘战舰支援伊奥尼亚人①。当然雅典人的考虑还有经济上的，与斯巴达人不同，雅典在海外有着广泛的贸易联系。另外，支援小亚城邦起义的还有来自希腊本土的埃里特里亚人（Eretrians）②。

　　小亚希腊城邦的起义在起初相当顺利，规模也相当庞大。除了伊奥尼亚人城邦和爱奥利亚人城邦之外，非希腊人的卡利亚人、考努斯人（Caunus）、塞浦路斯人（Cyprian）也加入了反抗波斯人统治的队伍③。起义的大军一度攻入波斯帝国西部的大都市萨尔狄斯（Sardis），并将全城付之一炬④。但是，很快波斯人和吕底亚人展开了大反扑，起义的队伍不堪一击，纷纷败退。雅典人见势不妙，提前撤兵⑤。雅典人撤回了希腊本土，小亚起义的人民无路可退，继续与波斯人对抗。公元前 494 年，反抗斗争进行了 6 年终于被镇压下去，米利都失陷，希罗多德的说法是，"伊奥尼亚人第三次遭到了奴役"⑥。

　　雅典人虽然很早就退出了小亚人民的反抗运动，但是有证据表明雅典人族群意识有明显的提升。雅典人用多种方式表达了对米利都失陷的同情。诗人弗瑞尼库斯（Phrynichus）创作了纪实悲剧《米利都的陷落》（The Fall of Miletus），并将此搬上舞台。雅典观众在观看演出时难以抑制住对同胞生灵涂炭的悲痛，皆失声痛哭起来⑦。

　　2. 大流士战争

　　大流士以极大的代价平定了叛乱，他把兵锋指向了希腊本土，理由是

---

① Herodotus, *The Persian Wars*, Ⅴ. 97.

② Ibid., Ⅴ. 99.

③ Ibid., Ⅴ. 103—104.

④ Ibid., Ⅴ. 101.

⑤ Ibid., Ⅴ. 103.

⑥ Herodotus, *The Persian Wars*, Ⅵ. 32.

⑦ Ibid., Ⅵ. 21.

雅典和埃里特里亚派兵援助小亚城邦的叛乱[①]。波斯人入侵希腊的大幕拉开了。

公元前492年，也就是波斯人平定小亚叛乱的第二年，大流士发动第一次入侵希腊的远征，水路并进。波斯水军在爱琴海北岸的阿索斯（Athos）海角遭遇风暴，损失惨重；同时，陆军在色雷斯（Thrace）遭到凶悍部族的夜袭，钝挫了波斯军队的锐气，于是班师回国。第一次远征夭折[②]。

两年之后，大流士易帅，再兴问罪之师。当初，大流士为了了解希腊城邦是抵抗还是投降的态度，曾派使者前往希腊各邦索要象征臣服的"土"和"水"。大部分城邦表示屈服，献出"土"和"水"[③]。这说明在外部危险到来之时，分裂的希腊世界内部不团结，族群意识和族群认同的维系作用仍十分单薄。然而，希腊世界旗帜性的两个国家雅典和斯巴达不约而同地杀了波斯来使，以示抵抗外族入侵的决心[④]。

波斯军队再次出发了，一路降服希腊各邦，并逼近雅典，驻军于马拉松地区。雅典人一边派遣军队开赴马拉松阻击波斯大军，一边向斯巴达求援。雅典人委派长跑名将菲迪彼得斯（Phidippides）到斯巴达求援。菲迪彼得斯同样用族群意识动员斯巴达参战，他向斯巴达的主政者说道：

> 尊敬的拉西戴梦人，雅典人恳求你们相援，使这个全希腊最古老的城邦免遭蛮族人的奴役；现在，埃里特里亚已经遭到了奴役，如果再失去这座名城，希腊就会变得更加虚弱。

斯巴达人同意支援雅典，但是他们迷信天时之利，暂缓出兵[⑤]。从这件事可以看出来，斯巴达人与雅典人以保卫希腊的名义联合起来的共识达成了。雅典人只得与小邦普拉提亚（Plataea）在马拉松地区与波斯大军展开决战。在高昂的士气下，雅典军队以少胜多，取得大捷。波斯人的远征

---

① Herodotus, *The Persian Wars*, Ⅵ. 44.

② Ibid., Ⅵ. 44, Ⅵ. 55.

③ Ibid., Ⅵ. 49.

④ Ibid., Ⅶ. 133.

⑤ Ibid., Ⅵ. 106.

再次受挫，元帅达提斯（Datis）和阿塔弗瑞涅斯（Artaphrenes）撤军回国①。

大流士对马拉松之败大为震怒，决心发动规模更大的第三次远征。可是未等到准备就绪，埃及爆发了起义，后院起火，不久他也驾崩。新主薛西斯践祚，即使他比乃父还要急切地远征希腊，但他需要时间巩固他的权威地位。直到公元前480年，薛西斯的远征才准备完毕，中间相隔10年。

大流士战争对希腊世界的冲击是有限的，反抗波斯的国家实际上主要是雅典以及小国普拉提亚。但是大流士战争还是激起了希腊人的族群意识，雅典人表现得最为明显。另外，马拉松战役的胜利对雅典民主政治的进程是有影响的，这场胜利让雅典人对民主政治的信心倍增，他们对贵族领袖产生了不信任。在胜利不久，陶片放逐法创立，这是打击贵族领袖的利器②。在后来的希腊认同的建构中，雅典人继续扮演核心的角色，他们引以为傲的民主制成为了族群识别的重要标准。

3. 薛西斯战争与希腊联盟的组建

波斯新主继承大流士的遗愿，举全帝国之力发动规模更为宏伟的远征。希罗多德曾描述波斯军队的族群构成：波斯人、米底人、亚述人、巴克特里亚人、斯基泰人、印度人、阿拉伯人、色雷斯人……这些都是从帝国境内征募而来，当然还有投降的希腊人③。不但如此，波斯人还联合称霸地中海西部的迦太基人，成犄角之势夹击希腊④。

这次波斯大军压境，愿意臣服的希腊城邦仍然占大多数，族群意识的制约作用还是很小。按照希罗多德的记载，面对波斯人的入侵，一些城邦或心悦诚服地投靠了波斯人⑤，或作壁上观⑥，或持骑墙主义⑦，或

---

① Herodotus, *The Persian Wars*, Ⅵ. 111—116.

② 参见［英］奥斯温·默里《早期希腊》，晏绍祥译，上海人民出版社2008年版，第273页。

③ Herodotus, *The Persian Wars*, Ⅶ. 61—99.

④ ［英］奥斯温·默里：《早期希腊》，第282页。

⑤ 色萨利人全心全意投靠波斯，*The Persian Wars*, Ⅶ. 174。

⑥ 伯罗奔尼撒半岛上七个城邦袖手旁观，等于站在波斯一边，*The Persian Wars*, Ⅷ. 73。

⑦ 面对希腊大陆联盟的邀请，希腊殖民地叙拉古人、科西拉人及克里特人的墙头草态度，*The Persian Wars*, Ⅶ. 163, 168, 169。

斗志不坚①，坚决反抗波斯军队的城邦仍然是少数。

然而，与大流士战争相比，更多希腊的国家加入到反抗波斯第三次入侵的队伍当中去。波斯人为侵略做好了充足的准备，斯巴达和雅典也在厉兵秣马。斯巴达人在加紧扩军，特别是大量斯巴达的国有奴隶希洛人（Helots）被强制入伍。雅典人本来为对付老对手埃吉那（Aegina）建造了 200 艘三列桨战舰，大敌当前这对老对手化干戈为玉帛，不但如此，雅典人建造了更多的战舰以应对波斯入侵②。公元前 481 年 10 月，也是在薛西斯战争的前夕，斯巴达召集愿意保卫希腊的城邦在斯巴达的希伦尼昂（Hellenium）开会，商议抵抗波斯的策略，并建立了以斯巴达为首的希腊联盟（Greek League）③。在联盟会议上，他们决定最大范围地联合其他尚处在独立状态的希腊城邦，所以派人到阿尔哥斯（Argos）、西西里（Sicily）、科西拉 Corcyra）、克里特去寻求希腊人的支援。他们还希望，"既然（波斯入侵的）危险同样威胁到所有的希腊人，那么所有的希腊血统的人就应该联合起来，为一个共同的目标戮力同心"④。在两次大流士战争中，仅有希腊和斯巴达、普拉提亚等几个城邦自觉地与波斯作战。薛西斯战争就不同了，虽然仍有很多希腊城邦投靠了波斯，毕竟有相当数量的希腊人开始联合起来，组建联盟，以"团结希腊人"为口号，动员所有能动员的力量，反抗外敌入侵。

在薛西斯战争中，希腊人多次表述他们的族群意识。阿尔特米西昂一役，雅典领袖地米斯托克利采用了族群认同的精神武器，离间投降波斯的伊奥尼亚人⑤。萨拉米斯海战（Battle of Salamis）之后，波斯军队露出败退之迹，波斯统帅玛尔多纽斯（Mardonius）派遣臣服的马其顿王亚历山

---

① 希波战争之前，希腊城邦色萨利与佛基斯的相互敌对加深，不惜背叛希腊，投靠波斯，*The Persian Wars*，Ⅷ. 27—30；多里斯人投降，*The Persian Wars*，Ⅷ. 31；彼奥提亚人投降，*The Persian Wars*，Ⅷ. 34。

② Herodotus，*The Persian Wars*，Ⅶ. 144—145；John Boardman，G. L. Hammond，M. Lewis，M. Ostwald，eds.，*The Cambridge Ancient History*，2nd Edition，Vol. Ⅳ，Cambridge：Cambridge University Press，1988，p540.

③ John Boardman，G. L. Hammond，M. Lewis，M. Ostwald，eds.，*The Cambridge Ancient History*，2nd Edition，Vol. Ⅳ，pp. 543—545.

④ Herodotus，*The Persian Wars*，Ⅶ. 145.

⑤ Ibid.，Ⅷ. 22.

大恩威并施地离间希腊联盟,冀望将雅典争取过来①。斯巴达闻讯马上派使节前往雅典,警告雅典不要做出背叛希腊的决定,却遭到了雅典人愤怒的回答。雅典人给出不会背叛希腊的理由:

> 即使我们愿意,也有许多重要的理由不让我们这样做。第一个也是最重要的理由是,我们诸神的神像和神殿被摧毁,因此我们必须戮力复仇,遑论媾和;再者说,我们全体希腊人有着共同的血缘、共同的语言、共同的的圣殿和祭仪,有着共同的生活方式。雅典人若违于此,乃不义之举。"②

这恐怕是现存古典文献中关于希腊族性最为明确的表述③。不但如此,雅典人还向斯巴达人义正言辞地声明:雅典人深知,与波斯人讲和比交战更符合雅典人一国的利益,但雅典人还是忠诚于整个希腊人的利益,选择了战争④。此时,希腊族群意识已经变成了一种伦理,要求每一位成员国忠诚于整个希腊的利益,这起到了团结内部的积极作用,为希腊人最终战胜波斯提供了动力。

米卡列(Mycale)战役之后,希腊人胜利在即,伊奥尼亚城邦纷纷倒戈,脱离波斯的统治。希腊同盟者在萨摩斯岛集会,会议决定同盟吸纳伊奥尼亚城邦及爱琴海上诸岛国,并宣誓忠诚于本同盟,绝不叛离⑤。希腊人的族群意识得到进一步的升华,然而并没有止步于此。

二　雅典扩张

从上面的叙述中可以得知,希腊人的族群意识在波斯战争期间逐步升华。以往许多学者也注意到了波斯战争对希腊族群认同的影响。甚至有学者认为"波斯人给予了希腊人的同一性或认同(identity),或者说认识到同一性的手段"⑥。显然这种观点带有片面性。首先,在波斯战争之前,

---

① Herodotus, *The Persian Wars*, Ⅷ. 136.

② Ibid , Ⅷ. 144.

③ Jonathan Hall, *Hellenicity*:*Between Ethnicity and Culture*, p. 190.

④ Herodotus, *The Persian Wars*, Ⅸ. 7.

⑤ Ibid., Ⅸ. 106.

⑥ S. Hornblower, *The Greek World*:479—323 *B. C*, London:Routledge, 1991, p. 11.

如前所述，希腊人就存在族群认同，只不过表现为主要以血缘为标准的部族认同；其次，公元前 500 年前后希腊族群认同的转换，不仅是单方面受波斯战争的影响，还应将雅典的军事和经济扩张考虑在内。事实上，希腊族群认同的转向主要是由于地中海地区空前的族群互动造成的。波斯战争之后，希腊人的族群意识又有了大幅度的提升。族群意识随着雅典人的海外扩张，被雅典人进一步强化。

波斯的军队火速退出希腊本土，但庞大的帝国还存在，有足够的财源和兵源支持新一轮的远征。希腊人也普遍认为波斯有再次入侵的可能[1]。波斯战争虽然结束了，但是希腊人的仇恨没有结束，小国战胜大国的经历让希腊人的复仇意识更加强烈。雅典人没有忘记波斯人对雅典的破坏和对神明的侮辱。修昔底德记载，雅典人获得希腊联盟的领导权之后，计划进攻波斯，目的就是蹂躏波斯大王的领土，报复他们在波斯战争期间遭受的灾难。[2] 另外，小亚的希腊城邦也需要实力大增的雅典人为他们提供保护伞。所以，雅典人顺理成章地主导了提洛同盟的建立，以继续与波斯对抗。

雅典人如此积极地筹建提洛同盟还有一个深层次的动机，就是称霸东地中海地区。雅典人称霸东地中海的野心是从地米斯托克利时代开始的。地米斯托克利时代是雅典国际地位和国际战略转变的时代。转变的原因一是雅典在民主政治体制改革方面获得了成功，易于激发公民的爱国精神；另外一个原因就是，此一时期雅典人在劳里昂发现了矿藏，这大大增加了她的经济实力。地米斯托克利从小就有光大雅典城的志向[3]。他的确是一个难得的政治与军事天才，极具战略眼光。他劝说雅典人用劳里昂矿藏的收入建造 200 艘三列桨战舰[4]。这成为希腊战胜波斯人和角逐霸权的关键。在波斯战争中，他时刻提防斯巴达，并想方设法培养雅典的军事实力。波斯战争结束之后，雅典已羽翼丰满。提洛同盟的设立是雅典迈向海外扩张的第一步。

---

① M. I. Finley, "The Fifth-Century Athenian Empire: A Balance Sheet", in P. D. A. Garnsey and C. R. Whittaker, *Imperialism in the Ancient world*, Cambridge University Press, 1978, pp. 103 – 126.

② Thucydides, *History of the Peloponnesian War*, Ⅰ. 96

③ Plutarch, *Life of Themistokles*, Ⅱ, Loeb Classical Library, trans., B. Perrin, Harvard University Press, 2001.

④ Herodotus, *The Persian Wars*, Ⅶ. 144.

　　现代学者分析了雅典追求海外霸权的原因。到了公元前5世纪,雅典的人口危机日益凸现。同时阿提卡地区粮食生产已经达到极限,解决人口危机的渠道就是依靠商品交换。西方学者唐纳德·卡甘说,雅典的经济越来越依赖在爱琴海和赫勒斯滂地区的贸易。雅典人消费的相当一部分粮食来自黑海地区,爱琴海和赫勒斯滂海峡是必经之地。为此,在公元前6世纪雅典就在位于色雷斯的科索尼斯(Chersonese)建立殖民地。她不能容忍赫勒斯滂和北爱琴海地区仍掌控在波斯人手中。当马拉松和萨拉米斯战役给雅典人带来信心之后,也带来了想控制生命线的野心①。德·圣克罗瓦解释得更为详细。他认为,谷物进口与雅典海上霸权存在着密切的关系。雅典与其他城邦相比对粮食进口的依赖程度要强烈得多。她进口粮食,就要输出白银、橄榄油、彩陶和其它制成品。为了保障粮食进口,她必须不惜一切代价去保护粮食生命线的安全,这意味着她在这些航线上必须建立“基地”,因为希腊三列桨战舰的航程是有限的。一般而言,商船以风帆为动力可以不靠岸续航几天,但护卫它们的三列桨战舰却不能。希腊战舰虽然也有风帆,在天气有利的条件下也可使用,不过通常是人力摇桨驱动。这样,三列桨战舰不得不每隔几小时就着陆一次,因为水手不能在甲板上吃饭睡觉。所以,三列舰必须与海岸保持相当近的距离。德·圣克罗瓦估计,以基地为中心,三列舰的有效航行半径不超过20—30英里。那么,在一个小的范围内,用三列舰护卫航线,就需要一系列的“基地”。无疑,北爱琴海和赫勒斯滂航线是致命的,雅典人为确保它的安全,就利用提洛同盟做后盾在这些地区采取了征服、殖民、称霸的政策②。

　　提洛同盟建立不久就与波斯在爱昂(Eion)发生了第一次交火,时间是公元前477年至公元前476年,希腊人获胜,爱昂变为希腊人的殖民地。不久,雅典领袖客蒙(Cimon)率领盟军攻占斯库罗斯岛(Scyros),清剿了出没这一带的海盗,并殖民此地,以保障商路的畅通③。斯库罗斯岛正位于庇里犹斯港到黑海地区的谷物运输线上,对雅典来说,殖民此地

---

　　①　Donald Kagan, *The Outbreak of the Peloponnesian War*, Ithaca and London: Cornell University Press, 1969, pp. 39－40.

　　②　G. E. M. de Ste. Croix, *The Origins of the Peloponnesian War*, Ithaca and London: Cornell university press, 1972, pp. 45—49.

　　③　Plutarch, *Live of Cimon*, Ⅷ.

的战略意义显而易见。公元前 466 年，提洛同盟在攸里梅敦河（Eu-
rymedon River）与波斯发生了波斯战争结束后最大的一次战役，波斯惨
败，海军尽毁，彻底丧失了发动入侵希腊的能力。公元前 460 年，与埃及
毗邻的利比亚人在国王伊纳罗斯（Inaros）的领导下发动反抗波斯新主阿
塔薛西斯（Artaxerxes）的起义①，随之整个埃及参与了暴动。伊纳罗斯向
雅典人求援。翌年，提洛同盟派遣一支总共包括 200 艘战舰的庞大军队支
援北非的起义②。远征埃及的战争持续了 6 年，公元前 454 年，远征军失
利，几乎全军覆没③。这次远征失败导致了若干后果：一是同盟的金库从
提洛岛迁移至雅典卫城，二是雅典针对波斯的大规模进攻可能基本上停止
了④。一般认为这一时期，即公元前 5 世纪 50 年代是提洛同盟蜕变为雅
典帝国的关键时期。这一蜕变使得雅典向外扩展转向向内经营。

　　提洛同盟扩张时期的希腊族群意识也有自身的阶段性特征。乔纳森·
霍尔认为，波斯战争之后，希腊认同的方式发生了变化。波斯战争之前希
腊人的认同是聚合型的（aggregative），之后变为对立型的（oppositional）。
前者是从内部（from within）定义自身，即通过建构源自希伦的血统谱系
而将不同的亲缘部族整合为同一族群；后者从外部（from without）定义
自身，即通过建构与自己相异的蛮族人来实现自我的识别⑤。实际上，通
过他者认知自身的认同方式是在希腊人获得波斯战争的胜利之后才出现
的，公元前 480 年，地米斯托克利在阿尔特米西昂离间伊奥尼亚人仍然强
调的是他们与雅典人的血缘关系，这还是聚合型的认知方式。提洛同盟扩
张时期，雅典人为保证同盟国的忠诚，促使蛮族人这个消极的形象诞生，
正如伊迪丝霍尔所说的"发明蛮族人"。妖魔化"蛮族人"为提洛同盟提
供的存在理由，并且也使雅典向同盟国索取贡金合法化。

　　提洛同盟政治和经济的集中化，需要统一的意识形态为之保驾护航，
这种意识形态就是泛希腊主义（Panhellenism）。管理提洛同盟的财务官叫

---

① 公元前 465 年，薛西斯死于一场政变，阿塔薛西斯继位。

② Thucydides, *History of the Peloponnesian War*, Ⅰ.104.

③ Ibid., Ⅰ.110.

④ ［英］戴维斯：《民主政治与古典希腊》，黄洋、宋可即译，上海人民出版社 2010 年版，
第 68 页。

⑤ Jonathan Hall, *Ethnic Identity in Greek Antiquity*, p 47.

希腊财务官（Hellenotamiai）①，目的在于宣示提洛同盟的事业就是希腊人共同的事业。出于泛希腊主义宣传的需要，雅典人继续构造全体希腊人共同敌人的形象——与希腊正面形象相反的蛮族人（the barbarian），尽管蛮族人形象的塑造是在希腊同盟国共同抗击波斯入侵的战争当中。在雅典扩张时期，主要由雅典人打造的泛希腊意识形态日益成熟，蛮族人的形象也随之定型②。

第四节　族群互动与历史记忆

总之，春秋时期的华夏国家与同一时期或稍后的希腊世界在与周边族群的关系方面有着类似的经历：与周边族群产生了持续的互动。毫无疑问，东西方族群互动对各自的历史进程产生了巨大的影响，所以华夏人和希腊人都对族群互动的进程保持着他们深刻的记忆。互动过后的若干年间人们仍在述说着它们，表述着它们。

这一时期，人类集体记忆的方式已经发生了重大的变化，文字记忆的方式变得越来越重要，所以这一时期的史学也喷涌而发。春秋时期各国的史官即时记录下了华夷关系，这成为《左传》、《国语》编撰的重要素材。孔子就以《鲁春秋》为教材教授弟子们历史知识，并以它为蓝本修成《春秋》，阐发微言大义。孔子的族群观念经孔门弟子转述而保存在《公羊传》、《谷梁传》中。《论语》虽然不是一部史学作品，但是却如实录般地记载了孔子教授《春秋》的某些片段，比如他对齐桓晋文和管仲的评价，多涉及春秋时期的族群关系。希腊人与外族人的冲突更为激烈紧张，特别是波斯战争所激起的冲突波，不仅对希腊世界，也对整个东地中海地区都有巨大的冲击。希罗多德因此要"调查"希腊人与"蛮族人"发生这场战争的原因和经过，以及战争所涉及各族群创造的丰功伟业。③ 波斯战争结束第 6 个年头，曾经参加过战争的埃斯库罗斯创作的悲剧《波斯人》上演，此剧以萨拉米斯战役为背景，描述的是希腊盟军的同仇敌忾和英勇善战以及狂妄的波斯人对失败的惊恐、痛苦与无奈。在古希腊，戏

---

① Edith Hall, *Inventing the Barbarian*: *Greek Self-Difinition through Tragedy*, p. 60.

② Ibid. , pp. 61 – 62.

③ 参见 Herodotus, *The Persian Wars*, Ⅰ. 0

剧演出本身带有很强的政治色彩，是希腊公民集体参与的一项重大政治文化活动，起到政治宣传和教育的作用①。所以《波斯人》一剧成了雅典人政治教育的绝好教材，族群冲突的记忆由此得到不断的传递。

波斯战争结束之后的一百多年里，希腊人还能够耳熟能详。伯里克利在《死亡将士葬礼演说》中透露，雅典人即使普通的雅典公民对他们的先辈击退蛮族人的入侵也非常熟悉②。公元前4世纪的政治家伊索克拉底在演说中也说，雅典人乐于阅读波斯战争的故事③。这都可以看出希腊政治教育与历史教育的巨大成功。

文字记忆在古典时代主要包括两种，一是像《左传》和希罗多德《历史》这样的书面记忆，另一种就是碑铭记忆，这种记忆形式"为的是纪念、庆祝，一般是以纪念性建筑的形式来纪念某一个值得纪念的事件"④。华夏国家在取得边功之后常将这些事迹铭刻在青铜器上，以示庆贺，大概由于史官文化的发达，这种形式的记忆在春秋时期并不多见。希腊人的公共文化很活跃，勒石纪念的现象比较普遍，波斯战争的胜利绝对是希腊人引以为傲的大事，所以参与反抗波斯战争的国家在胜利的战场、自己国家、宗教圣地竖立了无数的纪念碑。雅典人在碑铭上称颂"雅典的步兵和快舰将整个希腊从奴役的日子里拯救出来"。科林斯人在萨拉米斯岛上建立碑石，宣称："在这儿，我们捕获了波斯人和腓尼基人的战舰，并且从米底人那里拯救神圣的希腊人。"麦加拉人（Megarian）也有这样的表述。公元2世纪中期，波桑尼阿斯（Pausanias）在羁旅希腊大陆的途中，看到除雅典之外许多地方都竖立着纪念波斯战争胜利的碑铭。这些地方包括麦加拉、特洛伊曾（Troizen）、斯巴达、普拉提亚等地区⑤。不但参战的每个国家以个体的名义纪念这次伟大的胜利，夸耀自己的贡献，而且在德尔菲（Delphi）以希腊联盟集体的名义勒石铭记。普拉提亚战役胜利之后，希腊联盟将一部分战利品奉献给德尔菲的神明，并在祭坛

---

① 黄洋：《希腊城邦的公共空间与政治文化》，《历史研究》2001年第5期，第103页。

② Thucydides, *History of the Peloponnesian War*, II. 36.

③ Isocrates, *Panegyricus*, 158—159, Loeb Classical Library, trans. George Norlin, Harvard University Press, 2000.

④ ［法］雅克·勒高夫：《历史与记忆》，方仁杰、倪复生译，中国人民大学出版社2010年版，第65页。

⑤ Jonathan Hall, *Hellenicity*: *Between Ethnicity and Culture*, pp. 182—183.

旁边造了一根三头蛇盘旋状的青铜立柱，立柱上镌刻了 31 个希腊联盟国家的名字[1]。显然，当希腊国家定期在德尔菲举行节庆活动时，蛇形柱就会提醒他们曾经战胜强大的蛮族人的荣耀。

这种族群记忆与族群认同有很大关系。20 世纪 80 年代以来，不同学科的学者，包括历史学者、社会学者、民俗学者、博物馆学者，对集体记忆的本质进行了探讨。他们共同关注的是：一个社会群体——无论是家庭、某个社会阶层、职业组织，抑或族群共同体和国民国家——如何选择、组织、重构"过去"，以创造一个全体的共享的传统，来诠释该群体的本质以及维系群体的凝聚[2]。战胜外族人入侵的历史是华夏人和希腊人乐意回忆或再塑的题材，这是他们维系族群凝聚力和认同感的重要手段。

关于族群记忆，这里有必要指出的是，华夏人的集体记忆与希腊人的集体记忆又有所不同。希腊人族群记忆的目的在于继续强化边界意识。在现实中仍然存在强大的族外集团，希腊人还要面对两大问题：免于外族的征服，征服"蛮族人"。所以，希腊精英要通过历史的追溯来认识周边族群，那么，他们的集体记忆就等同于人类学意义上的族群识别。然而，当华夷大融合之后，所谓的"夷狄"变成新的华夏族群，与华夏相冲突的旧的族外集团不存在了，新的族群集团还没有登上历史舞台。因此，战国时期华夏精英表述的"华夷之辨"就不再是人类学意义上的"自我"与"他者"之分，而主要针对内部问题所借题发挥的一种政治学表述。这一不同也意味着中希族群认同之间的差异，在第六章我们还会继续讨论。

第五节　族群认同的建构主义理论

在族群大互动的相似背景下，华夏国家与希腊人的族群意识表现出了相似的变化，当今的族群理论能够对这一变化做出合理的解释。

当今西方的族群认同理论可谓纷然杂陈，社会学、人类学、政治学等学术领域都有优秀的成果面世。一般而言，这些族群认同的理论群（groups of theories）可主要分为两大流派，即原生主义（primordialism）

---

[1]　Herodotus, *The Persian Wars*, XI. 81; Jonathan Hall, *Hellenicity: Between Ethnicity and Culture*, p. 182.

[2]　参见王明珂《华夏边缘——历史记忆与族群认同》，第 51 页。

和建构主义（constructivism），其中建构主义又大体可分为环境主义（circumstantialism）和工具主义（instrumentalism）[①]。原生主义族群认同理论是对"客观要素说"的发展，后者将族群定义为共享语言、历史、文化、传统、宗教、血缘、体质特征等客观要素的共同体。所不同的是，原生主义者认为，族群先验具有的这些客观要素的一致性导致了族群成员之间产生了兄弟姐妹般的亲缘感情，即一种内生的、原生的、恒久的感情。例如原生主义的代表人物著名的人类学家格尔茨提到：族群成员的原生性归属（primordial attachment）主要是指产生于先赋的（givens）社会存在——密切的直接关系和亲属关系以及特定的宗教共同体、特定的语言、共同遵守的特定的社会习俗。他还认为，血缘、语言、习俗等方面的一致，在人们看来对于他们的内聚性具有不可言状，有时还是压倒一切的力量。族群成员都认为自己系属于自己的亲属、邻居、教友，这种归属感不仅出于个人的情爱、实践需要、共同利益或应承担的义务，而且出于维系这种原生纽带本身的不可估量的绝对重要性。这种原生纽带可能对于不同的个人、社会和时代而有差异，但是实际上，对于几乎每一个人、每一个社会而言，这种归属感都源于某种自然的或是精神上的亲缘性（affinity），而不是源自于社会互动。[②]

而挪威的人类学家弗里德里克·巴斯（Fredrik Barth）的"族群边界"说是建构主义族群理论的里程碑。1969 年巴斯主编了一本著名的人类学著作《族群与边界》[③]，在这本书的导言中他系统地论述了"族群边界"理论。巴斯指出，族群并不是一种文化单位和地理单位，而是一种社会组织。他说，族群是其成员自我归属和认同的范畴。通常的人类学家在界定某族群时会依赖于他们展现的文化特质，而实际上，文化特质的任何组成部分的起源都是多样的，换句话说，某族群的文化与其他族群文化

---

① 参见 Henry E. Hale，"Explaining Ethnicity"，*Comparative Political Studies*，Vol. 37，No. 4，2004，pp. 458 - 461。

② Clifford Geerts，*The Interpretation of Cultures*，New York：Basic Books，1973，pp. 259 - 260.

③ Fredrik Barth, ed.，*Ethnic Groups and Boundaries：The Social Organization of Culture Difference*，Boston：Little, Brown and Company, 1969.

常有交叉重叠的部分,所以用客观要素去规定族群是不恰当的①。但是族群识别还是要考虑到文化差异,那么,这种文化差异不是客观的文化要素,而是主观化的文化差异。巴斯强调:"我们不能设想族群意识单位同文化相似及文化差异性间的简单一一对应……被考虑的特征不是'客观'差异的总和,而仅仅是成员们自己认为有意义的部分。不仅仅生态变异甚至一些文化特征也确实被成员们用来作为差异的标志和象征,其它的被忽略了,而在一些关系中,基本差异被缩小和否认了。"② 巴斯的确看到了族群认同的边界与文化边界之间存在着差异,这种差异甚至是根本性的。所以在巴斯看来,族群最显著的特征就是自我认定的归属以及被他者认定的归属。族群的成员具有某种基本的身份,就意味着根据有关的认同标准,自我判断和被判断③。族群的客观要素成了主观上有选择有目的地建构族群认同的工具和资源。

巴斯的"族群边界"理论是开创性的,他发现了族群认同的主观性和建构性特征。其他的建构主义者则从族群之间资源竞争角度解释了族群边界形成、维持和变迁的原因。工具主义者将族群认同看做是为了特定的政治目的和经济利益而被建构起来的工具,当经济利益改变时,族群认同也会服务于经济利益的要求而随之发生改变。例如,人类学家贡纳尔·哈兰德(Gunnar Haaland)在苏丹做长期的田野调查发现,一部分从事定居农业的富尔人(Fur)因生态问题变成游牧民之后,他们逐渐加入了另一个游牧族群巴加拉人(Baggara),目的是分享巴加拉人丰腴的草原资源,富尔人的生活习俗、语言还有认同都和巴加拉人变得一致。资源分配和经济利益是这部分富尔人族群边界变迁的决定性因素④。根据工具主义理论,族群认同是精英出于特殊的目的而建构或解构的意识形态,是用来说服和动员群众支持少数群体的政治或经济目标的一套神话。保罗·布拉斯(Paul Brass)认为族群认同不是天生的或者是既定的,而是社会和政治建

---

① [挪威]弗里德里克·巴斯:《族群与边界》,高崇译,《广西民族学院学报》1999 年第 1 期。

② 同上。

③ 这里有必要指出的是,族群认同的标准在古风时期主要是部族标准而非文化标准,巴斯强调的文化标准是针对当今的族群研究,当然也适用于古典时期的族群研究。

④ Gunnar Haaland:"Economic Determinants in Ethnic Processes", in Fredrik Barth, ed., *Ethnic Groups and Boundaries: The Social Organization of Culture Difference*, pp. 58—73.

构的产物。社会精英创造、歪曲甚至杜撰出他们所想象的本族群的文化质料，以确保他们的利益或者获得本群体特别是精英本身的政治与经济优势①。

纯粹的原生论和纯粹的建构论都有极端的倾向。一些学者也考虑到了采用综合两派的观点。莱廷（D. D. Laitin）和费伦（J. D. Fearon）认为文化是双面的（Janus-faced），它既包括限定的原生因素，也包括可操作的灵活的建构因素②。不可否认，两种因素不完全是排斥的，他们往往是一个统一体。

然而，建构主义族群认同理论对于我们理解族群互动与族群认同的形成、维持与变迁更为重要。建构论者把族群间的互动看作族群认同形成与变迁的根本原因。巴斯就强调，族群差异并不是由于缺乏社会互动和社会接纳而产生，恰恰相反，社会互动是族群边界产生的基础。他分析认为，可以说，为了互动，成员们用族群认同去给他们自己和他者分类，于是他们在此组织意识上构成了族群③。在他看来族群认同就是在族群互动中产生、强化与变迁的。揆诸古典时期华夏国家和希腊人与周边族群互动的历史，我们发现建构论更具有解释力。

华夏国家及希腊人与周边族群发生冲突的实质是争夺土地、财产、人口等政治与经济利益，在争夺过程中，双方都付出了沉重的代价。正是在中原国家遭到戎狄的破坏时，有着称霸中原之梦的齐桓公竖起了"尊王攘夷"的大旗，诸夏领袖开始设置夷夏的边界。希腊人特别是雅典人积极建构希腊人的族群意识也主要是出于经济利益的考量，不管是波斯人蹂躏了希腊领土，还是雅典在东地中海地区的角逐，族群意识的表达背后都隐藏着权力。然而，华夏国家与希腊人这次族群意识的涨潮也从根本上改变了两大族群的认同观念。

①　参见左宏愿《原生论与建构论：当代西方的两种族群认同理论》，《国外社会科学》2012 年第 3 期，第 111 页。

②　参见 Henry E. Hale, "Explaining Ethnicity", *Comparative Political Studies*, Vol. 37, No. 4, 2004, p. 461。

③　[挪威] 弗里德里克·巴斯：《族群与边界》，高崇译，《广西民族学院学报》，1999 年第 1 期。

第 四 章

互动与族群认同的文化转向

——文明优越性的建构

　　西方古典学者乔纳森·霍尔认为波斯战争促使希腊人族群认同的方式发生了变化，即以凝聚血缘的聚合性认同转变为从外部定义自身的对立式认同①。这种观点虽然道出了族群互动与族群认同变迁之间的关联，但仍带有片面性，对立的认同方式不足以表达希腊人族群认同变迁的总体特征。如果将希腊认同的变迁放在世界史的背景下考察，与华夏认同变迁做一个相似性比较的研究，我们就会发现，这一总体特征是族群认同的文化转向，换句话说，在族群互动的背景之下，华夏人与希腊人族群意识的高涨不仅是一次从低潮到高潮的变化，而是族群认同的再创造，文化取代血缘成为族群认同的主要标准。

第一节　文化转向的内涵

　　谈到文化转向，这里有必要先谈一下文化的概念。不管是在中文语境当中还是在西文语境当中，"文化"一词都有极其复杂的含义。当提到文化的多义性时，人们常常提起美国两个人类学家艾尔弗雷德·克罗伯（Alfred Kreober）和克莱德·克拉克洪（Clyde Cluckhohn）在上世纪50年代早期所做的关于"文化"内涵的一次总结。在所有能检索到的文献中，他们找到了"文化"的164种不同的含义②。事实上，他们的总结距今已有半个世纪。在这半个世纪以来，不同的国度、不同的学科、不同的学者

---

　　① Jonathan Hall, *Ethnic Identity in Greek Antiquity*, p. 47.

　　② Alfred Kreober and Clyde Cluckhohn, *Culture: A Critical Review of Concepts and Definitions*, Cambridge, Massachusetts, 1952, p. 149.

也赋予了"文化"新的意义，"文化"内涵的复杂性更非当年所能比。

文化的含义如此繁复，为了便于理解，研究文化的学者将文化的内容做了若干分类。比较流行的文化分类是庞朴的三个层面说。庞朴把文化分为三个层面，即物质层面、制度层面和精神层面或意识层面[1]。本书所采用的文化概念强调后两种层次，而淡化了文化的物质层面。在本书中文化是指一个群体共享的一套信仰、宗教、价值观、世界观、意识形态、风俗、道德伦理、传统习惯、礼仪、法制、政治制度等正式的制度与非正式的制度的总和！换句话说，它是某一群体共享的一套行为规范和内在的思维方式。

然而，文化无疑也是随着历史的变迁而在不断的变化。世界历史从古风时期向古典时期演进的重要标志就是主要的文明在文化上的演进。古风社会与随后的古典社会在文化上有一个分水岭，即经过一系列显然和隐然的变法或改革运动，更为复杂的政治制度被创设出来。就华夏文明而言，西周初期，周公制礼作乐是制度的一大变迁，王国维讲殷周制度变革论，就是这个时期。更大的变革发生在春秋时期，也就是儒者所说的"礼崩乐坏"的时代。这仅仅是儒者对这一时代精神的片面概括，就整个春秋时期的社会面貌而言，"礼崩乐坏"并非其时代特征。从另一个角度看，这一时期是个破旧立新大变革的时期。简单地说，春秋时期的变革有，君主制的演进，国野体制的废除，"作丘甲"、"初税亩"等赋役制度的变化，郡县制的实施，成文法的颁布等等。事实上，儒家也在托古改制。同一时期，希腊文明在制度上也经历了许多个变革，以雅典为例，提修斯改革或杳不可察，不足道，但后代的史学家对梭伦改革还是捕捉到了一些蛛丝马迹[2]，而克里斯提尼（Cleisthenes）改革和埃菲阿尔特（Ephialtes）改革相去古典作家不远，都有详细的记载[3]。经过这些改革，雅典城邦制逐步完善，民主制得以确立。

---

　① 庞朴：《文化的民族性和时代性》，载《文化的民族性与时代性》，中国和平出版社1988年版，第37—38页。

　② Aristotle, *The Athenian Constitution*, Ⅴ.1—Ⅹ.2, Loeb Classical Library, trans., H. Rackham, Harvard University Press, 1996; Plutarch, *Life of Solon*, 15—25, Loeb Classical Library, trans., Bernadotte Perrin, Harvard University Press, 2001.

　③ Herodotus, *The Persian Wars*, Ⅴ.66—69; Aristotle, *The Athenian Constitution*, ⅩⅪ.1—ⅩⅫ.2.

古典社会文化上的另一变迁是意识形态领域的精神觉醒，也就是亚斯贝斯谈到的轴心突破。在轴心时代，几大文明不约而同地经历了精神觉醒的过程。刘家和总结道，人类的精神觉醒盖可以分为三个层次，即"人类经过对人与自然或天的关系的反省，达到关于自身对外界的自觉；人类经过对人与人之间关系的反省，达到关于自身内部结构的自觉；人类经过对以上两方面反省的概括，进而又对人的本质或人性的反省，达到自身的精神的自觉"①。轴心文明的精英思考现实的秩序和制度，并提炼出自己文明的文明价值观，使之成为超越现实秩序的理想追求对象。

一言以蔽之，更为复杂的政治制度和文明价值观是古典文化的标志。古典社会在制度领域和精神领域的演进为族群认同的文化转向提供了内部基础。而大规模的族群互动从外部促成了族群认同的文化转向。

周人和希腊人不管是反抗周边族群的入侵，还是向周围扩张，都需要凝聚自身的力量，使自己变为一个整体，共同对付外部的敌人。前文已提到，进入古典时代，血缘结构在逐步解体，宗法血缘意识也大为减弱，他们再依靠部族认同来团结内部力量已变得不合时宜。另外，族群互动本身也摧毁了部族认同。春秋时期，当周政权的诸侯国面临外部威胁的时候，王室的力量已经衰微，再无力统帅诸侯；郑庄公虽有小霸之业，但薨亡之后，郑国的势力大减。打出"尊王攘夷"旗帜的齐桓公以及齐国霸业的总设计师管仲，是姜姓和管姓贵族，而非姬姓姓族成员。相时而动的异姓诸侯齐桓公为了成就他的霸业梦想，只得鼓吹"诸夏"的文化认同感，实际上，部族认同的诸姬意识才是他霸业之路的障碍。所以，当管仲进谏倡导"诸夏亲昵"的文化相似性时，他欣然接受了。继承齐国霸业的晋国严格说来不是一个纯粹的姬姓诸侯国，早在晋文公的父亲晋献公在位时就曾实施了去公族化的政策，造成"晋无公族"的政治局面②。晋文公成就霸业也是在赵姓、先姓、狐姓等异姓贵族的帮扶下实现的。异姓贵族势力的崛起促使尊贤尚功风气的炽盛，逐渐破坏着贵族世袭制的传统。因此诸姬意识在晋国没有市场，晋君和臣下考虑的是在文化上有着一致性

---

① 刘家和：《论古代的人类精神的觉醒》，载《古代中国与世界》，武汉出版社 1997 年版，第 572—573 页。

② 《左传》宣公二年，第 1868 页。

的"诸华"的归附与背叛①。

而对希腊人来说，族群互动使得他们认识到自身文化的优越性。雅典人以区区蕞尔小邦在马拉松竟然战胜了强大的波斯帝国，这种狂胜除了给他们带来狂喜狂欢之外，还有他们的精英思考原因之所在。他们认为，刚刚形成不久的民主政体激发了雅典士兵和人民的战斗热情，是获得胜利的源泉。波斯战争的胜利增强了希腊人特别是雅典人对民主政体和自由、平等等自己文明价值观的信心。同时，由于对波斯战争的发动者波斯君主的痛恨转向了对专制性质的僭主政体和僭主乃至贵族领袖的厌恶和排斥。西方学者默里认为，马拉松战役的胜利令雅典人对民主政治的信心倍增，并产生对贵族领袖的不信任，约束贵族的陶片放逐法第一次使用是在马拉松战役之后②。波斯战争也促使雅典人的自由观发生了重大的改变。它赋予了"自由"（eleutheria）一词以新的内涵，即城邦的独立或免于被外邦统治的自由，并将"自由"的价值占为己有，成为与蛮族人的专制、奴性等不自由相对应的概念③。

总而言之，血缘标准已经无法满足华夏人和希腊人族群意识强化的需要，他们审时度势寻求新的标准来表述他们的一致性，就利用文化的相似性和亲缘性建构了新的族群认同。

让人感到惊讶的是，华夏族和希腊人对古典文化都有共同的认知，华夏族唤作"礼"，希腊人称为"nomos"，后者是英文"规范"（norm）一词的希腊语词源，意为"习俗、规范、制度"。当外部的族群以强势的姿态出现在他们面前时，他们不约而同地用"礼"和"nomos"这些概念来界定"自我"和"他者"。

礼起源于古代的祭祀。许慎在《说文解字》中道出了礼的宗教起源，他说："禮，履也，所以事神致福也。从示，从豊，豊亦声。"④ 王国维又做了进一步的解释，他认为"礼"字在甲骨文中的原型为𬀪，像二玉在器之形。"古者行禮以玉，故《说文》曰：'豊，行禮之器。'……盛玉以

① 《左传》襄公四年，第1933—1934页；襄公十一年，第1951页。

② ［英］奥斯温·默里：《早期希腊》，晏绍祥译，上海人民出版社2008年版，第273页。

③ Kurt Raaflaub, *The Discovery of Freedom in Ancient Greece*, trans., Renate Franciscono, London: University of Chicago Press, 2004, pp. 58—88; 张新刚：《希腊"自由"观念的历史考察》，《史林》2012年第3期。

④ 许慎：《说文解字》，段玉裁注本，上海古籍出版社1988年版，第2页。

奉神人之器谓之**豊**若豐，推之而奉神人之酒醴亦谓之醴，又推之而奉神人之事通谓之禮。"① 在殷商时代，"礼"仍然是这种初始的含义。殷周之际，"礼"的内涵有了发展，即所谓周公"制礼作乐"。"制礼作乐"是后人对殷周之际制度变革的简单化追忆，但是，礼已经加入了世俗的人文理性的内容，上升为包括宗教、道德、习俗、法制、军事等社会控制的总称。② 然而，西周时期，"礼"作为社会总的规范的通称在金文和流传的文献当中并不常见，"礼"的通常意义仍然与祭祀有关。人们更习惯用"德"字表示社会总的规范。"德"在西周时期的文献当中做制度讲，与广义的"礼"是相通的，而没有后来才兴起的"德行、操守"之意③。

　　两周之际的社会变革又使得"礼"的概念产生了新的变化。春秋时期，"礼"的"事神致福"的宗教意义已经几乎不被人认可了④，人们广为谈论的是"礼"作为法度规范的人文性含义，"礼"真正的由处理天人关系转到人际关系中来。例如：

　　　　礼，经国家，定社稷，序民人，利后嗣者也。（《左传》隐公十一年）
　　　　礼，所以整民也，故会以训上下之则，制财用之节，朝以正班爵之义，帅长幼之序，征伐以讨其不然。诸侯有王，王有巡守，以大习之。非是，君不举矣。（《左传》庄公二十三年）
　　　　邢迁于夷仪，诸侯城之，救患也。凡侯伯，救患、分灾、讨罪，礼也。（《左传》僖公元年）
　　　　礼，政之舆也。（《左传》襄公二十一年）
　　　　礼，国之干也。（《左传》襄公三十年）
　　　　夫礼，天之经也，地之义也，民之行也。（《左传》昭公二十五年）
　　　　礼，始于谨夫妇。为公室、辨外内。（《礼记·内则》）

---

　① 王国维：《观堂集林》卷六，第14—15页。
　② 参见栗劲、王占通《略论奴隶社会的礼与法》，《中国社会科学》1985年第5期；黄开国、唐赤蓉《诸子百家兴起的前奏——春秋时期德思想文化》，巴蜀出版社2004年版，第223页。
　③ 参见杨向奎《宗周社会与礼乐文明》，人民出版社1992年版，第330—335页；晁福林：《先秦时期"德"观念的起源及其发展》，《中国社会科学》2005年第4期。
　④ 黄开国、唐赤蓉：《诸子百家兴起的前奏——春秋时期德思想文化》，第225页。

> 夫礼者，所以定亲疏、决嫌疑、别同异、明是非也。（《礼记·曲礼》）①

这些文献虽然没有给"礼"下一个明确的定义，但是从"礼"所包含的内容来看，它指涉适用于家庭、社会、内政、外交等各种场合的规范，也指涉明辨是非的价值观念。这说明春秋时期的华夏精英对制度或曰法度有了更深一步的认识。

当华夏国家的族群意识觉醒时，他们就以是否有"礼"作为评判夷夏之别的文化标准。鲁闵公元年（公元前661年），狄人伐邢，管仲对戎狄的认识是，"戎狄豺狼，不可厌也"。在齐国君臣看来，戎狄贪得无厌，不知道满足，屡次侵犯华夏国家的边境，破坏城池、践踏土地，残害生灵，这不是懂得礼让的"人"能够干出来的事情。晋卿士会说得更明白："夫戎狄，冒没轻儳，贪而不让。其血气不治，若禽兽焉。"② 华夏精英区别夷夏的人兽之分本质上是"贪"与"让"之间的对立。"让"是华夏国家推崇的重要伦理价值。晋国贤人叔向说：

> 忠信，礼之器也；卑让，礼之宗也。③

《左传》襄公十三年作者评论说：

> 让，礼之主也。④

《礼记·祭义篇》⑤也说：

> 天下之礼，致反始也，致鬼神也，致和用也，致义也，致让也。

---

① 《左传》隐公十一年，第1736页；庄公二十三年，第1778—1779页；僖公元年，第1791页；襄公二十一年，第1972页；襄公三十年，第2013页；昭公二十五年，第2107页；《礼记·内则》，第1468页；《礼记·曲礼上》，第1231页。

② 《国语·周语中》，第58页。

③ 《左传》昭公二年，第2029页。

④ 《左传》襄公十三年，第1954页。

⑤ 《礼记·祭义》，第1595页。

致反始,以厚其本也;致鬼神,以尊上也;致物 (和) 用,以立民纪也;致义,则上下不悖逆矣;致让,以去争也。

"让"是礼的一个内在的价值,它要求遵守礼的人"卑让"、"去争"。戎狄的侵略行为显然不符合华夏国家所标榜的礼。孔子的学生子游曾明确地表述过戎狄的不礼让和不克制与华夏国家彬彬有礼的形象分野。他说:

有直情而径行者,戎狄之道也,礼道则不然①

可以说子游的夷狄观与管仲和士会的观念是一致的。

鲁成公二年 (公元前 589 年),晋齐两国争霸,鞌之战,晋军大胜,俘获俘虏无数。晋侯向王室示威,竟献齐俘于周定王,定王大为不满,派单襄公斥责晋国使臣,也是斥责晋侯的违礼之举。他义正辞严地谈论华夷之辨:

蛮夷戎狄,不式王命,淫湎毁常,王命伐之,则有献捷,王亲受而劳之,所以惩不敬,劝有功也。兄弟甥舅,侵败王略,王命伐之,告事而已,不献其功,所以敬亲昵、禁淫慝也。②

根据礼制,同是诸侯发动的战争,对内与对外有明显的区别。战胜蛮夷戎狄,诸侯要向周王进献战俘,周王应亲自接受并加以慰劳,这个献捷礼仪目的是向夷狄宣威,以惩罚他们的不敬,也是对诸侯功德的褒扬;诸侯战胜其他不服王命的诸侯国,只不过要向周王报告胜利而已,并不献俘,目的是对亲近的有功之人表示尊敬,对不尊王命的邪恶行为予以禁止。这种区别对待的标准是"礼"的有无——"不式王命,淫湎毁常"是"蛮夷戎狄"不尊周礼的表现。关于华夏人眼中的"夷狄"如何"不式王命"将在下文中述及,这里单说"淫湎毁常"。"淫"是沉于色,"湎"是溺于酒,这两种行为显然都与"礼"的"节制"精神相背离,对"乱人子女之教"和恣饮无度的夷狄来说,自然会遭到"彬彬有礼"的华夏君子

---

① 《礼记·檀弓》,第 1304 页。
② 《左传》成公二年,第 1898 页。

的歧视和在话语上的排斥。"常"谓纲常，是作为政治制度的礼制，"常"
的概念几乎等于礼的概念。例如，曹国大夫负羁向曹君谏言道：

> 臣闻之，爱亲明贤，政之干也。礼宾矜穷，礼之宗也。礼以纪
> 政，国之常也。①

在华夏精英看来，蛮夷戎狄的"毁常"行为不符合"礼"之道，而向他
们发动战争就是合法的、正义的。

所以，进入春秋时期，在华夏人与周边族群发生大规模互动之际，他
们的认同标准也由原来的部族导向转为以"礼"为内容的文化导向。无
独有偶，希腊人也主要依靠制度"nomos"来建构起希腊人与蛮族人之间
的藩篱。

希腊盟军胜利在即，波斯派遣马其顿王亚历山大游说离间希腊联盟，
更是冀望将雅典争取过来②。斯巴达闻讯马上派使节前往雅典，警告雅典
不要做出机会主义的决定，却遭到了雅典人愤怒的回答。雅典人给出不会
背叛希腊的若干理由：

> 即使我们愿意，也有许多重要的理由不让我们这样做。第一个也
> 是最重要的理由是，我们诸神的神像和神殿被摧毁，因此我们必须戮
> 力复仇，遑论媾和；再者说，我们全体希腊人有着共同的血缘、共同
> 的语言、共同的圣殿和祭仪，有着共同的生活方式。雅典人若违于
> 此，乃不义之举。③

希罗多德记载的希腊族性的定义包括了血缘这样的部族标准，也包括了语
言、宗教、"共同的生活方式"这样的文化标准。乔纳森·霍尔认为，希
罗多德以宗教和生活方式的标准来定义希腊族群是带有革新性的④。在希
罗多德《历史》中我们经常看到他以文化习俗的差异性来区别希腊人与

---

① 《国语·晋语四》，第 328 页。

② Herodotus, *The Persian Wars*, Ⅷ. 136.

③ Ibid. , Ⅷ. 144.

④ Jonathan Hall, *Ethnic Identity in Greek Antiquity*, p. 45.

蛮族人的表述。例如,在描述波斯人的宗教时,他说:

> 他们的习俗是不供神像,不立神庙,不设祭坛,他们认为这样做的人是愚蠢的。我想,这是因为他们不想希腊人那样相信诸神和凡人是同形同性的。①

希罗多德从希腊人的文化背景出发,声称波斯人没有神像、神庙、祭坛等希腊人常用的宗教标志物,他通过这样的跨文化对比,使希腊的读者认识到自己文化上的特殊性,也认识到了自己。同样,在描述斯基泰人(Scythian)的宗教时他也提到了这三种宗教标志物,还说斯基泰人除了对战神的崇拜之外,对其他神明不供神像,不立神庙,不设祭坛②。希腊人的文化特殊性经常浮现在希罗多德的脑际,希腊人的身份让他习惯于做这样的内外比较。

除希罗多德之外,波斯战争之后,其他文化精英也注意到了希腊人"生活方式"的变迁。修昔底德比较早地看到了希腊人在"生活方式"上的"进化"。他说,携带武器打家劫舍是古代各族普遍存在的习俗,希腊人也不例外。后来,雅典人等希腊国家开始放弃了这种野蛮的生活方式,转而采取安逸奢侈的生活。但是,随身携带武器的习俗仍然可以在"蛮族人"中找到③。柏拉图也有相似的观点,在《理想国》中,柏拉图所虚构的苏格拉底认为将男人和女人同等对待最可笑的是女子也要和男子一道身体赤裸地在体育场训练。但是据他的考察,希腊人认为这些行为可耻和可笑的时间并不长,不久以前希腊人还像现在大多数蛮族人一样不以男子裸体示人为耻④。显然修昔底德和柏拉图是站在本族群文化优越性的立场上来表述的,他们认为希腊人偃武修文,知道羞耻,已经进入了文明时代,而如今蛮族人即非希腊人仍处在尚武恃勇、不知羞耻的野蛮状态。他们的这些观点与华夏精英看待"夷狄"的观念何其相似。

公元前5世纪后半期的智者安提丰提出,整个人类,无论是蛮族人还

---

①　Herodotus, *The Persian Wars*, Ⅰ.131。

②　Ibid., Ⅳ.59.

③　Thucydides, *History of the Peloponnesian War*, Ⅰ.5-6.

④　Plato, *The Republic*, V.5, Loeb Classical Library, trans., Paul Shorey Harvard University Press, 2003.

是希腊人，在本性上都是相同的，他们有着同样的体质和智力，只是希腊人和蛮族人互相不了解，遵循各自的习俗（nomos），而互视为"野蛮人"而已①。公元前4世纪的演说家伊索克拉底说得更加干脆：

> 我们的国家向外传播我们的思想和语言是如此之遥远，以至于我们的学生也变成了其他地区居民的老师。她使得"希腊人"这个名称不再意味着一个部族，而代表一种智力。故此，与其把享有我们血统的人唤做"希腊人"，不如把享有我们文化的人叫做"希腊人"。②

很明显，我们从伊索克拉底的话中可以直接地看出希腊人族群认同的文化转向，在他看来，希腊人已不再意味着一个有着共同血缘的共同体，而应该是一个共享同一文化的族群。

波斯战争直接导致了希腊人对入侵者的厌恶，波斯人的行为举止也是令人反感的，但是波斯君主的富有和至高无上的权力又是希腊的贵族精英所艳羡的，这些贵族精英不时表现出模仿波斯君主生活方式的冲动。在波斯战争的洗礼中获得信心的希腊人不能容忍贵族接受敌人的东西，于是他们开展了反对米底化（medism）的运动③。在波斯战争之前，一些希腊贵族与外族可以互通婚姻，以维持他们之间的经济和政治关系，比如，地米斯托克利的母亲来自色雷斯或者卡里亚④，客蒙的母亲是一位色雷斯公主⑤。到了波斯战争之后，这种与蛮族的联姻带有通敌的嫌疑，联姻的贵族也因此被陶片放逐法驱逐出去⑥。

反米底化运动更多的是文化上的，在斯巴达这一运动导致了波桑尼阿斯事件。普拉提亚战役的统帅、斯巴达摄政王波桑尼阿斯（Pausanias），这位希腊人的英雄在胜利之后不久就被剥夺了统帅权，并被召回到国内。修昔底德记载了他被召回的原因：

---

① Edith Hall, *Inventing the Barbarian: Greek Self-Difinition through Tragedy*, pp. 218—219.

② Isocrates, *Panegyricus*, 50.

③ 希腊人习惯称波斯人为米底人。

④ Plutarch, *Life of Themistokles*, Ⅰ.

⑤ Plutarch, *Life of Kimon*, Ⅳ.

⑥ 参见 Jonathan Hall, *Ethnic Identity in Greek Antiquity*, pp. 46—47.

> 他自命不凡起来，不再按照他族的正常的生活方式行事了。他离
> 开拜占庭就穿波斯人的衣着，行军路过色雷斯竟要米底人和埃及人的
> 卫队扈从，饮食也是波斯人的习惯……并且他很难让人见到他，变得
> 脾气火爆，没人可以接近他。①

经过审判，而被无罪释放，但不再让他担任任何职务。没几年，他擅自出
征，行为与前一样喜欢蛮族人的行为方式。有人举报他与波斯人勾结，图
谋获取斯巴达乃至整个希腊的统治权。他第二次被召回，时间是公元前
470 年，模仿蛮族人生活方式的行为再次受到斯巴达人的质疑。修昔底德
记载，他最忠实的奴仆阿尔吉鲁斯（Argilus）揭发他私通波斯大王，并
拿出了波桑尼阿斯与波斯大王的信件为证，波桑尼阿斯见情势对自己不
利，便逃至神庙，并困死在那里。

波桑尼阿斯模仿波斯人的生活方式是真，他失了权势也是真，但是说
他里通波斯谋反恐怕未必符合历史事实。修昔底德的记载有明显的漏洞。
阿尔吉鲁斯交出波桑尼阿斯的私人信件之后，斯巴达有着监督国王权力的
五个检察官还想亲自听听波桑尼阿斯自己说出通敌的真情，于是设想一
计。他们派阿尔吉鲁斯诱骗他到神庙里，自己躲在隔壁房间窃听他们的谈
话，然后阿尔吉鲁斯耍伎俩将波桑尼阿斯通敌和杀死信使的实情说出来。
一切都那么简单，所以这个故事有几大疑点，第一，阿尔吉鲁斯送过密信
之后能够顺利回来，没有被处死（阿尔吉鲁斯之所以背叛主人是因为发
现所有送信的人都没有回来，所以私自打开信件看到最后一句话是处死信
使），波桑尼阿斯为什么不怀疑个中缘由；第二，波桑尼阿斯为什么会轻
易地上当到神庙看望阿尔吉鲁斯，并且会在公开场合（神庙里）承认自
己背叛了国家。第三，也是最关键的，当检察官听到真情之后，为什么不
出来当面对质，捉贼捉赃，而没有采取行动。

真实的历史事实可能是，斯巴达的内外两种势力联合起来，以他模仿
蛮族人为藉口，将之赶下台。波桑尼阿斯外向型的扩张政策不符合以农业
和希洛特奴隶制立国的内向型外交政策，所以斯巴达将希腊的霸权拱手让
给了雅典。波斯战争之后的近二十年里，斯巴达与雅典保持着和平的政治
关系。西方学者唐纳德·卡甘认为："斯巴达与雅典之间的同盟不是城邦

---

① Thucydides, *History of the Peloponnesian War*, Ⅰ.130.

间的而是党派间的同盟。"① 所谓党派之间即斯巴达的保守派与雅典亲斯巴达派之间的联盟。

但是波桑尼阿斯事件至少可以说明，模仿蛮族人的生活方式是及其可怕的事情，一个劳苦功高声誉远播的摄政王可以因此而失势。可见文化习俗的差异在希腊人族群认同中的影响。

华夏国家以"礼"划分华夷的边界，希腊人用规范、习俗识别自身和蛮族人。这种族群认同的文化转向实际上就是文化中心主义的"文明——野蛮"话语。族群的边界和文野的边界几乎是一致的。华夏国家和希腊人在族群互动的大背景下不约而同地站在自身的立场发明自身文明的优越性，同时也发明自己对手的野蛮性甚至是劣等性。可以说，文化转向是通过两种途径完成的：一是对自身文化或文明优越性的建构，二是对"他者"的蛮化建构。接下来的两节我们会讨论华夏国家与希腊如何建构自身的文明优越性，接下来的一章我们将探讨他们如何建构周边族群的反面形象。

第二节　华夏族文明优越性的建构

在春秋时期华夏精英眼中，所谓华夏就是指居天下之中、礼仪有序、服章华美的人们。孔子谈夷夏之防时曾说道："裔不谋夏，夷不乱华。"孔颖达注疏："夏，大也。中国有礼仪之大故称夏，有服章之美谓之华。华、夏，一也。"②"华"和"夏"两词在这里不仅具有族群共同体的概念，也有文明优越性的含义。以排佛抑老、继承儒家正统为己任的韩愈曾总结过孔子修《春秋》的一个宗旨："孔子之作《春秋》也，诸侯用夷礼则夷之，夷而进于中国则中国之"③。韩愈注意到了以孔子为代表的华夏精英对华夏文明优越性的认识。显而易见，不管是孔子还是韩愈都认为华夏（中国）之礼与夷狄之制存在着高下的对立，中国之礼要优于夷狄之制。这是他们高扬华夏之礼的原因。事实上，孔子也是继承了前人夷夏之辨的精神。早在鲁僖公二十三年（公元前637年）就发生了华夏精英贬斥杞

① Donald Kagan, *The Outbreak of the Peloponnesian War*, p. 77.

② 孔颖达：《左传正义》定公十年，第2148页。

③ 韩愈：《韩昌黎文集》卷一《原道》，上海古籍出版社1986年版校注本，第17页。

国君主成公的事件。

杞国为夏之后,享夏祀①,位在伯爵,是根红苗正的华夏族成员。然而,杞成公去世,《春秋》记载此事将杞成公贬为子爵。《左传》也记载了这件事,并解释了为什么杞成公的伯爵被降为子爵,因为"杞,夷也"②。

杜预注得更详细些,他说:"成公始行夷礼,以终其身。故于卒贬之。"③ 杞成公行夷礼,《春秋》就将杞贬为夷,不再承认他是华夏国家。杞成公的继承人杞桓公仍然用夷礼,甚至遭到鲁国的惩罚。《左传》僖公二十七年记载:

> 杞桓公来朝,用夷礼,故曰子。公卑杞,杞不共(恭)也。
> 秋,入杞,责无礼也。④

杞国从中原地区迁到山东之后又有多次迁徙,其中迁到缘陵(今山东省昌乐县东南七十里)之后与夷人杂居,不免在习俗上受到夷人的濡染⑤。杞桓公竟然在"周礼尽在鲁"的鲁国行夷礼,这让华夏文化的代表鲁国不能容忍,鲁僖公发动了惩罚杞国的战争。这显然是一场以文明的名义发起的战争。

杞用夷礼而被贬为夷,被视为蛮夷的楚国却因为楚庄王"笃于礼"而进于华夏。楚庄王在邲之战的举动赢得华夏精英的尊重。相反,晋本为华夏,但因发动了本可避免的邲之战而受到贬斥和谴责,被称为"夷狄"。后来公羊家大儒董仲舒在《春秋繁露·竹林篇》中解释说:

> 《春秋》之常辞也,不予夷狄而予中国之礼。至邲之战,偏然反之,何也?曰:《春秋》无通辞,从变而移。今晋变而为夷狄,楚变而为君子,故移其辞以从其事。夫庄王之舍郑,有可贵之美,晋人不知善而欲击之,所救已解,如挑与之战,此无善善之心,而轻救民之

---

① 《史记·陈杞世家》,第 1583 页。

② 《左传》僖公二十三年,第 1815 页。

③ 杜预:《春秋经传集解》僖公二十三年,第 1815 页。

④ 《左传》僖公二十七年,第 1822 页。

⑤ 参见陈昌远《古杞国历史地理问题考辨》,《中国历史地理论丛》2000 年第 1 期。

意也。是以贱之，而不使得与贤者为礼。①

按照《春秋》的通义，应该是"不予夷狄而予中国之礼"，"予"同"与"，即赞许意。作为继承孔子和《公羊传》作者衣钵的大儒，董仲舒在这里只不过将孔子的华夷思想表述得更直接一些。从这可以看出孔子修《春秋》不与夷狄之礼的态度与主张"裔不谋夏，夷不乱华"的态度是一致的，都强调华夏之礼的文明优越性。但是作为一种优越文化的礼并不意味着与任何一个华夏国家的身份是绑定了，恰恰相反，华夏族精英以周礼的存和废来进退夷夏的身份，即使姬姓国家和诸侯之霸的晋国也不能例外。

春秋时期和稍后，华夏精英对本族群文明性的表述可以分为两个层次，一个是制度的层次，是对制度理性的认识；一个是价值观的层次。人类学家也把研究当代的族群认同分为两个层次。提出族群边界论的弗里德里克·巴斯认为："族群的文化内涵看起来可以分析为两层意思：第一，明显的符号和标志——人们用以找寻并展示认同的分辨特征，这种特征常表现为服饰、语言、住房形式或一般生活方式；第二，基本价值取向：判断行为的道德和优良标准。"② 巴斯所说的第一层意思包括了物质文化的特征，实际上生活方式或制度才是第一层内涵最重要的因素。华夏精英的文化认同的两个层次与巴斯总结出来的两层内涵是一致的。这当然不是巧合，春秋时期人对"礼"的理解也有礼制和礼义之分。

一些学者常常根据《左传》记载的几则史料论证礼义与礼仪的分殊③：

> 公如晋，自郊劳至于赠贿，无失礼。晋侯问女叔齐曰："鲁侯不宜善于礼乎？"对曰："鲁侯焉知礼？"公曰："何为？自郊劳至于赠贿，礼无违者，何故不知？"对曰："是仪也，不可谓礼对曰："是仪也，不可谓礼。礼所以守其国，行其政令，无失其民者也。今政令在

① 董仲舒：《春秋繁露·竹林篇》，新编诸子集成本，中华书局 1992 年版，第 46—47 页。

② ［挪威］弗里德里克·巴斯：《族群与边界》，高崇译，《广西民族学院学报》，1999 年第 1 期。

③ 晁福林：《春秋时期礼的发展与社会观念的变迁》，《北京师范大学学报》1994 年第 5 期；陈来：《古代思想文化的世界——春秋时代宗教、伦理与社会思想》，三联书店 2009 年版，第 237—240 页。

家，不能取也。有子家羁，弗能用也。奸大国之盟，陵虐小国。利人
之难，不知其私。公室四分，民食于他。思莫在公，不图其终。为国
君，难将及身，不恤其所。礼这本末，将于此乎在，而屑屑焉习仪以
亟。言善于礼，不亦远乎？"①

　　子大叔见赵简子，简子问揖让周旋之礼焉。对曰："是仪也，非
礼也。"简子曰："敢问何谓礼？"对曰："吉也闻诸先大夫子产曰：
'夫礼，天之经也。地之义也，民之行也。'天地之经，而民实则之。
则天之明，因地之性，生其六气，用其五行。气为五味，发为五色，
章为五声。淫则昏乱，民失其性。是故为礼以奉之：为六畜、五牲、
三牺，以奉五味；为九文、六采、五章，以奉五色；为九歌、八风、
七音、六律，以奉五声；为君臣、上下，以则地义；为夫妇外内，以
经二物；为父子、兄弟、姑姊、甥舅、昏媾、姻亚，以象天明，为政
事、庸力、行务，以从四时；为刑罚、威狱，使民畏忌，以类其震曜
杀戮；为温慈惠和，以效天之生殖长育。民有好恶、喜怒、哀乐，生
于六气。是故审则宜类，以制六志。哀有哭泣，乐有歌舞，喜有施
舍，怒有战斗；喜生于好，怒生于恶。是故审行信令，祸福赏罚，以
制死生。生，好物也；死，恶物也；好物，乐也；恶物，哀也。哀乐
不失，乃能协于天地之性，是以长久。"简子曰："甚哉，礼之大
也！"对曰："礼，上下之纪，天地之经纬也，民之所以生也，是以
先王尚之。故人之能自曲直以赴礼者，谓之成人。大，不亦宜乎？"
简子曰："鞅也请终身守此言也。"②

然而，根据女叔齐和子大叔的陈述，"仪"与"礼"之别只能说是礼仪与
礼制的分殊，"礼"在这里没有包含精神层面的礼义。春秋时人提到的
"仪"和现在人们提到的礼仪相近，诸侯间的聘问迎接、礼物馈赠，"揖
让周旋"，都是礼节性的仪式。女叔齐和子大叔谈到的"礼"指的是"所
以守其国，行其政令"，"为君臣、上下"，"为夫妇外内"，"为父子、兄
弟、姑姊、甥舅、昏媾、姻亚"，"为刑罚、威狱，使民畏忌"，"审行信
令，祸福赏罚"，仍然属于制度规范，它与仪的区别在于，前者是实质性

---

① 《左传》昭公五年，第 2041 页。
② 《左传》昭公二十五年，第 2107—2109 页。

的、纲常性的，后者是礼节性的。另外，"礼"侧重于国家政治制度，即所谓的"政令"、"刑罚"。因此，这里的"礼"是礼制而非指"伦理关系的原则"——礼义。

"礼义"的发现是华夏文明成熟的重要标志，这是在春秋时期完成的。前文中提到"德"与"礼"在西周时期都可以指社会的总体规范，但在春秋时期"德"的概念发生了狭义化，指人们的德行和操守①。"礼义"的发现与"德"的伦理化几乎是同步的，两者渐渐合流。与晋文公同一时代的周内史兴曾谈论到德与礼义之间的关系：

> 成礼义，德之则也。则德以导诸侯，诸侯必归之。且礼所以观仁、义、忠、信也，忠所以分也，仁所以行也，信所以守也，义所以节也。②

在内史兴看来，践行礼义是德行的体现。礼义是仁、义、忠、信。这里的"义"是狭义上的，后面有诠释，是节制的意思。可以说，礼之诸义（宜）就等于德之诸目。从传世的文献来看，这种观念非常普遍。陈来曾列表《逸周书》《左传》《国语》中提到的诸德目：

> 九德：孝、悌、慈惠、忠恕、中正、恭逊、宽弘、温直、兼武（《逸周书·宝典解》
>
> 十德：静、理、智、清、武、信、让、名、果、贞（《逸周书·宝典解》）
>
> 九行：仁、行、让、言、固、始、义、意、勇（《逸周书·文政解》）
>
> 九思：勇、意、治、固、信、让、行、仁（《逸周书·文政解》）
>
> 九德：忠、信、敬、刚、柔、和、固、贞、顺（《逸周书·常训解》）

---

① 晁福林：《先秦时期"德"观念的起源及其发展》，《中国社会科学》2005 年第 4 期；黄开国、唐赤蓉：《诸子百家兴起的前奏——春秋时期德思想文化》，巴蜀出版社 2004 年版，第 257——260 页。

② 《国语·周语上》，第 36—37 页。

五教：义、慈、友、恭、孝（《左传·文公十八年》）

四德：仁、信、忠、敏（《左传·成公九年》）

四德：忠、仁、信、义（《国语·周语上》）

五德：义、祥、仁、顺、正（《国语·周语下》）

六德：恣、询、度、诹、谋、周（《国语·鲁语下》）

三德：仁、智、勇（《国语·晋语二》）

四德：仁、智、勇、学（《国语·晋语七》）

六德：信、仁、智、勇、衷、周（《国语·楚语下》）

十一德：敬、忠、信、仁、义、智、勇、教、孝、惠、让（《国语·周语下》）

十二德：忠、信、义、礼、孝、仁、事、文、武、赏、罚、临（《国语·楚语上》）①

礼制与礼义的分离体现在族群认同上就是华夏精英建构他们的礼制和礼义的优越性以区分他们眼中无礼的夷狄以及废弃华夏之礼制而夷狄化的华夏国家。无疑，政治制度是礼制最重要的组成部分，华夏精英据此设置了华夷之间的藩篱。在他们看来，华夏国家有一套无比优越的政治制度和政治机构以及它们所带来的稳定秩序。到了孔子时代，王室衰微，周礼已经崩坏，"礼乐征伐自诸侯出"，但孔子仍对华夏的政治制度保有信心。他认为周礼因循夏商之礼而有所损益，"郁郁乎文哉"。相反，他却对夷狄制度存在偏见，他说："夷狄之有君，不如诸夏之无也。"② 皇侃义疏曰："言中国所以尊于夷狄者，以其名分定而上下不乱也。"③ 皇侃可谓得夫子之意，此条注释极为精准。在孔子眼中，夷狄的社会也许就是一个丛林社会，即使有夷狄式的君主也不能控制社会内部的竞斗与杀戮。

我们也可以从孔子对管仲的评价看出他对华夏文明优越性的认知。管仲是"尊王攘夷"的先驱，孔子对他保存华夏文明的功绩给以极高的褒

---

① 参见陈来《古代思想文化的世界》，第 340—341 页。顺序略有调整。另外，（《逸周书》各篇的创作年代十分混乱，今人学者黄怀信考证《宝典解》、《文正解》为西周时作品但经过春秋时人的加工，《常训解》为春秋早期作品。参见黄怀信《〈逸周书〉源流考辨》，西北大学出版社 1992 年版，第 125—126 页。这三篇所记载的德目出现的时间当属春秋时期无疑。

② 《论语·八佾》，第 2466 页。

③ 黄怀信主撰：《论语汇校集释》，上海古籍出版社 2008 年版，第 208 页。

奖。孔子的得意门生子贡怀疑管仲的行为与老师提倡的"仁"的标准不
符。他求教于先生：

> 子贡曰："管仲非仁者与？桓公杀公子纠，不能死，又相之。"
> 子曰："管仲相桓公，霸诸侯，一匡天下，民到于今受其赐。微管
> 仲，吾其被发左衽矣。岂若匹夫匹妇之为谅也，自经于沟渎而莫之
> 知也。"①

孔子提到了华夷之间的差异：华夏国家束发行冠礼，衣服右衽；夷狄
"被发左衽"。他似乎强调的是华夷之间原始习俗的不同，不是更为复杂
的礼制差异。但是，从《论语·宪问》篇的上下文可以得知，孔子是在
这里颂扬管仲的功德，即相桓公九合诸侯，一匡天下，维护了华夏秩序，
且不诉诸武力（不以兵车），是前所未有之仁②。并说"民到于今受其
赐"。"赐"什么，就是天下秩序，也就是肯定了管仲保存华夏国家的制
度和文化所做出的贡献。所以，在族群识别标准上，孔子看重的仍然是制
度和秩序，而不仅是原始习俗。

　　孔子"夷夏之防"的观念被后学继承，与孔子有着渊源关系的《公
羊传》是战国儒家"夷夏"观的典型代表。因为《公羊传》的作者及与
孔子的关系问题颇为复杂，这里有必要做一个简单的交待。

　　《汉书·艺文志》著录有"《公羊传》十一卷"，据班固自注，作者
是"公羊子，齐人"，颜师古注云："名高。"又《汉书·艺文志》云：
"及末世口说流行，故有《公羊》、《谷梁》、《邹》、《夹》之传。"③这里
所谓"末世"盖指战国之世，那么上述四传在战国时期已经流传。关于
《公羊传》的传授谱系记载更为详细的是《公羊传》徐彦注疏所引的戴宏
之《序》，《序》中说：

> 子夏传与公羊高，高传其子平，平传其子地，地传其子敢，敢传

---

① 《论语·宪问》，第 2512 页。
② 同上书，第 2511—2512 页。
③ 《汉书·艺文志》，中华书局 1962 年版，第 1713—1715 页。

其子寿。至汉景帝时，寿乃共弟子齐人胡毋子都著于竹帛。"①

按照东汉人戴宏的说法，《公羊传》的传承是这样的：孔子修《春秋》，将《春秋》学口授于其门生子夏，子夏传于公羊高，公羊高传于其子公羊平，公羊平传于其子公羊地，公羊地传于其子公羊敢，公羊敢传于其子公羊寿，到西汉景帝时，公羊寿才与弟子胡毋子都合力将传于口耳之际的《春秋》注解写在竹帛上，结束了口传传统，这部注解也被称为《公羊传》。

然而，这一传承的谱系却遭到后人的质疑。崔适和杜钢百等人质疑这一谱系的可能性，他们认为从子夏出生到公羊寿将《公羊传》著于竹帛时间间隔为三百四十余年，但谱系传承仅五代，每代六十年，这在当时是不可能的②。但是这一谱系是不完整的，清代学者已经认识到了这一点。《四库全书总目提要》中说：

> 今观传（指《公羊传》）中有"子沈子曰"、"子司马子曰"、"子女子曰"、"子北宫子曰"，又有"高子曰"、"鲁子曰"，盖皆传授之经师，不尽出于公羊子。③

也就是说，在戴《序》记载的谱系之外还有沈子、司马子等至少六子传承。可见真实的传承谱系要复杂得多，这也增加了这一谱系的可靠性。另外，子夏与《公羊传》的关系也不是捕风捉影④。笔者认为《四库全书简明目录》的观点有重要的参考价值，《目录》中说：

> 寿距子夏凡六传，皆口相授受，经师附益，失圣人之意者有之，而大义相传，终有所受。⑤

---

① 《公羊传》隐公元年，徐彦疏，第 2195 页。

② 参见崔适《春秋复始》卷一，续修四库全第 131 册，上海古籍出版社 1995 年版，第 381 页；杜钢百：《公羊、谷梁为卜商或孔商讹诲异名考》，《文哲季刊》1933 年第 1 期。

③ 永瑢等：《四库全书总目提要》，万有文库本，商务印书馆年 1931 版，第 6 册，第 3 页。

④ 参见王维堤、唐书文《〈春秋公羊传〉译注》，上海古籍出版社 2004 年版，第 6—7 页。

⑤ 永瑢等：《四库全书简明目录》，上海古籍出版社 1985 年重印版，第 95 页。

这一评价是公允的,《公羊传》在一定程度上继承了孔子讲授《春秋》的精神,子夏及其后学在转承之时不免杂入己见。所以,今人赵伯雄说,从公羊寿上溯五世,知公羊高当是战国中晚期人。若公羊高还有师承(不必是子夏),那么可以认为,《公羊传》至迟在战国中期已经出现了①。我们认为,《公羊传》与孔子有着一定的关系,至少它的思想可以作为战国时代儒家精英的思想供我们研究,这一点是可以成立的。现在我们来分析《公羊传》中的族群观念。

众所周知,《公羊传》是谨夷夏之防的,它将"华夷之辨"提到了新的高度。公羊家认为《春秋》经的一个主旨是"内诸夏而外夷狄"②。华夷之辨的标准依然倚重政治制度。按照公羊家的说法,一些周边族群不习周人的礼仪,而按照周礼,他们是不能朝会的。《公羊传》襄公十八年记载:"白狄来。白狄者何?夷狄之君也。何以不言朝?不能朝也。"③ 白狄(北狄的一支)因不谙周礼而被阻挡在周文化集团之外。公羊家视楚、秦、吴为夷狄的一个重要原因是认为"楚无大夫"④,"秦无大夫"⑤,"邾娄无大夫"⑥,"吴无君无大夫"⑦。"君"、"大夫"等国家机构正是华夏官制的代表,"大夫"甚至被称为"国体"⑧。但是,秦、楚、吴、邾娄并非没有"君"和"大夫"。《春秋》在此前曾记载过:"楚杀其大夫得臣"⑨,《公羊传》也说:"屈完者何?楚大夫也。"⑩ 那么,《公羊传》为什么说非华夏国家没有"大夫"呢?原因是他们与华夏国家的官制有极大的不同。按照周礼,诸侯国君、卿、大夫的任命与周天子有直接关系。《礼记·王制》记载:

> 大国三卿,皆命于天子,下大夫五人,上士二十七人;次国三

① 赵伯雄:《春秋学史》,山东教育出版社 2004 年版,第 37 页。
② 《公羊传》成公十五年,第 2297 页。
③ 《公羊传》襄公十八年,第 2308 页。
④ 《公羊传》文公九年,第 2270 页。
⑤ 《公羊传》文公十二年,第 2272 页;昭公元年,第 2316 页。
⑥ 《公羊传》襄公二十一年,第 2308 页。
⑦ 《公羊传》襄公二十九年,第 2313 页。
⑧ 《谷梁传》庄公二十四年,第 2386 页;昭公十五年,第 2438 页。
⑨ 《春秋经》僖公二十八年,第 1823 页。
⑩ 《公羊传》僖公四年,第 2249 页。

卿,二卿命于天子,一卿命于其君,下大夫五人,上士二十七人;小国二卿皆命于其君,下大夫五人,上士二十七人。①

《左传》中有周天子命诸侯、命卿大夫的许多记载。秦、楚、吴、邾娄等国游离于华夏国家之外,自有一套国家机构系统,且不受周天子之命。这就是周定王提到的"不式王命"。不管周王的实际权威如何,在"尊王攘夷"的号召之下,承认周王的合法性正是华夏边界的重要标志。

华夏精英除了依据礼制"异内外"之外,还建构了一套文明价值观体系以划分族群归属。这就是礼制的精神——礼义。文明价值观往往被视为某一文明或文化共同体最核心的部分。实际上,在华夏国家的认同上,它有着比政治制度更为重要的地位。总体来说,这些文明价值观有:秩序、正义、仁爱;具体而言包括:亲亲、尊尊、贤贤、克制、礼让等等。

管仲骂"戎狄"为"豺狼","贪而不亲",同时又强调"诸夏亲昵,不可弃也!"②管仲在这里预设了两种价值观以及它们的对立面。其一是"克制"与"贪婪",二是以宗法为载体的"亲亲"之义与"不亲"。毫无疑问,他把"克制"和"亲昵"两种价值观赋予了华夏国家,将它们的对立面"贪婪"和"不亲"抛给了"戎狄"。他刻意渲染"亲亲"之义是为了团结诸侯,以便齐心协力地反击周边部族的入侵。

当华夷之界限逐渐模糊的时候,价值观上的"夷夏之防"反而扩大。春秋后期至战国时代,华夏国家外部的威胁减弱,内部的秩序却更加混乱。诸侯国互相征伐,灭同姓,弃礼义,这即是儒家提到的"礼崩乐坏"。华夏精英在此时仍谈论"华夷之辨",目的已经不是逆历史潮流般地强化华夷边界,而在于通过斥责历史想象中"夷狄"的野蛮行径来鞭挞内部现实的不公正行为,期望实现一个公平正义的理想社会。于是,秩序和正义这两种价值取向成了他们孜孜以求的对象。所以,这一时期的"华夷之辨"本质上不再强调华夏族和周边族群之间的界限,而旨在突出正义与非正义、有序与无序之间的价值对立。正义和秩序两种价值就是先秦典籍中时常提到的"礼义"。

《公羊传》发挥了孔子修《春秋》的微言大义,其宗旨之义是"拨乱

---

① 《礼记·王制》,第1325页。
② 《左传》闵公元年,第1786页。

世返诸正"①。《公羊传》庄公二十四年记："戎将侵曹。曹羁谏曰：'戎
众以无义'"②。僖公二十一年记："楚，夷国也，强而无义。"③ 前者侵曹
杀曹伯射姑④，后者诈而无信，"伏兵车，执宋公以伐宋"。戎和楚皆恃众
使诈，无视国际秩序，被华夏精英和公羊家斥为"无义"。

　　然而，一般情况下，《公羊传》的作者不直言"夷狄"无义，在价值
标准上予以谴责，而是仿效"春秋笔法"寓褒贬于字里行间。例如，隐
公七年《春秋》记："戎伐凡伯于楚丘以归。"《公羊传》解释为何《春
秋》记载此事用"伐"时说："执之，则其言伐之何？大之也。曷为大
之？不与夷狄之执中国也。"公羊家认为，为了不赞同（不与）夷狄捉拿
天子之使臣，而隆升使臣凡伯的身份，以一人当一国。在《春秋》记事
则例中，"伐"用于国家之间。为何"不与夷狄之执中国"，《公羊传》
未言明，何休注给了详细的解释。他说："中国者，礼义之国也。执者，
治文也。君子不使无礼义治有礼义。"⑤ 何注甚是。在公羊家看来，"夷
狄"与"中国"之区分的标准就是"礼义"。这样的例子在《公羊传》
中颇为常见。又如《公羊传》昭公二十三年说：

　　　　戊辰，吴败顿、胡、沈、蔡、陈、许至师于鸡父。胡子髡、沈子
　　楹灭，获陈夏啮。此偏战也。曷为以诈战之辞言之？不与夷狄之主中
　　国也。然则曷为不使中国主之？中国亦新夷狄也……不与夷狄之主中
　　国，则其言获陈夏啮何？吴少进也。⑥

　　公羊家认为"《春秋》恶诈击而善偏战"⑦。偏战即是"约结期日而
后战"。杨树达给偏战一个通俗的解释："若先宣战而后战者，则庶几偏
战矣。"⑧ 偏战就是合乎国际规则的战争。然而，吴国与诸侯国的战争虽

①　《公羊传》哀公十四年，第2354页。
②　《公羊传》庄公二十四年，第2238页。
③　《公羊传》僖公二十一年，第2256页。
④　何休：《公羊解诂》庄公二十六年，第2239页。
⑤　何休：《公羊解诂》隐公七年，第2209页。
⑥　《公羊传》昭公二十三，第2327页。
⑦　董仲舒：《春秋繁露·竹林》，第49页。
⑧　杨树达：《春秋大义述》卷一注一，上海古籍出版社，2007年版，第61页。

然是偏战仍然没有得到赞许，公羊家认为孔子仍以"诈战之辞"记载了此事，表明了孔子反对的态度。原因就是吴国的"夷狄"身份，非礼义之邦。但是，接下来《春秋》在记载吴国胜利时使用了只有华夏诸侯国才能使用的"获"字。庄公十年，《春秋》经文记载楚国人"败蔡师于莘，以蔡侯献舞归"。楚国俘获了蔡侯，但不用"获"字，因为楚为"夷狄"，《春秋》严"夷夏之防"，"不与夷狄之获中国"。[①] 但被视为"夷狄"的吴国却能"从中国辞治之"，原因就是吴能"偏战"，有了进步（少进），故予以表扬。公羊家在这里站在华夏文明的立场以"礼义"的标准区分了文明内外的界限，虽对他们定义的"野蛮"国家主"中国"之政表示了不满，但同时又以"礼义"的标准对"野蛮"国家的"礼义"之举给予褒奖。我们可以清楚地看到，华夏精英区分族群界限的标准是礼义，是文化。

第三节　希腊族文明优越性的建构

华夏精英称道他们的礼乐文明。在希腊精英眼中，他们的城邦民主制度和自由等希腊人的精神是优越于蛮族的，尽管在希腊世界中并不是所有城邦都实行民主制，不是所有的希腊公民都是自由的，但希腊人文明优越性的建构和发明主要由雅典人完成（即使非雅典人的希罗多德也与雅典有密切的关系），前文中提到，雅典人为了自身的海外利益急需要族群意识作为扩张和维护雅典帝国稳定的手段，所以雅典精英就以自己为样板建构整个希腊人的文明优越性。

那么，希腊人引以为豪以界定自身的"生活方式"或"文化"的具体内容是什么呢？与华夏族人将"礼制"和"礼义"等政治制度和文明价值观作为文化标准一样，希腊人定义族群的文化标准是希腊人认为独有的城邦民主制和以"自由"为核心的文明价值系统。

古朴时期或更早的时代，希腊人并没有表现出制度优越的认识。在荷马史诗中间，作者没有痛斥普利阿莫斯等东方国王的君主制，也没有将专制主义的邪恶名声赋予特洛伊，也不存在东方专制与迈锡尼民主制的对立。史诗《奥德赛》里，费埃克斯（Phaeacians）国王阿尔基诺奥斯

---

① 《公羊传》庄公十年，第 2232 页。

(Alcinous) 请奥德修斯介绍自己的情况："你漫游到哪些地方？到过哪些家邦？告诉我你见过哪些部族和人口稠密的都邑，哪些人凶残、暴戾、不义，哪些人热情好客、敬畏神明？"① 通过阿尔基诺奥斯的询问可以看出，"凶残、暴戾、不义"这些不道德的标签并不专属于异族人，因为"哪些"而非全部部族，他相信在异族中间也有一些国家"热情好客、敬畏神明"。

波斯战争之后，希腊人政制上的优越感凸显。研究希腊族群认同的著名学者伊迪丝·霍尔认为，希腊人或者说雅典人区分本族与蛮族文化上的差异最主要的是政治制度，也就是"城邦的生活方式"（the life of the polis）②，尤其是雅典人刻意强调的民主制。在悲剧中，我们可以发现，悲剧作家关羽战秦琼式地将古典时期完成的民主制安放在了英雄时代。这样城邦民主制变成了希腊人自古就有的优越于蛮族人的制度，与修昔底德的文明"进化"意识有明显的区别。欧里庇得斯在《请愿妇女》一剧里就把雅典先王提修斯看做民主制度的创建者，称赞他使人民享受同样的投票权。

在《波斯人》剧中，波斯王太后阿托萨（Atossa）得知雅典没有国王，雅典士兵不是某一君主的奴隶，不听从于任何人，她颇为震惊。③ 埃斯库罗斯还借蛮族人之口渲染雅典人与异邦人或他笔下的蛮族人在制度上的差异，以及雅典制度的优越性——民主的城邦小国一击便摧毁了君主制的泱泱大国④。在他的另一部悲剧《乞援人》中埃斯库罗斯不顾时代错误地将希腊人历史上的君主制与当时雅典的民主制杂揉在一块儿。英雄时代的阿尔戈斯不可能存在成熟的民主制度，可在《乞援人》悲剧中间阿尔戈斯城邦的人民却为了普世的正义通过一致的决议，决定保护从埃及逃难的五十名可怜的女子。这是埃及国王派来索要这些女子的传令官所不能理解的。埃斯库罗斯刻意强调了希腊城邦民主制和埃及君主专制的差别。阿尔戈斯国王嘲讽埃及人的政治制度，他说，拒绝交出五十名女子的理由是这个城邦的人民已经通过一致决议，这一决议没有刻在书板上，也没有录

---

① Homer, *Odyssey*, 573—576.

② Edith Hall, *Inventing the Barbarian: Greek Self-Difinition through Tragedy*, p. 2, p. 191.

③ Aeschylus, *The Persians*, 241—245, Loeb Classical Library, trans., H. W. Smyth, Harvard University Press, 2001.

④ Aeschylus, *The Persians*, 250—255.

于纸莎草的书册中①。将君主做出的决议刻在书板上或录于纸草是埃及人的做法,是君主专制的表现。在希腊人眼中,埃及国家的决策只有国王一人决定,国王将决策写在书板和纸草上,他的臣子只需要完全执行就是了。这与他们民主制之下国家的治理由人民一致决定截然不同。以严肃为特征的悲剧流露出希腊人对城邦民主制优越性的自豪与自恋。

戏剧演出是大众性质的,有观众的参与与互动,所以希腊人的族群认同带有大众性。这与华夏族族群认同有一定的不同。然而,希罗多德从民间的视角采撷希腊人和"蛮族人"的口传故事而集成的《历史》一书,更能体现希腊人族群意识的普遍性。事实上,正是希罗多德最早提及"民主政治"(demokratia)一词,他明确记载雅典的克里斯提尼建立了民主政治,并认为民主政治给雅典人带来了优越和新生②。希罗多德是极为赞赏民主制的③。

政治制度无疑是希腊人限定自我边界的重要界标,然而,在希腊人看来,与民主制相伴随的自由、平等等文明价值观具有更重要的意义。事实上,作为意识形态或观念的文明价值观是希腊人族群认同文化转向中最核心的标志。

希罗多德记载的关于斯巴达传令官出使波斯的一段插曲为我们提供了一个希腊人以自由的文明价值观界定自身的著名例子。当初,雅典人和斯巴达人违背国际惯例杀害了奉命索要"水"和"土"的波斯使者④。后来,斯巴达人认为斩杀来使的行为惹怒了信使之神也就是阿伽门农的传令官塔尔塞比乌斯(Talthybius),因为他们在塔尔塞比乌斯之庙奉献牺牲不再获得吉兆。为破除此魔咒,他们决定派两个人去波斯偿命。两个贵族出身且富有的斯巴达人斯伯提亚斯(Sperthias)和布利斯(Bulis)舍生取义,自愿去波斯受死。二人趾高气昂地到了波斯帝国小亚沿海地带的统帅海达涅斯(Hydarnes)那里。海达涅斯欣赏他们的高义,盛情款待二人,试图劝说他们归降。

---

① Euripides, *Suppliant Women*, 942—947, Loeb Classical Library, trans., David Kovacs, Harvard University Press, 2000.

② Herodotus, *The Persian Wars*, Ⅵ. 31;黄洋:《希罗多德:历史学的开创与异域文明的话语》,《世界历史》,2008 年第 4 期。

③ Herodotus, *The Persian Wars*, Ⅴ. 78.

④ Ibid., Ⅶ. 133, Ⅶ. 136.

两个斯巴达人大义凛然地拒绝了海达涅斯，他们说：

> 　　你的劝告有失公允。因为你的劝告一方面说明你有自己的体验，另一方面又说明你一无所知。你懂得如何做好一名奴隶，却从未体验过自由，也就不知道自由是乐是苦。一旦你尝到了它的滋味，你就会奉劝我们不单单是用枪，而且还要用战斧来捍卫我们的自由了。[①]

在这两个斯巴达人眼中唯独希腊人享有自由，波斯人即使位高权重也从没有尝过自由的味道。这个故事的真实性也许值得怀疑，但它的流传足能说明希腊人自由的观念绝不属于少数人。讽刺的是自诩尊重制度的斯巴达人和雅典人不顾国际惯例杀害来使，而以"残暴"著称的薛西斯大王却让这两个无辜的使者安然回到家乡。

希波战争之后的半个世纪是雅典积极向外扩张的时期，战胜强国的喜悦和自信，对波斯卷土重来的担忧和恐惧，海外扩张所需要的内部团结与凝聚力，这些都强化了希腊人的认同。反映在此一时期的悲剧作品里，"自由"成为悲剧作品反复表达的主题。

希波战争刚结束不久，曾为打败波斯而奋勇杀敌的埃斯库罗斯上演了他的一部悲剧《波斯人》，也是他唯一的一部以现实为题材的悲剧。这部悲剧从波斯的角度描述了萨拉米海战的经过和波斯国王薛西斯仓惶败退回国的情景。这部戏的主题之一就是歌颂希腊人为自由而战的豪迈精神。埃斯库罗斯借波斯信使之口叙述了战斗的过程。战斗开始之时，希腊人高呼口号：

> 　　前进啊，希腊的男儿们！解放你们的祖国！解放你们的妻子儿女，你们神明的圣殿，你们祖先的坟茔！[②]

可以想见，每一个观众看到这种场面都会为之欢欣鼓舞！在《波斯人》当中，埃斯库罗斯还没有将自由的品质完全归于希腊人。当波斯大军被希腊人摧毁之后，埃斯库罗斯写道：

---

① Herodotus, *The Persian Wars*, Ⅶ. 134—135.

② Aeschylus, *The Persians*, 402—405.

　　居住在辽阔的亚细亚大地的人民，将不会再生活于波斯人统治之下，不会再被迫地交纳赋税，再不会匍匐在地向国王表示虔敬，因为国王的权力已经不在。他们不会再让自己的口舌遭到封堵，因为，人民可以自由的表达他们的思想言论，现在，暴力的枷锁已经解除。①

　　从埃斯库罗斯的表述来看，只要波斯大王的王权解体之后，亚细亚各族群也可以恢复自由之身，说明埃斯库罗斯的时代，希腊的精英和大众还不认为"蛮族"人没有自由。可是，到了其后辈欧里庇得斯那里，这种观念发生了变化。在《伊菲革涅亚在奥利斯》一剧中阿伽门农的女儿伊菲革涅亚向其母亲倾诉:

　　正义的是希腊人统治蛮族人，不正义的是蛮族人统治希腊人。因为蛮族人皆是奴隶，希腊人是天生的自由人。②

　　欧里庇得斯将希腊人的自由和非希腊族群的奴性已完全对立起来。只有希腊人才有自由这一崇高的秉性，外族人都是奴隶，且只配受到希腊人的统治。在另一部悲剧《海伦》中欧里庇得斯也有相同的表述。当大美人海伦困厄于埃及时，他抱怨:

　　众神将我流放到习俗完全不同的蛮野之地，远离家乡，失去了朋友，作为一位自由人的女儿却变成了奴隶。因为蛮族人全是奴隶，除一人例外。③

　　埃斯库罗斯在这里强调了习俗的差异，更强调了价值观的差异:希腊人是自由人，蛮族人全是奴隶，是不自由人。需要指出的是，埃斯库罗斯认为蛮族人中间有一个人不是奴隶，他在悲剧中没有提到，那是认为这是

---

① Aeschylus, *The Persians*, 584—594.

② Euripides, *Iphigenia at Aulis*, 1400—1401, Loeb Classical Library, trans. David Kovacs, Harvard University Press, 2000.

③ Euripides, *Helen*, 273—276, Loeb Classical Library, trans. David Kovacs, Harvard University Press, 2000.

众人皆知的。谁不是奴隶，波斯大王！这种观念直接传给了亚里士多德。亚里士多德就以这句埃斯库罗斯的诗句来论证他的奴隶理论①。亚里士多德还在《政治学》中记载了普通希腊人对自身自由和优越的认识。他提到，希腊人谁都不愿意称希腊人身份的战俘为奴隶，蛮族人才是奴隶，而希腊人普遍是自由人②。看来，不仅仅希腊的精英阶层意识到了希腊人的优越，普通大众也接受了这种意识。从这也可以看出，悲剧演出活动本身是希腊人优越意识生产和再生产的重要工具。

　　总之，波斯战争之后，希腊人特别是雅典人和斯巴达人对自身的认知发生了变化，他们开始不断建构自己族群的文化优越性。悲剧作家、希罗多德、修昔底德、柏拉图、亚里士多德等文化精英或直接参与这种优越性的建构，或如实地记录希腊人的优越意识。后者主要体现在希罗多德的作品当中。希氏颇能站在大同世界的立场上"调查"希波战争的原因，能够平等地记录各族群的风俗，这甚至引起了普鲁塔克的不满，普鲁塔克讽刺希罗多德说他是亲蛮族者（pro-barbarian）③。美国学者伊迪丝·汉密尔顿（Edith Hamilton）评价说："他的毫无偏见已臻极致。希腊人轻视外国人——他们称外国人为'蛮族人'，但是希罗多德从来不这样。希腊和波斯战争的时候，他坚定地站在希腊一边，但他也钦佩波斯人，也赞美他们。他认为波斯人很勇敢、侠义、诚实。他在腓尼基和埃及的见闻对他来说都是值得赞叹的，即使在野蛮的斯基泰和利比亚也能找到值得赞美的东西。"④ 但是，希罗多德以口述史的形式忠实地记录了双方冲突的原因和经过，也就完整地记录了口述者的立场和观念，所以在他的《历史》当中保留了大量的普通希腊人的文化优越性表述。因此，《历史》的貌似矛盾的二元主题就变得容易理解了。

---

　　① Aristotle, *The Politics*, Ⅰ. Ⅰ. 5, Loeb Classical Library, trans., H. Rackham, Harvard University Press, 2000.

　　② Aristotle, *The Politics*, Ⅰ. Ⅱ. 18—19.

　　③ Plutarch, *On the Mallce of Herodotus*, 12, Loeb Classical Library, trans., F. H. Sandbach, Harvard University Press, 1965.

　　④ ［美］伊迪丝·汉密尔顿：《希腊精神》，葛海滨译，辽宁教育出版社 2005 年版，第 140 页。

第 五 章

互动与族群认同的文化转向

——蛮族的建构

关于族群互动对族群认同的影响，王明珂总结说他说："虽然社会人类学者与社会学者在族群研究上的关注点有差异，但他们却有一个非常有意义的共识：那就是，'族群'并不是单独存在的，它存在于与其他族群的互动关系中。无论是由'族群关系'或'族群本质'来看，我们都可以说，没有'异族意识'就没有'本族意识'，没有'他们'就没有'我们'，没有'族群边缘'就没有'族群核心'。"① 只有当异族集团以强势的姿态出现的时候，本族人特别是上层才认识到自我族群的存在。自我意识和他者意识是同步产生的。可以说族群认同的文化转向是通过两个途径完成的：一是精英阶层认识到了"自己是谁"，他们建构了自我的文明优越性；二是非他者双重否定的路径，即他们想象出"他者是谁"，再通过"自己不是他者"的认识来获得自我的认同。对后者而言，他们必须建构一个与他们对应或者相异的他者集团，也就是建构外族的野蛮性。恰如法国学者弗朗索瓦·阿尔托格（Francois Hartog）所打的比喻，他认为希罗多德在《历史》中浓墨重彩地描述众多蛮族人的形象，这好比为希腊人认识自身提供了一面镜子②。有了这面镜子，希腊人可以精心的打扮自己。华夏人也是这样，他们也制造出了能够映照自己美丽形象的镜子——蛮夷戎狄。

---

① 王明珂：《华夏边缘——历史记忆与族群认同》，第 24 页。

② 参见 Francois Hartog，*The Mirror of Herodotus：The Representation of the Other in the Writing of History*。

第一节　华夏族对周边部族的野蛮性建构

一　夷蛮戎狄的贬义化

从语源上分析，在先秦文献中表示周边族群的"夷"、"戎""蛮"、"狄"等词在部族认同的时代并没有被商人和周人赋予歧视的含义。现在学者考释，表示部族名称含义的"夷"和"戎"在甲骨文中已经出现，但是表示部族名称含义的"蛮"和"狄"未见于甲骨卜辞。

甲骨卜辞中商人将东方的部族或人群称为𡰥，学者厘定为"尸"，"尸方"作为东方的方国经常在卜辞中出现。甲骨学者对𡰥的解释是，像人屈膝蹲踞之形。居住在商人东部的人群多为蹲踞而与中原跪坐启处不同，故称为"尸人"或"尸方"①。后𡰥与"弋射"的"弋"之本字𢎺（夷）相混，𡰥（尸）讹为𢎺（夷）②，"尸方"变为"夷方"。显然，商人没有在坐姿的差异上加上价值的内涵：跪坐就是高贵的，蹲踞就是卑贱的。他们对于"尸方"的描述仅仅是在事实的层面，不具有价值判断。

周人继承了商人称谓东方部族为"夷"的习惯，不过对东部、东南部的部族做了明确的划分，例如"东夷"、"南夷"、"淮夷"等等，这反映了周人比商人对外部世界有了进一步的认识。

卜辞中有两个字被释读为"戎"，它们是𢦏和𢦒。𢦏释为"戎"，学界有较统一的认识。但是，关于𢦒的释读存在争议，或释为"或"，或释为"扞"，或释为"戈"，亦有不少学者释为"戎"③。范毓周的理解值得重视，他考订诸家之说，认为，𢦒应释为"戎"当属无疑。他考察了"戎"在甲骨卜辞中的几种用法，即有"兵事"、"征伐"、"作乱"、"侵扰"、"方国或部族名"等含义，认为最后一种含义最为常用。范毓周还解释说，"戎"字在甲骨文中原为人持干戈从事兵戎之事的会意字，因西方部

---

① 参见古文字诂林编纂委员会编《古文字诂林》第八册，上海教育出版社1999年版，第794—803页；郭沫若《卜辞通纂》，科学出版社1983年版，第462页；徐中舒主编《甲骨文字典》卷八，四川辞书出版社1993年版，第943页。

② 参见康殷《古文字形发微》，北京出版社1990年版，第155—157页。

③ 参见于省吾主编《甲骨文字诂林》第三册，中华书局1999年版，第2315—2322页。

族尚武能战而被商人用作代指西方部族的族称①。那么,"戎"字在殷商时期当没有负面意义,反而可能有正面内涵,是对西方部族尚武精神的敬佩。所以,杨树达说:"古人尚武,戎字从戈从甲,古人以名西方之人,亦善意,非恶意也。"②

在西周时期的金文里,"夷"、"戎"、"蛮"、"狄"四个字全部出现。其中,蛮写作繺,当中是"言",两旁是"丝",下没有"虫"。许慎解释繺说:

　　　　繺,乱也。一曰,治也;一曰,不绝也。从言丝。③

周人借用这个词指代南方部族,是因为对方语言难懂,像束丝那样绕来绕去④。恰如孟子称南方人为"南蛮鴃舌之人"⑤。这说明"蛮"字在当初只表示周人与南方人在语言上的差异,而没有歧视的意味。

"狄"在先秦文献里与"易"、"逖"、"遏"通,作"易"讲为中原地区的古国名"有易",作"逖"、"遏"讲是"远"的意思⑥,也没有贬义。金文里"狄"有"犬旁",张正明认为这与狄人普遍蓄犬、使犬的习俗有关。况且,"狄"字常写作"翟",后者绝无贬义可言。

但是到了春秋时期,华夷冲突加剧,指代周边族群的"夷"、"戎"、"蛮"、"狄"被华夏精英赋予低贱落后的意涵。华夏族开始以带有侮辱歧视的色彩看待这些族群。从现存的文献材料来看,这一明显的转变始于齐桓公率领的"攘夷"运动。闵公元年,狄人侵伐邢国,管仲向齐桓公谏言救济邢国,他说:"戎狄豺狼,不可厌也。"⑦管仲在这里将入侵中原的"戎狄"视为贪得无厌的豺狼,带有明显的侮辱谩骂的色彩。将周边族群比作野蛮凶狠的禽兽,华夏国家的居民自然就是高贵的人了。文明与野蛮

---

① 范毓周:《甲骨文"戎"字通释》,载王宇信、宋镇豪主编《纪念殷墟甲骨文发现一百周年国际学术研讨会论文集》,社会科学文献出版社 2003 年版,第 190—193 页。

② 杨树达:《积微居小学述林》,中华书局 1983 年版,第 32 页。

③ 许慎:《说文解字》,第 97 页。

④ 张正明:《先秦的民族结构、民族关系和民族思想》,《民族研究》1983 年第 5 期。

⑤ 《孟子·滕文公上》,第 2706 页。

⑥ 参见王国维《观堂集林》卷九,上海古籍书店 1983 年影印版,第 6—7 页。

⑦ 《左传》闵公元年,第 1786 页。

的对比被表述成"人"和"禽兽"的区别。

管仲的这句话是很有名的，很可能齐桓公在联合诸侯抗敌时也说过同样的话。现存文献资料虽不能肯定这一点，但这并不重要，重要的是，受管仲的影响，贬损"夷狄"成了华夏精英的共识，人兽的对比形成一种话语。

周大夫富辰曾谏阻周襄王借狄兵伐郑，且反对纳狄女为后。他向周王陈辞："狄，豺狼之德也"，"狄，封豕豺狼，不可猒也（"猒"同"厌"）"①。这与管仲的谏言完全一样。周襄王的孙子周定王与乃祖不同，他大概对襄王纳狄后之祸还有深刻的记忆，在晋卿士会面前申夷夏之防："夫戎狄，冒轻儳，贪而不让。其血气不治，若禽兽焉。"② 他比管仲、富辰更近一步，辱骂"戎狄"为"禽兽"。不过，从他的"禽兽"话语中仍能看到管仲谏言的影子。华夏精英将周边部族巫称为"豺狼"、"封豕"、"禽兽"，并用"贪"和"不让"这些负面品质给他们定性。显然，"戎狄"对华夏地区的掠夺与破坏被他们看作周边部族贪婪和不知礼让的结果。这无疑表现了华夏精英在面临华夏危机时那种恐惧和愤恨的心理。

将人兽话语表述得最直白、最露骨的是晋悼公君臣。不管是齐桓公君臣还是富辰与周定王在表述人兽话语时都在辱骂戎狄为"禽兽"，未言明华夏族是开化的"人"。晋悼公和魏绛在谈话时则直接拿"人"与"兽"对举：

> （晋悼公）五年，无终子嘉父使孟乐因魏庄子纳虎豹之皮以和诸戎。公曰："戎狄无亲而好得，不若伐之。"魏绛曰："劳师于戎，而失诸华，虽有功，犹得兽而失人也，安用之？"③

晋悼公君臣将"戎狄"和"诸华"两个阵营对立起来："戎狄"是"无亲而好得"的"兽"，这延续的仍然是管仲的思路；"诸华"是克己有礼的"人"。

从现存的文献来看，人兽话语主要针对的是对华夏国家冲击更大的戎

---

① 《国语·周语中》，第49页。
② 同上书，第58页。
③ 《国语·晋语七》，第411—412页。

和狄等西部和北部族群。但是，蛮和夷等南部和东部族群，同样受到歧视。请看下面的一则例子：

> 栾武子曰："昔韩之役，惠公不复舍；邲之役，三军不振旅；箕之役，先轸不复命：晋国固有大耻三。今我任晋国之政，不雪晋耻，又以违蛮夷重之，虽有后患，非吾所知也。"范文子曰："择福莫若重，择祸莫若轻，福无所用轻，祸无所用重，晋国故有大耻，与其君臣不相听以为诸侯笑也，盍姑以违蛮夷为耻乎。"栾武子不听，遂与荆人战于鄢陵，大胜之。①

鲁成公十六年（公元前 575 年）鄢陵之战前夕，晋国的正卿栾武子书和范文子燮在商谈是否与强大的蛮夷楚国爆发战争。晋国执政也是三军主帅栾书主战，理由是晋国有三次对外战争的失利：晋秦韩之战、晋楚邲之战、晋狄箕之战，这三次失利是晋国的三大国耻，国耻未雪，现在又与蛮夷对峙，若回避与蛮夷的战争则晋国的国耻又有增加，这是作为晋国执政的栾书所不能容忍的。恐怕他的观点也代表了晋国主战派的想法。在这里，栾书和范燮都认为晋国有三大耻辱。我们分析看，这三大耻辱有个共同的特征，即它们都来自于与蛮夷戎狄战争的失利，而且，栾书（包括范燮）还认为向蛮夷示弱将带来第四大耻辱。晋国人没有考虑到胜败乃兵家常事，也没有分析失败的内部原因，而径直认为败于蛮夷戎狄这些比他们文化落后的族群是奇耻大辱，那么反过来看，晋国人也认为战胜蛮夷戎狄不仅给国家带来荣耀，而且是是理所应当的。

这种对蛮夷的偏见经常出现在春秋时期的文献典籍当中：

> 申包胥如秦乞师，曰："吴为封豕长蛇，以荐食上国，虐始于楚。……夷德无厌，若临于君，疆场之患也。"②
> 夷德轻，不忍久，请稍待之。③

---

① 《国语·晋语六》，第 394 页。
② 《左传》定公四年，第 2137 页。
③ 《左传》哀公十三年，第 2171 页。

蛮夷猾夏，周祸也。①

若夫谆嚣之美，楚虽蛮夷，不能宝也。②

三军之所存寻，将蛮夷戎狄之骄逸不虔，于是乎致武。③

蛮夷戎狄，不式王命，淫湎毁常……所以敬亲昵、禁淫
慝也。④

如果说，在春秋中期之前戎狄和蛮夷是有区别的话，也就是华夏国家对戎狄的偏见要甚于蛮夷，但是在春秋中后期，蛮夷和戎狄的形象已经没什么差别。楚国的申包胥已经认同于华夏，他将华夏国家的人兽话语用到敌国吴国身上，只不过将管仲和晋悼公口中的"戎狄"转换为"夷"。另外，蛮夷、戎狄常常联用，也说明他们在华夏精英的话语当中合为一类族群，蛮夷戎狄成为抽象化固定化的他者共同体。

二　夷狄的想象

华夏国家与周边族群的互动促成了华夏共同体概念的形成，同时也促成了作为华夏共同体对立面的夷狄共同体概念的形成。华夏国家自称"华夏"、"诸夏"或"诸华"，对周边族群的称呼除了单称"夷"、"戎"、"蛮"、"狄"之外，有"戎狄"连称、"蛮夷"连称、"蛮夷戎狄"连称⑤。但是"夷狄"连用出现得晚一些，可能它是"蛮夷戎狄"的简称，例如孔子说的"夷狄之有君不如诸夏之无也"就在春秋后期了。"夷狄"进一步省称为"夷"或"狄"，其中"夷"更为常见，例如孔子说"裔不谋夏，夷不乱华"，周边族群就称之为"四夷"或"四裔"。

所以，"夷狄"或"夷"除了具体的指称之外还增加了抽象的意蕴，它们成了同质化的野蛮人的标签。在华夏精英看来，这个野蛮的群体是作为与华夏礼乐文明的对立面而存在的，与华夏文明的成熟成功的礼制和完美的价值观相比，他们无制度的制约，贪得无厌，争强凌弱，淫乱无度，

① 《左传》僖公二十一年，第1811页。

② 《国语·楚语下》，第527页。

③ 《国语·周语中》，第54页。

④ 《左传》成公二年，第1898页。

⑤ 张正明：《先秦的民族结构、民族关系和民族思想》，《民族研究》1983年第5期。

不知礼义和耻辱。显然,夷狄的形象与华夏的形象是一一对应的,华夏精英按照自己美丽的衣冠设计出了夷狄丑陋的造型。

关于春秋时期华夏精英对夷狄蛮族性的建构在前文已经提到了不少,不再赘述,这里的重点在于分析战国精英的夷夏观念。战国精英与春秋精英的思想有很强的继承性,孔子主张"有教无类",开辟私学教育的光明大道,直接导致了思想文化在战国时期的繁盛,观钱穆《先秦诸子系年》就可见这种师承与延异的关系①。然而,就族群关系而言,战国时代与春秋时代是相迥异的,春秋时代见证了族群大互动的整个过程,从"南夷与北狄交,中国不绝若线",从"尊王攘夷"到"魏绛和戎",到"弭兵之会",族群关系呈现一种逐渐融合的态势。到战国时代族群大融合的局面已经形成。那么华夏与夷狄的对立便在现实中消失了。正如顾颉刚、王树民两位先生所说:"'诸夏'、'华夏'等名号多用于春秋时期。到战国时,由于民族融合,原先'诸夏'和'夷狄'的对立逐渐消失,因而'诸夏'、'华夏'等名号就很少用。"②

但是在思想文化领域,"华夷之辨"或"夷夏之防"的声音并没有减弱,反而有强化的趋势,这反映在《公羊传》和《谷梁传》两部儒家文献当中。华夏精英高谈的"华夷之辨"实际上丢掉了实质性的内容,变成了思想家借助历史记忆阐发针对内部现实的政治主张。按照公羊家和谷梁家的说法,《春秋》经中蕴含着"华夷之辨"的微言大义。成书于战国时代的《公羊传》、《谷梁传》就在历史与现实之间勾画了一幅幅"夷狄"想象图。

第一,无男女之别。在华夏精英看来,男女之防是礼制的重要内容,所谓"礼于谨夫妇"。再没有孟子说得更明了了,"男女授受不亲"。华夏精英就以这样的文明观念评判戎狄等周边族群的习俗。《谷梁传》僖公三十三年记载:

> 夏,四月辛巳,晋人及姜戎败秦师于殽。不言战而言败,何也?狄秦也。其狄之,何也?秦越千里之险,入虚国,进不能守,退败其

---

① 参见钱穆《先秦诸子系年》,中华书局 1985 年版。

② 顾颉刚、王树民:《"夏"和"中国"——祖国古代的称号》,载《中国历史地理论丛》第一辑,陕西人民出版社 1981 年版,第 13 页。

师徒，乱人子女之教，无男女之别。秦之为狄，自殽之战始也。①

"狄秦说"显示出儒家对秦国发动非正义战争的批评，实际上是儒家借古讽今，批评战国各国君主不以人民的生命和财产为重，肆意发动战争。既然视秦为狄，秦便有了夷狄的文化特征：秦国风俗"无男女之别"，入侵华夏国家，"乱人子女之教"。秦穆公东进受阻之后，采取了西进霸西戎的扩张战略，秦国在习俗上无疑受到西戎部族的影响。商鞅在变法之后曾得意地说：

　　始秦戎翟之教，父子无别，同室而居。今我更制其教，而为其男女之别，大筑冀阙，营如鲁卫矣。②

在商鞅眼中，秦国的"男女无别"的风俗依然没有变。

　　华夏精英所说的"无男女之别"恰是原始部族进入阶级社会之前的一种社会状态，在这里却被赋予了价值的内涵，有子女之教是文明开化的象征，无男女之别不仅被视为落后的标志，还被看做夷狄好淫无度的本性。当然这种论调并不新鲜，春秋中后期的周定王就斥责蛮夷戎狄"淫湎毁常"。

　　第二，非嫡长子继承制度。王国维曾在《殷周制度考》中论证嫡长子继承制度确立于殷周之际③。实际上这一重要的宗法政治制度不可能在一个时间（周初）由一人（周公）创立，它肯定经过一定阶段的发展，但是将殷周之际放大来看是可行的，包括殷商晚期和西周早期。虽然这一制度确立的时间不是很久远，但华夏精英却将它视为优越的政治制度。相反，他们以自我为参照建构夷狄在政治制度上的野蛮性。《公羊传》昭公五年记曰：

　　秦伯卒。何以不名？秦者，夷也，匿嫡之名也。

---

① 《谷梁传》僖公三十三年，第2403页。
② 《史记·商君列传》，第2234页。
③ 王国维《殷周制度论》发表以后，褒者有之，贬者有之。参见周书灿《〈殷周制度论〉新论——学术史视野下的再考察》，《清华大学学报》2012年第5期。

秦为"夷"国的理由是"匿嫡之名"①。何休《公羊解诂》解释说:
"嫡子生,不以名令于四境,择勇猛者而立之。"② 就是说秦国国君传位制
度是立勇不立嫡,与周人宗法制度和《公羊传》所宣扬的"立適(嫡)
以长不以贤,立子以贵不以长"的"立嫡"制度大相径庭③。况且,秦人
的"立勇"制度体现的崇武尚勇精神,与华夏国家崇礼尚德相比又是大
异其趣。公羊家在这里提出华夷之辨,用意在于指摘这一不合礼制及其精
神的夷狄制度,其鄙视的态度是明显的。

第三,蛮横不义。"义"是华夏国家崇尚的极为重要的一种价值观,
在孔子的伦理哲学当中,它属于与"仁"几乎同等地位的终极价值观,
孔子说:

> 君子义以为质,礼以行之,孙(逊)以出之,信以成之,君
> 子哉!④
> 君子义以为上。⑤

可以说,义是行为处事的最高原则,是价值之价值。与孔子思想有着
极深的渊源关系的战国公羊家贬斥戎和楚国等恃众凭强、破坏正义、凌弱
小国的行为。《公羊传》庄公二十四年记:

> 戎将侵曹。曹羁谏曰:"戎众以无义"。⑥

戎侵曹杀害曹国君主射姑⑦,遭到公羊家的斥责。《公羊传》僖公二十一
年记:

> 宋公与楚子期以乘车之会。公子目夷谏曰:"楚,夷国也,强而

---

① 《公羊传》昭公五年,第2318页。
② 何休:《公羊解诂》昭公五年,第2318页。
③ 《公羊传》隐公元年,第2197页。
④ 《论语·卫灵公》,第2518页。
⑤ 《论语·阳货》,第2526页。
⑥ 《公羊传》庄公二十四年,第2238页。
⑦ 何休:《公羊解诂》庄公二十六年,第2239页。

无义，请君以兵车之会往。"

　　执宋公以伐宋。孰执之？楚子执之。曷不言楚子执之？不与夷狄之执中国也。

　　楚人使宜申来献捷。此楚子也，其称人何？贬。曷为贬？为执宋公贬。①

在这里公羊家借曹羁和宋公子目夷之口，贬斥戎和楚国的野蛮不义。楚成王诈而无信，在与宋襄公会晤时，"伏兵车，执宋公以伐宋"。公羊家对这一非正义的事件进行了反复的批判。

　　总之，随着华夷关系的紧张，华夏国家在他们周边的对手"夷"、"狄"、"戎"、"蛮"身上附加上了歧视性的内涵，并且，在华夏精英眼中，这些周边族群的形象渐趋抽象化和脸谱化，这些形象与华夏国家的"开化"形象相比完全是负面的，所谓"蛮夷戎狄"或"夷狄"就是不按周礼行事的野蛮人，他们不受像华夏族那样共同遵守的一套礼乐制度的约束。用来表述他们的话语是"强而无义"，"贪而无亲"。"蛮夷"等字眼的含义就是"无礼""不义""骄横""残暴"的代名词。

第二节　希腊人的东方主义

　　对周边族群的野蛮化建构在希腊世界表现得更为明显。由于希腊人的蛮族想象主要是针对波斯帝国内的诸族群，即所谓的"东方"，现代的学者将这种现象叫做东方主义。

　　我们知道，对于东方主义的论述，影响最大的学者是有着东方背景的文学评论家爱德华·萨义德。而萨义德的思想渊源主要来自西方人福柯的话语理论。福柯的话语理论旨在揭露所谓的科学、真理、知识与权力之间的关系，他发现在知识的背后隐藏着控制性的权力。但是，福柯只观照西方社会的内部，而有意无意地忽视了西方社会关于他者或外部世界表述的权力话语。这成全了萨义德。萨义德看到了福柯话语理论的不足之处。在福柯去世之后，他马上写了一篇悼念文章，表示哀悼。在这篇盖棺定论的文章里，他指出了福柯的盲点，他说道："他对他的著作与同样面对着排

---

① 《公羊传》僖公二十一年，第 2256 页。

斥、限制和控制问题的女性主义和后殖民主义作家和作品之间的关系似乎
也缺乏真正的兴趣。实际上,他的欧洲中心论几乎是总体性的,仿佛历史
本身只在一群法国和德国思想家中间发生。"① 萨义德将福柯的知识/权力
理论运用到了异文化表述的解析,写出影响深远的《东方主义》(Orien-
talism)一书。他认为西方人关于东方(主要是中东地区)的知识以及这
些知识专业化之后形成的一门学科——东方学实际上是"通过表述东方、
裁定东方、教授东方、殖民东方、统治东方等方式来处理东方的一种综合
性的设置:一句话,东方学是西方特有的控制、再造和君临东方的方
式"②。按照萨义德的理解,东方(the Orient)绝非是一个静态的被动的
自然实体,相反,西方人创造出来的东西,是作为西方的对立物而存在,
为西方而存在③。可以说,东方主义充满了西方优越性的各种陈词滥调,
充满了对东方人的歧视、偏见和污蔑。

　　萨义德将东方主义的源头追溯到西方文明的源头古希腊,最远的追溯
到了荷马的宏篇史诗《伊利亚特》④。事实上,前面已论述,荷马时代希
腊的族群观念主要是部族认同,族群的偏见还没建立起来。将东方主义的
源头追溯到荷马史诗是有失偏颇的⑤。希腊人东方主义的形成时间是在波
斯战争之后,所以萨义德以东方主义的视角解读古希腊悲剧作家的作品是
合理的⑥。

一　族群歧视的发明

　　与"夷"、"蛮"、"戎"、"狄"等词的贬义化过程相类似,希腊语中
表示外部族群的词汇 barbaros(即英语 barbarian 的希腊语词源)在词义上
也发生了贬义化的转变。转变的直接原因就是波斯战争的爆发,希腊人对
以波斯帝国为首的周边族群的态度和观念产生了变化。

---

① 汪民安等编《福柯的面孔》,文化艺术出版社 2001 年版,第 10 页。

② Edward W. Said, *Orientalism*, New York:Random House, 1994, p. 3.

③ Edward W. Said, *Orientalism*, p. 5.

④ 黄洋循着萨义德的思路也将东方主义的源头追溯到荷马史诗,参见黄洋《古代希腊罗马
文明的"东方"想象》,《历史研究》2006 年第 1 期。

⑤ 参见焦雅君《从平视到蔑视——古希腊人蛮族观念的演变》,北京师范大学博士毕业论
文,2002 年 5 月,第 20—23 页。

⑥ 萨义德解读了埃斯库罗斯的《波斯人》和欧里庇得斯的《酒神的女祭司》,参见 Edward
W. Said, *Orientalism*, pp. 56—57.

barbaros 一词在起初与"夷"、"蛮"、"戎"、"狄"一样没有歧视性的含义，例如英国的古典学家基托就认为：

> 希腊语中 barbaros 一词，并不意味着现代意义上的 barbarian（蛮族），它不表示厌恶或蔑视的词，不表示住在洞穴里吃生肉的人。它只表示那些不说希腊语而只发出"巴巴"（bar bar）这种噪音的人。[1]

Barbaros 在原始的意义上指代不说希腊语的人或希腊语说得很糟糕的人[2]，这与汉语蠻（蛮）的初始含义相似，都是指言语上的差异。在荷马史诗《伊利亚特》中间，barbaros 仅一见，而且还是以 barbarophonoi 这样的变体出现的，荷马在介绍卡里亚人的时候，用了 barbarophonoi 这个形容词，[3] 意指说外族语的卡里亚人。[4] 而且 barbarophonoi 仅修饰卡里亚人，并不指称其他说非希腊语的部族。

到了波斯战争前夕，barbaros 已经指代其他说非希腊语的部族，例如活跃于公元前 6 世纪后半叶的抒情诗人阿那克瑞翁（Anacreon）在诗篇中写道：

> 宙斯，请您让索勒西人（Solecian）沉默下来。
> 唯恐你们说外族语。[5]

这里 barbaros 指索勒西人，指称的范围扩大。但是它仍然只表示语言的差异，族群歧视性的色彩也不明显。

从现存的古代文献来看，整个前古典时期 barbaros 还是很少使用。波斯战争是一个关键性的转折，从此之后，barbaros 使用的频率大为增加，

① ［英］基托：《希腊人》，徐卫翔、黄韬译，上海人民出版社 1998 年版，第 1—2 页。

② 参见 Jonathan Hall, *Hellenicity：Between Ethnicity and Culture*, p. 112.

③ Homer, *Iliad*, 2.867, Loeb Classical Library, trans., A. T. Murray, Havard University Press, 2001.

④ 学者也对 barbaros 与 barbarophonoi 的关系及其含义争论不休，参见 Jonathan Hall, *Hellenicity：Between Ethnicity and Culture*, pp. 111—112；徐晓旭《古希腊民族认同的形成》，第 64—70 页。

⑤ *Greek Lyric*, Vol. Ⅱ, Anacreon, fr. 423, trans., David A. Campbell, Harvard University Press, 1988.

也被赋予更为复杂的含义。有学者统计，barbaros 仅仅在埃斯库罗斯的《波斯人》一剧中间就出现过 10 次①。在欧里庇得斯的悲剧中，该词及其同源近义词竟出现 103 次之多②，在希罗多德《历史》当中出现 197 次，伊索克拉底的作品当中出现 142 次，色诺芬的作品当中出现 121 次③。

与春秋时期"夷狄"和"夷"概念的出现一样，希腊语 barbaros 的含义也由具体指称说外族语的群体抽象化为指与希腊人对立的一切非希腊群体，也指与文明人（当然也是希腊人）相对的的野蛮人群体。这个词带有了极其强烈的歧视性色彩和负面内涵。可以说，后波斯战争的时代是发明蛮族人的时代。希腊人以胜利者的姿态不遗余力地建构周边族群的野蛮人形象，目的在于强化希腊人的族群意识，换句话说，野蛮人只是为了希腊人而存在。

伊迪丝·霍尔认为，希腊神话已经不能提供足够的蛮族人形象，以满足希腊人对"他者"的着迷，即使有了特洛伊人那样的东方主义化的昔日非希腊人传统，那么，一个解决的途径便是将神话中的人物东方人化、蛮族化。例如，特柔斯（Tereus）本是麦加拉人膜拜的英雄，而在希腊人的悲剧中则变成了残暴的色雷斯（Thracian）国王④。另一种方式就是发明新的蛮族人物，例如，欧里庇得斯悲剧《赫卡柏》（*Hekuba*）中的色雷斯王波吕墨斯托尔（Polymestor）或者《伊菲革涅亚在陶里克》（*Iphigeneia at Tauris*）剧中的陶里克人（Taurian）国王托阿斯（Thoas）⑤。

希腊人发明蛮族人是有一定的标准的，他们站在自身文化优越性的立场上建构他者集团的文化野蛮性。希腊人眼中的蛮族人在制度习俗和文明价值观上与希腊人是迥异的，甚至是完全对立的。

在悲剧《波斯人》当中，依据政治制度上的差异，作者创造出了东方人与西方人的一个对立面，虽然《波斯人》一剧意图在于表述大流士的良性君主制（good monorchy）与薛西斯的不负责任的专制君主制对比，但是剧本的字里行间、演员的举手投足却都是在表述波斯人的政治制度与

---

① Edith Hall, *Inventing the Barbarian：Greek Self-Difinition through Tragedy*, p. 57.

② Suzanne Said, "Greeks and barbarians in Euripides'Tragedies：The End of Differences？", in Thomas Harrison, ed., *Greeks and Barbarians*, p. 27.

③ 参见焦雅君《从平视到蔑视——古希腊人蛮族观念的演变》，51 页。

④ Edith Hall, *Inventing the Barbarian：Greek Self-Difinition through Tragedy*, p. 104.

⑤ Ibid., pp. 107—113.

雅典人的民主政体之间的严格对立①。埃斯库罗斯设置了一个细节：波斯皇太后袒护她儿子薛西斯。他让皇太后说，她的儿子无论是否失败，都不会为国家承担责任②。这种想象显然与雅典官员的负责制形成了鲜明的对照，因为，雅典官员每年都要向公民大会述职。波斯大军惨败萨拉米斯，埃斯库罗斯在剧中创作了大段大段有节奏的合唱词，来渲染波斯人遭遇的痛苦，目的就是衬托雅典人获得胜利的喜悦。其中一段唱词最能体现埃斯库罗斯所建构的东方专制君主制与希腊世界城邦民主制之间的对立：

> 居住在辽阔的亚细亚大地的人民，将不会再生活于波斯人统治之下，不会再被迫向暴君交纳贡赋，再不会匍匐在地向国王表示虔敬，因为国王的权力已经不在。他们不会再让自己的口舌遭到封堵，因为，人民可以自由地表达他们的思想言论，现在，暴力的枷锁已经解除。③

埃斯库罗斯在这里集中表达了想象中的波斯君主制与雅典民主制在制度上的三种对立关系：第一，在波斯的专制统治下，官员强征贡赋只是为了一个人即国王享用，而在民主制下，赋税的征收是为了全体公民，而不是为了个人，至少在原则上富人有责任帮助穷人；第二，跪拜君主的仪式与雅典人的政治平等观念格格不入；第三，波斯君主钳制其国民的思想言论，而雅典人看重公民的言论自由。至于现实中波斯政治制度是否是这样，他们制度的合理性在哪里，这是埃斯库罗斯不关心的，他更不会这么去思考，因为这样便不能体现希腊人特别是雅典人的文化优越性，也就失去了希腊人对自身内在一致性的认识，从而丢掉雅典领导希腊世界的合法性基础。伊迪丝·霍尔曾一针见血地指出埃斯库罗斯创作《波斯人》的东方主义动机。她说，在本剧中埃斯库罗斯所描述的波斯人邪恶的性格与民主制下雅典人的德行形成了鲜明的对比，对敌人的描绘变成了自我定义和自我奖赏，他在剧中对希腊人胜利的礼赞暗示出波斯帝国在内部播下毁灭的

---

① Edith Hall, *Inventing the Barbarian: Greek Self-Difinition through Tragedy*, p. 97.

② Aeschylus, *The Persians*, 213.

③ Ibid., 584—594.

种子,原因是他们的秉性是专制、奴性与放纵,帝国的解体只是这些种子的恶果。相反,雅典的胜利和雅典力量的增长是建立在平等、自由、节制这些德行之上的①。

而对于西方"史学之父"希罗多德而言,他也是从文化的角度想象他"调查"过的野蛮人。在他眼中,蛮族人与希腊人的习俗往往是相反的弗朗索瓦·阿尔托格用"倒错"来解析希罗多德的异域风俗志②。乔纳森·霍尔也评价说,希腊人与蛮族人的文化异质性越明显,希腊人的自我认同感就越强烈,希氏的风俗志为此做了不可替代的贡献③。霍尔对希罗多德蛮族叙事的解读是很有见地的。

实际上,除了埃斯库罗斯和希罗多德之外,许许多多的希腊精英都存在强烈的东方主义观念,而且这种观念在代际之间不断地传承、发展和强化。总体而言,这些东方的形象一方面是针对东方的君主和政体,一方面是针对东方的居民。

二　创造东方君主的丑陋形象与专制政体

波斯战争之后,雅典人将战胜僭主和战胜波斯大王联系起来,同时也将厌恶僭主和痛恨波斯大王联系起来,希腊的僭主制和波斯的君主制都变成了雅典的敌人。雅典人将两者视为一丘之貉的怪物也有直接的原因。许多斯巴达和雅典的政治精英背叛希腊,投靠波斯大王。例如斯巴达国王德玛拉图斯(Demaratus)在政治角逐中失势,流亡波斯,还在大流士和薛西斯的帐前听命。希腊盟军的领袖地米斯托克利和波桑尼阿斯都曾有背叛希腊人的举动④。无疑,这些事件都为希腊人对君主和专制政体的漫画式描述提供了动机和素材。在希腊人看来,东方的君主都是些傲慢、残暴、贪婪之徒,骄奢淫逸,对国家和人民没有责任;专制政体是丑恶的制度,是产生暴政的根源。

希罗多德在《历史》当中于有意无意之间描写了波斯暴政。例如,

---

① Edith Hall, *Inventing the Barbarian: Greek Self-Difinition through Tragedy*, p. 100.

② 参见 Francois Hartog, *The Mirror of Herodotus: The Representation of the Other in the Writing of History*, pp. 212—224;黄洋:《古代希腊罗马文明的"东方"想象》,《历史研究》2006 年第 1 期;《希罗多德:历史学的开创与异域文明的话语》,《世界历史》2008 年第 4 期。

③ Jonathan Hall, *Ethnic Identity in Greek Antiquity*, p. 45.

④ Thucydides, *History of the Peloponnesian War*, Ⅰ. 128—138.

他着力描述了薛西斯的傲慢与残暴。薛西斯远征希腊在即，狂风吹坏了消耗大量人力、财力修建而成的赫勒斯滂大桥。国王暴怒，做出荒唐的举止。他命令鞭挞赫勒斯滂海峡，给海峡烙上烙印，并斩了桥梁的监造者①。吕底亚人皮修斯（Pythius）的五个儿子皆被强制征入远征大军，他恳求薛西斯将小儿子留下，却惹得大王生气，长子因而惨遭杀害②。皮修斯的经历与波斯人奥约巴佐斯（Oeobazus）雷同，后者因同样的请求被大流士杀掉本要保护的三个儿子③。如此雷同的故事只能表明这是希腊人对东方君主残暴形象类型化的建构，而没有多少现实的依据。

作为历史学家的希罗多德在编撰《历史》时还是相当严谨的，科林武德评价他说，希罗多德并不是"毫无批判地相信目击者所告诉他的任何事情。相反，他在实际上对他们的叙述是严加批判的"④。这是历史学家的求真态度。然而作为文学家的悲剧作家在塑造人物的时候就可以天马行空了。当然，他们也不是没有倾向的，与尊重公民权利的希腊先贤相映照，丑陋的东方君主是必不可少的反面角色。

埃斯库罗斯在《乞援人》中就安排了一个未曾露面的埃及专制君主的角色。埃及国王埃古普托斯（Aegyplus）强行要求自己弟弟达那俄斯（Danaos）的五十个漂亮的女儿嫁给自己的五十个儿子，达那俄斯和女儿们不同意这种不合道德的婚姻，逃亡到了希腊城邦阿尔戈斯。埃古普托斯派使者追到阿尔戈斯并以发动战争相威胁⑤，在希腊人眼中这种蛮横的举止是典型的暴君的做法。但是贤明的阿尔戈斯国王佩拉斯戈斯（Pelasgus）以人民的名义保护了他们。埃古普托斯虽然没有露面，但他与佩拉斯戈斯的对比却显而易见。事实上，悲剧作家的用意是：两个君主的比较代表了专制政体与民主政体的差异，也代表了蛮族制度和希腊制度的劣优。

在欧里庇得斯的悲剧《赫拉克勒斯的子孙》中，雅典国王德摩丰（Demophon）说：

---

① Herodotus, *The Persian Wars*, Ⅶ. 35.

② Ibid., Ⅶ. 39.

③ Ibid., Ⅳ. 84.

④ ［英］科林武德：《历史的观念》，何兆武、张文杰译，商务印书馆1997年版，第57页。

⑤ Euripides, *Suppliant Women*, 950.

我不会遭到人民的责备，因为我没有蛮族人的那种专制权力，我的行为符合正义，才赢得正当的权力。[①]

言外之意是雅典的国王不拥有蛮族专制君主那样无限的权力，雅典国王受到法律的约束。在悲剧作家看来，蛮族的君主不受法律约束，甚至蛮族中间没有法律，只有君主的号令。他们认为，希腊人中间存在共同的法律或习俗，而蛮族缺少这些东西[②]；蛮族人只是服从于君主的意志而不是遵守既定的法律。

三　建构蛮族人的奴性与不自由

希腊人将自由视为本族群最核心的价值理念，并垄断为己有。在他们的观念里，作为他者的蛮族人根本没有自由的意识，用斯巴达人斯伯提亚斯和布利斯的话说，蛮族人"只懂得如何做好一名奴隶，却从未体验过自由"。两位斯巴达人教训波斯将帅海达涅斯的话被希罗多德采风采到了，记录在他的《历史》当中，这说明"蛮族人不自由"观念在希罗多德创作《历史》的年代已经广为流传。可以说，从核心价值观的角度建构蛮族人是希腊精英打造的一项伟大的工程。

琼斯早在20世纪初就观察到"蛮族人皆是奴隶"这种观念在希腊思想家中的谱系传承，他认为欧里庇得斯首倡这一观点，柏拉图、亚里士多德继之[③]。实际上，从流传的文献来看，"奴性的蛮族人"这一认识可以上溯到欧里庇得斯的前辈埃斯库罗斯那里。

这种认识在《波斯人》的开端就被呈现出来。戏剧刚开场，波斯太后阿托萨在叙说她的一个梦境。他梦见她的儿子薛西斯正驾驶着一辆战车。战车由两名妇女吃力地拉着：一名妇女着波斯人的装束，驮着牛轭，

---

① Euripides, *The Children of Hercules*, 422—424, Loeb Classical Library, trans. David Kovacs, Harvard University Press, 2005.

② Euripides, *Orestes*, 485—487, Loeb Classical Library, trans. David Kovacs, Harvard University Press, 2002; Euripides, *Helen*, 1241, Loeb Classical Library, trans. David Kovacs, Harvard University Press, 2002; Euripides, *Alcestis*, 683—684, Loeb Classical Library, trans. David Kovacs, Harvard University Press, 2002.

③ W. H. S. Jones, "Greeks and Foreigners", The Classical Review, Vol. 24, No. 7 (Nov., 1910), p. 208.

温驯地躬身用力，并以此为荣耀；另一名妇女穿多利亚式的披肩，正在奋力挣扎，最后用力折断了车辕。薛西斯被狠狠地摔在地上。波斯人的奴性与希腊人的自由抗争精神在这种对比下显得引人注目。

到了欧里庇得斯那里，"奴性蛮族人"的观念已经完全表述出来，他借剧中人海伦之口说到：

> 众神将我流放到习俗完全不同的蛮野之地，远离家乡，失去了朋友，作为一位自由人的女儿却变成了奴隶。因为蛮族人全是奴隶，除一人例外。①

他又借伊菲革涅亚之口说道：

> 母亲呀，正义的是希腊人统治蛮族人，不正义的是蛮族人统治希腊人。因为蛮族人皆是奴隶，希腊人是天生的自由人。②

在欧里庇得斯看来，蛮族国家的所有臣民都被一个人统治，这个人就是君主，而他的臣民都是奴隶，波斯大王治下的所有国民都没有自由，即使是最显要的波斯贵族也不能逃脱作为国王奴仆的命运。当波斯帝国的大将军法那巴佐斯（Pharnabazus）被斯巴达国王阿格西劳斯（Agesilaus）招到斯巴达，色诺芬叙述到，他抓住机会背叛了波斯国王阿塔薛西斯，因此获得了自由③。色诺芬作为一个职业军人曾受雇于波斯王子小居鲁士（Kurush），他的雇主也被他看作低等的蛮族人，一个奴隶而已④。

希腊人建构波斯帝国居民的奴性并没有停留在低层次的零碎表述上，这种东方主义还有理论基础。医学家希波克拉底（Hippocrates，约公元前460—377 前）从理论上解释了希腊人自由和蛮族人奴性两种族群性格差异的原因。希波克拉底总结说：

---

① Euripides, *Helen*, 272—276.

② Euripides, *Iphigenia at Aulis*, 1400—1401.

③ Xenophon, *Hellenica*, 4.1.29—39, Loeb Classical Library, trans., Carleton Brownson, Harvard University Press, 2003.

④ Xenophon, *Anabasis*, 1.9.29, Loeb Classical Library, trans., Carleton Brownson, Harvard University Press, 2001.

居住在亚洲的人和居住在欧洲的人在体质（pysios）和体型方面有很大差异，亚洲人缺乏精力和勇气，那么他们如此温和、不如欧洲人善战的主要原因是亚洲的气候变化不明显，没有极冷和酷热的天气，都很平和……因为气候的变化能引人亢奋，从而避免了呆滞。根据这些原因，我认为亚洲人是软弱的。然而，更重要的的因素还是制度习俗。亚洲大部分地区由君王治理，那里的人民不是自由独立的，受到专制君主的统治……即使一个天生勇敢坚毅的人，在这种统治之下也会改变他的性格。我可以证明，所有的亚洲人，无论是希腊人还是蛮族人，只要他们摆脱了专制统治，都会变得自由独立，可以为自己的利益而拼搏，因此，在所有的居民中间称得上最为骁勇善战。①

希波克拉底将希腊人和外族性格的差异首先归之于气候的不同，但是他还是将主要原因归之于政治制度的差异：希腊人的民主制度使希腊人自由，而蛮族人的君主制度造成了他们的奴性和不自由。希波克拉底的"族群性格说"不同于悲剧作家的文学虚构，也不同于历史学家的事实描述，而是理论化的产物。它是希波克拉底庞大的医学体系的一个组成部分。被尊为西方"医学之祖"的希波克拉底将零碎的医学知识整理为有系统的知识体系。西方学者认为，希腊医学独立于埃及医学和巴比伦医学的显著特征是"主张希腊的医学理论比实际治疗经验更有价值"。更有人认为："希腊医学独特之处在于它将人体医学理论的发展与自然哲学联系起来，也就是说一种强烈的长期地进行自由探索的传统，亦即而今所称的科学"，而希波克拉底的理论是希腊医学理论的典型代表②。既然希波克拉底是希腊医学科学体系的创造者，那么他的"族群性格说"就具备福柯所说的"真理意志"，同样造成对这一知识的信仰和迷信。

其实，波斯战争之后希腊的精英，包括剧作家、历史学家、医学家、哲学家，对希腊以外的世界充满了误解、偏见和歧视。他们利用手中的笔

---

① Hippocrates, *Airs Waters Places*, 16, Loeb Classical Library, trans., W. H. S. Jones, Harvard University Press, 2004.

② ［英］罗伊·波特主编：《剑桥插图医学史》，张大庆主译，山东画报出版社 2007 年版，第 33 页；［美］洛伊斯·玛格纳：《医学史》，刘学礼主译，上海人民出版社 2009 年版，第 76 页。

生生地建构一个与自身文明完全对立的蛮族人形象。说到这里，我们恐怕要面对一个疑问，即马丁·贝尔纳的"古代模式"。[①]

贝尔纳在他颠覆性的古典学著作《黑色雅典娜——古典文明的亚非之根》中提出西方人认识青铜时代希腊文明与东方诸文明之间关系的两种模式，一为古代模式，二为雅利安模式。他在第一卷绪言中说："一种将希腊视为本质上是欧洲的或雅利安的，另外一种则将其视为黎凡特的，处于埃及和闪米特文化区域的边缘。我将这两种模式称为'雅利安模式'和'古代模式'。'古代模式'是希腊人在古典和希腊化时代普遍的看法。"[②] 种族主义兴起之后，西方知识界的东方主义到了无以复加的地步，古典学者有目的地掩盖青铜时代希腊地区东方化的事实，"雅利安模式"就是他们采取的态度。这里姑且不论"雅利安模式"，因与本书的主题无甚相关。我们单说"古代模式"的问题。

贝尔纳勤读荷马史诗、赫希俄德的作品、悲剧作家的悲剧、希罗多德的《历史》、修昔底德的《伯罗奔尼撒战争史》、伊索克拉底的演说、柏拉图和亚里士多德的哲学著作，为他的"古代模式"寻找证据。[③] 荷马和赫希俄德属于古风时期的作家，说他们对东方和东方化的态度符合"古代模式"倒比较符合史实，但是古典时期的这些作家的作品当中充斥着对东方的文化偏见甚至种族偏见（关于种族偏见将在下一章讨论），作家们在有意识或无意识地掩盖古风时期东方化的史实。

随着雅典势力的崛起，特别是波斯战争之后，雅典人强烈地感受到自己力量上和制度上的优势。他们开始排斥伊奥尼亚人，典型的文化事件是雅典人建构他们始祖厄瑞斯透斯（Erekhtheus）完整的土生（autochthonous）的神话，目的在于强调雅典文化的本土性和久远性。对雅典人来说，土生神话的建构将他们与其他希腊人区分开来，因为其他希腊人多少带有蛮族人伯罗普斯（Pelops）、卡德莫斯（Kadmos）、达那俄斯的血统。按照贝尔纳的理解，伯罗普斯、卡德莫斯、达那俄斯移民神话实际上是希腊人对埃及人、腓尼基人殖民希腊的历史记忆。厄瑞斯透斯的土生神话在

---

① 关于希腊人东方主义和古代模式的冲突问题有学者主张存而不论，参见黄洋《希罗多德：历史学的开创与异域文明的话语》，《世界历史》2008 年第 4 期。

② 马丁·贝尔纳：《黑色雅典娜——古典文明的亚非之根》第 1 卷，郝田虎、程英译，吉林出版集团有限责任公司 2011 年版，第 1 页。

③ 参见马丁·贝尔纳《黑色雅典娜——古典文明的亚非之根》第 1 卷，第 58—93 页。

宣示雅典人和雅典文化的纯洁性，事实上也在宣示他们的优越性，因为当时的价值是纯洁的就是优秀的，受到污染的就是劣等的①。显然，雅典人在编造新的历史记忆以掩盖或者排斥希腊文化东方化的史实。

贝尔纳用埃斯库罗斯的《乞援人》作为埃及人征服、殖民希腊的证据②，但恰恰是该剧有悖于贝尔纳所说的"古代模式"。在该剧中，族群移民和文化借用变成了政治避难和埃及人的可怜的乞援，并且充斥着对埃及政治制度的讽刺。贝氏本人也承认"该剧的主题是基于一对双关语：hikes（ios）（乞援人）和 Hyksos（希克索斯）；在另一个层面上，埃及殖民者作为乞援人到达可以视为对希腊人骄傲的抚慰"③。

基于此，笔者认为，"古代模式"是存在的，只不过是在古典时期之前的古风时期，所以这一模式可以称作"古风模式"。到了古典时期，希腊人特别是文化繁盛的雅典人篡改了"古风模式"，他们开始掩盖历史上的东方化，笔者将此称之为"古典模式"。庶几可以解决东方主义和"古代模式"的冲突问题。

需要指出的是，"古典模式"是希腊人对历史上东方化的态度，对现实的东方或者蛮族世界而言他们却没有多少好感，他们的态度完全是东方主义的。

第三节　文野话语与话语控制

文明优越性的建构和他者野蛮性的建构是不可分割的，这里分两章叙述，只不过采用了族群认同文化转向的两个维度。两者其实是不可分割、相辅相成的同一体。文明优越性的建构与他者野蛮性的建构共同构成了文化中心主义的文野话语。文野话语的实质是一种话语控制的手段。

提出话语理论的福柯认为："在每一个社会中，话语的生产是根据一定数量的程序而被控制、选择、组织和再分配的。"④ 文野话语在古典时期的华夏国家和希腊世界同样是一种重要的话语生产。福柯将话语控制分

---

① 参见 Jonathan Hall, *Ethnic Identity in Greek Antiquity*, p. 54.

② ［美］马丁·贝尔纳：《黑色雅典娜——古典文明的亚非之根》第 1 卷，第 72—82 页。

③ 同上书，第 18 页。

④ Miche Focault: *Archaeology of Knowledge and the Discourse on Language*, Translated by A. M. Sheridan Smith, New York: Pantheon Books, 1972, p. 216.

为三类：第一类是话语的外部控制程序，为社会性的排斥和禁止过程，控制对象是话语的接受者；第二类是话语的内部控制程序，为话语自身的控制过程，控制对象是话语本身；第三类是话语的应用控制程序，为话语主体的控制过程，控制对象是话语的实施者。话语的外部控制是最重要的，而且是关于权力的那部分①。文野话语的话语控制显然属于这一类。福柯认为，外部话语控制主要包括三种排斥系统：一是禁律，二是区别和歧视，三是真理与谬误之分殊。后两种排斥系统完全适用于文野话语。文野话语区分了文明人和野蛮人：文明人是华夏国家和希腊人，野蛮人是非华夏人口和非希腊人，实际上，文野的边界和族群的边界是一致的，文野话语、族群意识或族群认同也是相与为一，不分彼此。这是族群认同文化转向之革命性的变化。

文野话语的合法性在于它被赋予了真理性的意义。例如，《春秋》被儒家视为经典，它就不仅仅是一部历史学著作。孟子记录了孔子修《春秋》的动机和宗旨，孟子说：

> 王者之迹熄而《诗》亡，《诗》亡，然后《春秋》作。晋之《乘》，楚之《梼杌》，鲁之《春秋》，一也。其事则齐桓、晋文，其文则史。孔子曰："其义则丘窃取之矣。"②

孔子修《春秋》重视义理的阐发，这种微言大义保存在《公羊传》《谷梁传》中。义理也被人们视为一种真理，所以儒家的"华夷之辨"理论也拥有了福柯所说的真理意志。希波克拉底的医学理论特别是柏拉图和亚里士多德的知识体系在西方学术史上占据重要地位，这些理论富含着希腊人族群认同观念的理论化表述，其中的真理意志也具有不可动摇的权威性。

另外，真理意志还应包括存在于历史学和具有历史学功能的神话、小说等文本当中的真实意志。就文野话语而言，真实意志更为广泛。华夏国家的历史意识觉醒得很早，史官文化十分发达，史学传承有制度基础。希腊的神话以及经过戏剧家再创造的神话都能起到历史教育的作用。真理意

---

① Miche Focault：*Archaeology of Knowledge and the Discourse on Language*，p. 220.
② 《孟子·离娄下》，第2727—2728页。

志与真实意志都是在打造"真"的信仰,所谓"信以为真"。真实意志同样控制人们的思维,使人们相信族群边界的划分依据是真实的、客观的、不容质疑的,以确保文野话语的权威性和确定性。

那么,文野话语到底控制的是什么?实际上它控制的是一种向心力,或者一种动员能力,这恰恰是族群认同所要达到的目的。对华夏国家而言,"诸夏亲昵不可弃也"的话语在于动员其他华夏国家参与尊王攘夷的行动,当然也为齐桓公称霸中原的野心寻找根据。"荆舒是惩"、"刑以威四夷"、"戎狄无亲而好得,不若伐之"的言论又在为华夏国家的扩张提供理由。

希腊人特别是雅典人建构的文野话语也同样有着与华夏国家的文野话语相似的作用。波斯战争时期,文野话语能够团结尚处在独立地位的希腊城邦积极抗战,拉拢投降的希腊城邦,瓦解波斯联军的基础;提洛同盟阶段,文野话语则演变为雅典人扩张的政治修辞,它迫使提洛同盟国甘愿成为雅典扩张的工具。归根到底,作为意识形态的文化认同是利益博弈的工具。

第 六 章

中希族群认同的差异性

跨文化历史比较有两大目的，一是比较不同文化的历史发展的相似性，一是比较彼此间的差异性。仅比较中希族群认同变迁的相似性并没有完成历史比较的任务，两者间的差异性也应该纳入我们考察的视野之内。前几章比较相似性，这一章比较差异性。

事实上，东西方两大文明区发生的族群大互动有不同的结果，在华夏地区，族群互动的结果是族群大融合的出现，形成了以中原文化为主体的新的华夏文明，并为后来大一统国家的建立打下坚实的基础。在东地中海地区，这个多文明交汇的地区，经过本次族群大互动，在意识形态上，产成了二元对立的分野。为何形成这种不同的结果？族群认同模式的差异是其中重要的原因。

第一节 "有教无类"与部族孑遗

中希族群认同差异性的第一个表现就是古风时期的部族标准是否在古典时期遗留下来。华夏认同确立了文化本位的认同观念和认同实践，而希腊世界仍然存在血缘认同的认同标准。从"华夏"和"希腊"的族名就可以看出这种差异。据现代学者研究，"华"、"夏"如何变成族称的问题还有争议，有学者认为"华"指华山，或者与"花"相通，还有人说是一种舞蹈名；关于"夏"，有人认为它的原始含义是一地名，或者指"大"义①。"华"和"夏"的解释有多种，但是有一点则是可以肯定的，那就是从其含义里面找不到血缘认同的影子。希腊人的族名就不同，前面提到，"希腊人"即 Hellenes，指的是希腊人先祖希伦的子孙，带有明显

---

① 参见李龙海《汉民族形成之研究》，第117—120 页。

的部族认同痕迹。

一 "有教无类"

陈寅恪在在表述北朝时期族群认同说:"总而言之,全部北朝史中凡关于胡汉之问题,实一胡化汉化之问题,而非胡种汉种之问题。当时之所谓胡人汉人,大抵以胡化汉化而不以胡种汉种为分别,即文化之关系较重而种族之关系较轻,所谓有教无类者是也。"① 他用了"有教无类"来形容胡汉认同的特征。"有教无类"四个字十分恰切地表达了华夏认同的文化本位性质。

"有教无类"出自《论语·卫灵公》②,皇侃解释说:

> 人乃有贵贱,同宜资教,不可以其种类庶鄙而不教之也。教之则善,本无类也。③

它的原意为教育应不分出身、不分等级,人人可以接受教育。"有教无类"体现的是他教育平等的理念以及教育实践。陈寅恪发挥孔子的本意,对"有教无类"进行了新的解读。在陈寅恪那里,"教"指教化、文化、文明,"类"指族类、部族、血缘共同体。"有教"就是指族群认同以文化为标准,"无类"是指认同不以族类为边界。"有教无类"的认同实践和认同观念正是形成于孔子时代或稍前出现的文化转向时期。

族群大融合就是诸姓族加入华夏国家的过程,经过数百年的族群互动,华夏之外的诸姓族从观念上最终认同于华夏,华夏国家同时也接纳了他们。其中华夏国家与东夷的关系最为密切,华夷融合也实现得比较早。从东夷国家加入华夏国家的进程来看,部族标准被摒弃。按照部族或族类认同的标准,东夷集团可分为几部:一部包括曹性的邾、小邾,己姓的郯、莒,风姓的任、宿、须句、颛臾,任姓的铸、漳,妘姓的

---

① 陈寅恪:《隋唐制度渊源略论稿》,第 79 页。陈寅恪在他的著作中多次以"有教无类"解读汉化胡化关系。参见刘梦溪《有教无类——论陈寅恪先生种族与文化观点》,《中国文化》1991 年第 4 期。

② 《论语·卫灵公》,第 2518 页。

③ 黄怀信主撰《论语汇校集释》,第 1441 页。

夷、偪阳、鄟，以及不知姓的根牟、牟介等；一部是以徐夷为首的嬴姓诸夷，有江、黄、钟离以及其他淮夷，主要居住在淮河以北至徐州一带的苏北皖北地区；一部是以群舒为首的偃姓诸夷，包括舒蓼、舒庸、舒鸠、龙舒和六蓼、英氏等，主要分布在淮河中上游以南的安徽中部及河南东南部。东夷与华夏的关系最为密切，两族融合的步伐迈出得也比较早。至鲁僖公时，风姓国家任、宿、须句、颛臾已经"服事诸夏"。须句曾受到邾人的攻伐，向鲁国求救。僖公的母亲成风是须句人，成风就鼓动鲁僖公帮助须句讨伐邾国，她说："崇明祀，保小寡，周礼也；蛮夷猾夏，周祸也。"① 从成风的言辞可以分析出，东夷风姓小国把周礼作为行为处事的规范。成风认为邾人伐须句乃"蛮夷猾夏"，说明须句已经认同于华夏国家。须句族群认同的转换是以文化（周礼）为标准的。成公七年，吴伐郯。郯与吴讲和。鲁国季文子担忧"中国不振旅，蛮夷入伐而莫之或恤，无吊也夫"。季文子并不依据族类标准将同姓的吴国视为同族，相反视为"蛮夷"，而将己姓的郯视为"中国"。

从以孔子为代表的华夏精英对待东夷华夏化的态度上也可以看出部族标准的消亡。孔子虽然有时也带有族群的偏见，但他反对季氏伐颛臾②，又以郯子为师。郯子为己姓诸侯，朝见鲁昭公。昭公向郯子请教上古官制。孔子听说后，甚为激赏，师事郯子，所谓"圣人无常师"，传为一段佳话。孔子并没有以族类标准刻意强调郯子的夷族血统。到了晚年，孔子对自己的理想不能实现而越发感到不满，他打算到东夷地区居住，有人劝阻说："陋，如之何？"孔子答曰："君子居之，何陋之有！"③ 后之注疏家解释本句话时几乎一致地提到"君子所居者皆化"④，无疑符合孔子的本意。孔子不以东夷地区生活困苦、言语不通，风俗殊异而将排斥在文明区之外，认为那里可以通过教化而改变落后的面貌。

而对于戎狄来说，他们融入华夏国家的一个明显的标志是"戎狄书子"。清人顾栋高曾发现，春秋后期华夏国家的史书中间将戎狄的领袖称

① 《左传》僖公二十一年，第1811页。
② 《论语·季氏》，第2520页。
③ 《论语·子罕》，第2491页。
④ 黄怀信主撰《论语汇校集释》，第799—780页。

为"子",并撰写"戎狄书子论",探讨"戎狄书子"的原因。他写道:

　　昔先王建国,胙土命爵,分为公侯伯子男。春秋时,班班犹存。然亦有出于时王之所赐,如王命曲沃武公以一军为晋侯,郳犁来,进爵为小邾子是也,而于戎狄则无闻。乃吾观宣、昭之间,赤狄之别有潞子婴儿,白狄之别有肥子绵皋、鼓子鸢鞮者,圣人皆书之于《经》,而左氏不著其封爵之所自,杜预亦弗深考。余尝疑之,其爵非先王之所赐,亦非时王别名以土,直以戎狄各居一方,桀骜难制,大国请于王而命之,如唐世外彝有叛者,就加节度使之类耳,而其先之不见于《经》,何也?闵、僖之世,狄最强盛,圣人止书狄,其时实未赐爵也。僖之末年,而狄有乱,赤狄、白狄始分。宣三年,而赤狄始见于经。八年,白狄始见于《经》。自后凡书赤狄者七,书白狄者三,其时赐爵与否未可知。而圣人略之不书者,《春秋》于外彝多从其故号,如楚之武、文改为楚已久,而终庄公之世止书荆人是也。逮晋灭诸国,则其君臣自夸武功,献俘与王,必详列其国号与其君臣之爵与名,如后世之露布,自京师昭示远近,《春秋》安得而不书其爵乎?至如甲氏、留吁、铎辰,则实未有国号,未赐爵命,圣人亦第从其实书之也。《经》于潞氏及甲氏、留吁,明书赤狄,而曰肥曰鼓,不著狄号,而杜氏知为白狄之种者,此或别有考据。至其国名,则各从其地,潞氏以潞县得名,鼓以鼓聚、肥以肥累城得名,此各因庐帐所在,从而立称,知出于春秋之季之滥加名器,而不得比于徐、楚、吴、越之列明矣。推而计之,如所称戎子驹支、无终子嘉父、戎蛮子嘉及陆浑子者,例皆书子。无终乃山戎之别种,陆浑系秦晋之所迁,其非文、武之旧封,尤最易明者。他如楚之别为夔,宋之别为萧,圣人皆书之于《经》,而未详其封于何年。《正义》云:"宋桓公之立,萧叔大心有功,宋人封之为附庸。"孔晁注《郑语》谓熊挚有疾,而自弃于夔,子孙有功,王命为夔子,此皆隐、桓公以后之别封者。余悲夫春秋之国日就微灭,而亦有别为建置,如鲜虞亦曰中山,至战国时僭号称王,与燕、赵为列国,均非周初之旧封。余因得而备论之,庶春秋当日之兴废较然可睹焉。①

---

① 顾栋高:《春秋大事表》,第 2196—2197 页。

《春秋经》的后半部确实将诸狄之潞氏、甲氏、留吁、肥、鼓、鲜虞各部以及诸戎的姜戎、无终、戎蛮、陆浑各部的领袖称为"子"。顾栋高认为戎狄被封建为子爵并不是周王所为，而是齐、晋、鲁等华夏诸侯灭掉戎狄各部族后，向周王夸耀武功，详列所灭之国号及灭国君臣之爵，遂将戎狄各部列为国、所灭国之君加子爵，以隆武功之盛。按照顾氏的理解，只有那些被中原国家灭掉的戎狄部族的首领才被加上子爵爵位。实际上，顾氏的观点有失偏颇，潞氏、甲氏、留吁、肥、鼓等被灭之前已是子爵国家。

顾栋高治《左传》而不治《公羊》，忽视了公羊学的学术成果。受这一视野所限，他不能全面地理解春秋史实。公羊学从族群融合的角度解读了"戎狄书子"或"夷狄书子"的实质。何休对"夷狄书子"的理解是"夷狄进于爵"，他认为这是华夷大融合的结果，即所谓"夷狄进于爵，天下远近大小若一"[①]。接下来的一节将详细评述公羊家"夷狄进于爵"的观点，此处不多介绍。"戎狄书子"或"夷狄进于爵"恰恰说明了华夏认同文化本位的特征。戎狄本是异族血统这是无疑的，并且曾是威胁华夏国家最危险的集团。但是华夏与戎狄经过上百年的文化交流，双方文化趋同的走向越来越明显，而且其外事交往愈加频繁，华夷通婚的现象也更为常见。华夏国家就逐渐地给这些戎狄国家以子爵国家的名分，同时也认可了他们的华夏资格。顾栋高提到的戎子驹支是姜戎部首领，《左传》记载了驹支参加由晋国主导的诸侯盟会，并发生了一段插曲。我们从中可以看到戎狄"进于中国"的情景。

晋国执政范宣子怀疑盟友姜戎部酋长戎子驹支泄露了他们会议的机密，造成诸侯疏离晋国，竟威胁驹支不要再参加他们的盟会。宣子的武断猜测遭到驹支义正辞严地驳斥，范宣子最终以礼相待。根据范宣子和驹支的对话，姜戎部世居于瓜州（今甘肃敦煌），后来姜戎部受到秦人逼迫，迁徙到晋国边境，成为晋君"不侵不叛之臣"。崤之战，姜戎部曾协助晋军大败秦军，之后一直是晋国的盟友。此时，驹支已称"子"，获得诸侯级别的待遇。中原诸侯已经将姜戎部认同于华夏。但是，范宣子冒然地敌对行动让驹支产生了离心的情绪，他说，"我诸戎

---

①　何休：《公羊解诂》隐公元年，第2200页。

饮食衣服不与华同，贽币不通，言语不达"，不参加诸侯的盟会也没有什么惭愧的。说完，根据华夏的外交礼仪赋了《诗经》中的《青蝇》一诗，诗中有"恺悌君子，无信谗言"句，意在讽劝范宣子不要相信谗言，怀疑双方的盟友关系。驹支能够很熟练地运用《诗经》作为外交的修辞，这说明姜戎部与华夏国家在语言、原始习俗上尚有一些差别，但姜戎部的精英如驹支已经接受了华夏的文化。这正是华夏国家容纳姜戎部的主要原因。经过驹支的驳斥，范宣子马上知错，并向他道歉，请他照例与会①。华夏国家称驹支为"子"，是将其列为华夏诸侯，标准就是他们（至少精英阶层）共享了一套华夏礼的文化，而华夏国家并没有介意他们的"戎狄"血统，也没有耿怀他们的原始习俗和言语之异。

上面提到的是"夷狄进于中国"，即周边族群因为接受华夏文化而被纳入了华夏国家的文化版图，成为华夏国家成员。另外，"中国也可以退为夷狄"，也就是说，华夏国家如果废弃了华夏文化而实行夷狄制度的话将被华夏精英贬为夷狄。华夷进退之间不可能是依据血缘标准，标准就是华夏国家所标举的礼义文化。吴国君主的姓为姬姓，与周同宗。作为兄长，太伯、仲雍为了不与周文王之父季历争王位，"奔荆蛮，文身断发"②，融入当地部族，在吴地建立新的族邦。吴国因此而被华夏精英视为"夷狄"。越国王室认为是禹之后裔，从血缘上讲，可以是华夏族成员，但与吴国一样也被视为"夷狄"国家。

从现存的文献材料看，华夏精英经常依据文明行止的差异进退华夷的身份。韩愈曾总结《春秋》所主张的"文化进退说"："孔子之作《春秋》也，诸侯用夷礼则夷之，进于中国则中国之。"宋人罗泌也说过："用夏变（于）夷者则夷之，夷而进于中国则中国之。"③《春秋》三传记载华夷进退的事例甚多，详见下表④：

---

① 参见《左传》襄公十四年，第 1955—1956 页。

② 《史记·吴太伯世家》，第 1445 页。

③ 罗泌：《路史》卷二十四《国名纪三》，文渊阁《四库全书》本，（台湾）商务印书馆 2008 年影印版，第 383 册，第 266 页。

④ 该表据杨树达《春秋大义述》卷一，上海古籍出版社 2007 年版，第 19—27 页，略有补充。

表 5　　　　　　　　　　　　华夷进退列表

族群进退类型	事例	文献出处
1. "夷狄"进于"中国"（行进于中国则中国之）	荆能聘，则称人	《公羊传》、《谷梁传》庄公二十三年
	楚子为礼则与之	《公羊传》宣公十二年
	潞子为善则记之	《公羊传》、《谷梁传》宣公十五年
	楚少进，则卒君	《谷梁传》宣公十八年
	吴使贤者则称子	《谷梁传》襄公二十九年
	进楚子，则书战	《谷梁传》昭公十七年
	吴少进，则书获	《公羊传》昭公二十三年
	吴忧中国则称子	《公羊传》、《谷梁传》定公四年
	吴尊天王则称子	《谷梁传》哀公十三年
2. "夷狄"进于"中国"，复行乎"夷狄"，仍返之"夷狄"	邾娄、牟、葛朝鲁，则夷狄之	《公羊传》桓公十五年
	秦袭郑，则夷狄之	《公羊传》、《谷梁传》僖公三十三年
	吴行夷礼则返之	《公羊传》、《谷梁传》定公四年
3. "中国"行乎"夷狄"，则"夷狄"之	卫伐凡伯，则直称为戎	《谷梁传》隐公七年
	郑弃其师，则夷狄之	《公羊传》、《谷梁传》闵公二年
	杞行夷礼则夷狄之	《左传》僖公二十三年，二十七年
	郑伐许，则夷狄之	《公羊传》成公三年何注，《谷梁传》成公三年范注
	郑大夫欲从楚，则视为夷狄之民	《谷梁传》襄公七年
	蔡世子般夺父政，则夷狄之	《谷梁传》襄公三十年
	晋伐鲜虞，则夷狄之	《公羊传》昭公十二年何注，《谷梁传》昭公十二年
	胡、沈、蔡不行尊尊之义而从楚师，则夷狄之	《公羊传》昭公二十三年

　　"诸侯国行乎夷狄则夷狄之"的思想更应引起我们的注意。华夏国家不管是姒姓的小国杞，还是姬姓的大国晋，只要他们不行礼义，都被儒家后学或当时的思想精英斥为"夷狄"。从族类标准看他们是纯粹的华夏族国家，但是他们的行止不合周礼规范，不合思想家所倡导的积极的文明价值，就被视为落后的野蛮的夷狄国家。华夏精英没有保守地将文明的优越性之仅仅赋予华夏国家，相反，他们也没有带偏见地把"夷狄"性或野蛮性只给予周边部族，而是根据普世的开放的文化标准灵活地划分族群的

属性:进步,则为文明的华夏国家;残暴,肆意发动战争,无信义,破坏稳定团结,则为野蛮的夷狄国家。"中国"和"夷狄"的界限只能是文化,即礼乐制度和文明价值观。

二　希腊人的部族标准与原种族主义

波斯战争之后,希腊人的部族认同并没有淡出,反而得到新的建构。希腊人的族群认同兼有文化认同和部族认同,换句话说,希腊人的认同标准是文化和部族的复合标准。希罗多德在《历史》中给出的希腊人的定义:共同的血缘、共同的语言、共同的圣殿和祭仪、共同的生活方式,其中"共同的血缘"一项就是指希腊人是希伦的子孙。不管希罗多德记载的雅典人口中的希腊人定义是否真实,但至少说明希罗多德在创作《历史》的那个时代希腊人的血缘认同仍然是存在。

不但泛希腊主义的血缘认同存在,希腊四大部族——伊奥尼亚人、多利亚人、阿凯亚人、爱奥利亚人的亚族群部族认同也存在。雅典人新的血缘建构最具代表性。当初,雅典人与小亚的伊奥尼亚十二城邦的伊奥尼亚人早先居住在阿凯亚,后来阿凯亚人占据了阿凯亚地区,伊奥尼亚人被迫流走,一部分人移民到雅典,一部人殖民到小亚,建立十二城邦①。这也可以解释为什么在希腊谱系当中阿凯奥斯和伊翁是兄弟的关系②。雅典人和伊奥尼亚人有着千丝万缕的联系。随着雅典国力的上升,雅典成为领袖希腊的强大国家。为与其出类拔萃的身份相匹配,雅典人羞于与伊奥尼亚人为伍,产生了高于伊奥尼亚族类的观念。为证明出身的高贵与特殊,雅典人杜撰了其祖先土生的神话。雅典人编造的神话说,他们是欧瑞克透斯的子孙,欧瑞克透斯是从土里出生的。在传世文献中,这个神话第一次被详细地表述是在品达的第二篇《科林斯地峡颂》(*Isthmain Ode*)中③。这篇颂歌的创作时间大概是在波斯战争结束的十年之内。埃斯库罗斯在《阿伽门农》一剧中第一次描述雅典人的土著身份,该剧于公元前458年上演。通过建构欧瑞克透斯是伊翁之外祖的观念,雅典人对内可以宣扬雅

---

① Herodotus, *The Persian Wars*, Ⅰ.145.

② Jonathan Hall, *Ethnic Identity in Greek Antiquity*, p.52.

③ Pindar, *Isthmain Odes*, 2.19, Loeb Classical Library, trans., William H. Race, Harvard University Press, 2003.

典人血统的纯洁性，以提高雅典人的爱国意识；对外可以为领导伊奥尼亚城邦提供合法性的基础，可谓一举两得。

雅典人要领导提洛同盟甚至希腊世界，仅仅进行泛伊奥尼亚主义宣传是不够的，尽管说伊奥尼亚城邦是提洛同盟国的核心，但是要获得其他非伊奥尼亚系城邦的忠诚，泛希腊主义的宣传是十分有效的工具，泛希腊主义除了宣传希腊人的文化优越性之外，还宣传"希伦子孙"的共同血缘意识。到公元前 4 世纪的伊索克拉底时代，希伦子孙意识仍然渗透在希腊精英的政治生活当中。伊索克拉底在为奥利匹克运动会所拟的演说词中说：

> 我们伟大赛会的创办人理所当然地受到颂扬，因为他们传给我们这样一种制度：通过赛会各邦缔结和约，解决悬而未决的争端，然后相聚在一起，彼时彼地，祭神明，献牺牲，念及我们同宗共祖的血脉，使我们在未来的日子里彼此亲善相处，在旧有的友谊上再填新章，建立新的纽带。①

这段演说词同样提到了关于希腊人的定义：共同的祈祷和祭献、共同的血缘，这可以看作希罗多德的希腊人定义的删节版。他们的定义有共同之处，即既含有文化认同，也含有血缘认同。所以当马其顿崛起于北方并威胁希腊的时候，关于马其顿国王菲力二世的身份，希腊精英陷入了困境，因为菲力二世不管在血统上还是在文化上都可以与希腊人沾亲带故。

当处在希腊边缘的马其顿人以强势的姿态出现在希腊人面前的时候，在对马其顿人的认同上，希腊内部特别是雅典内部或以文化标准或以族类标准出现了反马其顿派和亲马其顿派。西方学者乔纳森·霍尔为我们详细地介绍了希腊人就是否认同马其顿人的希腊身份问题而展开的纠结与争斗②。趴伏在希腊文明边缘的马其顿人为了将自己文明化，看来下了不少功夫，他们从血缘上建构自己的希腊身份。《列女传》里讲到，马其顿

---

①　Isocrates, *Panegyricus*, 43,

②　J. M. Hall, 'Contested Ethnicities: Perceptions of Macedonia within Evolving Definitions of Greek Identity', in Irad Malkin eds., *Ancient Perceptions of Greek Ethnicity*, pp. 159—186. 徐晓旭：《马其顿帝国主义中的希腊认同》，《世界历史》2008 年第 4 期。

(Macedon) 是丢卡利翁之女推娅的儿子①,且是马其顿人的命名祖先。马其顿也就是希伦的外甥。这样马其顿王室就与希腊人攀上了亲戚。但是,在注重男性血缘的古代,希腊人与马其顿王室依靠祖先的表亲关系是很难认同为一族的。据希罗多德记载,自亚历山大一世以来,马其顿王室宣称其祖先起源于伯罗奔尼撒的阿尔哥斯,其血统来自泛希腊大英雄赫拉克勒斯的后裔泰迈诺斯 (Temenus),并将此作为自己是希腊人的凭证②。前面已提到,根据希腊神话,赫拉克勒斯之子许洛斯被多罗斯之子埃吉米奥斯收为养子。许洛斯是泰迈诺斯的曾祖父,而多罗斯是希伦的儿子。这样一来,马其顿王室就能把自己的谱系追溯至希腊人的命名祖先希伦,从而使他们位在希腊人之列。到了公元前 5 世纪末,一个新的谱系传统又将马其顿人的命名祖先马其顿说成爱奥洛斯的儿子。这意味着马其顿人具有了希腊人的身份③。

霍尔认为依据族类标准界定马其顿王室及其臣民的希腊身份的做法是古风时代传统的遗留,而到公元前 5 世纪文化因素在希腊认同界定中发挥更大作用时,依据新的文化标准,马其顿人被明确地归入或被暗指为"蛮族人"。但是,族类标准没有消失。保守的伊索克拉底用已经过时的部族标准来为腓力二世的希腊身份辩护,而腓力二世的对手德摩斯提尼则采用新的文化标准来攻击他。可见,在一个相当长的时期之内,希腊人在族群认同上采取了文化标准与部族标准的复合标准。

希腊认同的复合标准一方面产生了文化优越观念即东方主义,一方面产生了种族优越观念即种族主义。而种族主义在希腊的起源就是基于血缘认同。

主流观点认为,种族主义是现代历史的产物,它的策源地在欧洲。例如,《简明不列颠百科全书》对"种族主义"的解释是,"种族主义的理论认为人们在遗传上的体质特征同个性、智力、文化之间有一种因果关系,从而认为一种种族天生就比其他种族优越。……到了 19 世纪,各种各样的种族主义才开始出现"④。这一条文给种族主义下的定义是准确的,

① 赫西奥德:残篇 7,转引自徐晓旭《马其顿帝国主义中的希腊认同》,《世界历史》2008年第 4 期。

② Herodotus, *The Persian Wars*, Ⅴ.22.2;Ⅷ.137 – 139.

③ J. M. Hall, 'Contested Ethnicities: Perceptions of Macedonia within Evolving Definitions of Greek Identity', in Irad Malkin eds., *Ancient Perceptions of Greek Ethnicity*, pp.168—167.

④ 《简明不列颠百科全书》第九卷,中国大百科全书出版社 1986 年版,第 503 页。

但它忽视了种族主义的历史渊源。虽然也有学者认为种族主义是西方的现代现象，并将种族主义的起源追溯到启蒙运动时期甚至西班牙殖民扩张时期①，但这仍然是流而不是源。本杰明·艾萨克等学者考察了种族主义在古典时代的起源②。事实上，将西方种族主义的源头追溯到古代希腊是可行的。艾萨克将古典时代的种族主义称之为原种族主义（proto-racism），它是现代种族主义的原型（prototype）。但是艾萨克并不认为原种族主义是种族主义的化约形态，而认为是充分意义上的种族主义，只不过是建立在前现代的科学概念之上③。

比较早的带有种族意识的科学家是希波克拉底。希波克拉底是古希腊最杰出的的医家和医学家，被西方学者尊为"医学之父"，他把血缘认同理论化为种族主义，用以解释希腊人自由和蛮族人奴性两种族群性格差异的原因。希波克拉底说：

> 居住在亚洲的人和居住在欧洲的人在体质（pysios）和体型方面有很大差异，亚洲人缺乏精力和勇气，那么他们如此温和、不如欧洲人善战的主要原因是亚洲的气候变化不明显，没有极冷和酷热的天气，都很平和……因为气候的变化能引人亢奋，从而避免了呆滞。根据这些原因，我认为亚洲人是软弱的。④

希波克拉底将人类的体质、智力、性格与气候联系联系起来考察，并据此将人分为两类：优秀的欧洲人和劣等的亚洲人。这恐怕是最早的地理环境决定论。希氏提到了体质这一概念。体质的概念不是文化的概念，而是被理解为与遗传有关系的，是先天的、注定的、不可更改的，非后天习得的。体质的差异是种族主义的重要概念。

----

① 参见［法］皮埃尔—安德烈·塔吉耶夫《种族主义源流》，高凌瀚译，三联书店2005年版，第7—25页。

② 参见 Benjamin Isaac, *The Invention of Racism in Classical Antiquity*; Miriam Eliav-Feldon, Benjamin Isaac and Joseph Ziegler, eds. , *The Origins of Racism in the West*.

③ Miriam Eliav-Feldon, Benjamin Isaac and Joseph Ziegler, eds. , *The Origins of Racism in the West*, pp. 32—33.

④ Hippocrates, *Airs Waters Places*, 16, Loeb Classical Library, trans. W. H. S. Jones, Harvard University Press, 2004.

　　希波克拉底从气候因素、体质因素考察人类的不平等，比希波克拉底稍晚的柏拉图以血统为标准做出了人种学的划分。他依据血统的纯洁性将人类分为三等。他说：

　　　　我们国家高贵而自由的性格是根深蒂固的，并且我们十分痛恶野蛮人，因为我们是纯血统的希腊人，没有掺杂半点儿蛮族人的血液。我们和居住在我们周围的其他希腊城邦不一样，他们是珀罗普斯（Pelops）、卡德摩斯（Cadmus）、埃古普托斯（Aegyptus）、达那俄斯（Danaus）的子孙，说起来是希腊人，但本质上却是蛮族人。只有我们是纯种的希腊人，没有被外来的血液所玷污，因此我们国家打心底里憎恶异族人。①

　　在这里柏拉图以血缘为标准将人分为三种：血统劣质的蛮族人；血统纯洁的仅剩雅典人；珀罗普斯、卡德摩斯、埃古普托斯、达那俄斯是传说中的东方君主或王室成员，曾带领子弟移民希腊，所以柏拉图将雅典之外的希腊人归为第三类：血统本来纯洁但被东方劣等人污染的希腊人。令柏拉图的三分法透露出他对这三类人的好恶态度，血统纯粹的雅典人令他骄傲，血统劣质的蛮族人让他厌恶，被东方血统玷污的其他希腊人也遭到排斥。我们对柏拉图的血统论大概不会感到陌生，它让我们想起了法西斯的种族主义政策。我们可能只关注柏拉图哲学、伦理学、政治学的正面成就，而忽视了其中的负面观念。现代西方的一些思想家沿着柏拉图的思路思考正义、政体问题的时候，也接受了他的种族主义思想。

　　亚里士多德是希腊思想的集大成者，也是种族主义思想的集大成者，他吸收了希波克拉底的体质概念和地理环境决定论，接受了柏拉图的血统论，并在此基础上提出了秉性差异学说。早在现代种族主义兴起之前，种族主义的核心概念——体质、血统纯洁、秉性——已经由古希腊人创造出来。希波克拉底还认为希腊人和蛮族人性格的差异主要由制度造成的，君主专制是压制蛮族人自由天性的罪魁祸首，他承认蛮族人和自由人的天性是相同的。到了亚里士多德那里，他从本性上和体质上区分希腊人和蛮族

---

　　① Plato, *Menexenus*, Loeb Classical Library, trans., R. G. Bury, Harvard University Press, 2003, p. 369.

人，将制度的差异放在了其次。亚氏作为伟大的思想家，本该普世地关怀众生，不分希腊人和蛮族人，不分自由人和奴隶，可是，他却为奴隶制辩护，为"蛮族人是奴隶"的希腊人偏见寻找理论支持。这充分反映了希腊精英的认同意识。

亚里士多德在《政治学》的开端先论述了家政学，为希腊奴隶制进行了辩护。他给出了蛮族人之所以为奴隶的理由，认为奴隶体质健壮，适合劳作，自由人体质清朗宜于公民生活和军事征战，这种体制上的差异是大自然赐予的，是无法改变的，体质卑劣的奴隶理应从属于体质优良的自由人①。亚氏还记载了希腊普通人对种族优越的认识。他说，希腊人谁都不愿意称希腊人战俘为奴隶，蛮族人才是奴隶。因为希腊人高贵，是优良人种。在希腊人看来，蛮族人普遍是奴隶，且本性上是奴性的；而希腊人普遍是自由人，且本性上是自由的。希腊人高贵优良的秉性可以放之天下②。

从一方面看，亚里士多德利用种族主义学说论证雅典社会奴隶制的合理性，但是从另一方面看，种族主义学说又是希腊人特别是雅典人建构的族群认同。因为在雅典奴隶都来自于希腊以外的地区，亚里士多德区分希腊自由人和奴隶之间体质、血统、秉性上的差异，也是在区分希腊人和蛮族人的种族差异，因此他说，奴隶和蛮族人在本质上是一样的③。

所以说，东方主义是古代希腊人按照文化的标准区别族外文明，"东方"和"西方"的概念都是文化上的，而不是地理上的；但是种族主义则是按照体质、血缘或血统、秉性这些非文化的标准划分优等人和劣等人。文化标准和种族标准共同支撑古典时期希腊人的认同基础。

论述到这里，有人可能要提出质疑：华夏国家也建构了黄帝子孙的血缘谱系，那么华夏认同是否也包含血缘标准。对于这种疑问，我们有必要做一个解释。

不可否认，华夏国家也建构了英雄黄帝的事迹以及帝系传承的谱系，但是这并不意味着华夏认同存在部族标准，孙隆基曾有精彩的论述。他说，中华这个五千年文明古国由黄帝开国、中国人都是黄帝子孙的说法，

①　Aristotle, *The Politics*, Ⅰ. Ⅱ. 14—15.

②　Ibid., Ⅰ. Ⅱ. 18—19.

③　Ibid., Ⅰ. Ⅰ. 6.

则是 20 世纪的产物。从时间上说,春秋以前的文献如《诗经》《今文尚书》所载最古之帝王皆止于禹,不曾提及黄帝、尧、舜,《论语》《墨子》《孟子》等书则上溯至尧、舜而不及黄帝,后者传说之大盛在战国时代。黄帝后来成为《史记·五帝本纪》之首,乃是帝系之始,而非华夏族群的奠基者。法国汉学家格兰藕把它和西汉流行的五行学说联系起来:汉武帝于公元前 104 年改正朔;定服色为黄,史官司马谈、司马迁父子编纂《史记》遂置黄帝于帝系之首,按五德终始论推断历史,至汉而完成一循环。在信仰系统方面,中华自汉武帝以后崇儒,而儒家祖述尧舜。汉初之道家曾黄老并称,黄帝至后来演变成方术的守护神,和世上人口最众的民族之始祖身份大相悬殊。在中华文明被纳入西方中心的邦国秩序之前,根本不会有族群肇始者的构想。作为儒家文明,它的中心人物只可能是孔子,而不可能是什么黄帝①。孙氏的论述提到几点:第一,黄帝谱系建构的时间很晚,主要由汉代的司马谈、司马迁父子完成;第二,黄帝谱系的内容是帝系传承而不是“黄帝子孙”的概念,“黄帝子孙”或者“炎黄子孙”的概念是清末的发明。所以,春秋时期文化转向之后的华夏认同完全摒弃了血缘认同。

　　需要补充的是,司马迁是以黄帝为首的上古帝系的主要建构者,《史记》是帝系的载体。但是,汉代的学者也质疑帝系的合理性,这一质疑记录在褚少孙的《史记》补录里:

　　　　张夫子问褚先生曰:“诗言契、后稷皆无父而生。今案诸传记咸言有父,父皆黄帝子也,得无与诗谬乎?”②

　　更重要的是,帝系不仅包括华夏国家的君王世系,还容纳了周边族群的君王继承谱系。司马迁撰写《匈奴列传》开篇第一句就是:

　　　　匈奴,其先祖夏后氏之苗裔也,曰淳维。③

---

①　孙隆基:《清季民族主义与黄帝崇拜之发明》,《历史研究》2000 年第 3 期。

②　《史记·三代世表》,第 504 页。

③　《史记·匈奴列传》,第 2879 页。

按照司马迁的帝系传承，匈奴的先祖是夏禹的后裔子孙。但是司马迁及其时代的华夏精英都将匈奴视为蛮夷，因为匈奴之俗与华夏殊异：

> 苟利所在，不知礼义。……父死，妻其後母；兄弟死，皆取其妻妻之。其俗有名不讳，而无姓字。①

司马迁的帝系建构也有族群中心论的倾向，匈奴的先祖未必是夏禹的裔孙，但是有一点是肯定的，带有血统性质的帝系要比文化认同更具普世性。

总之，华夏人绝没有利用血统论来识别族群，内外意识也绝没有血统观念，这与希腊人的执着与强烈的血统意识形成强烈反差。战国之后至汉代确立的帝系观念是用来接纳与包容，绝没有用来排斥。

第二节　天下一体与二元对立

约恩·吕森曾在《怎样克服族群中心主义》这篇文章中论及族群认同的形成②，他说："在认同形成的过程中，所有文明的历史都充斥着这种不对称的价值评判。人们将正面的价值观念赋予自身，却用与这些价值观念相背离甚至是相抵触的东西来界定他者的异他性。文明与野蛮的区分就是一个最明显的例子。在古代文明中，即便是人性这种东西也被认为是某一群体所独有的。他者只是非人类。即使人之为人的特性已经普遍化了，文明与野蛮之间的张力和冲突也不会消失，因为这种普遍化了的特性并不能消解自我与他者之间的差异，而差异在理论上对认同是必不可少的。"他还特别提到两幅图以论证前现代的欧洲人和中国人同样用非人类

---

① 《史记·匈奴列传》，第 2879 页。

② Jorn Rusen, "How to Overcome Ethnocentrism: Approaches to a Culture of Recognition by History in the Twenty-First Century", in *History and Theory*, Vol. 43 (Dec., 2004), pp. 118 - 129；中文译文见［德］约恩·吕森《怎样克服种族中心主义——21 世纪历史学对承认的文化的探讨》，张旭鹏译，《山东社会科学》2007 年第 11 期。张旭鹏在这里将 ethnocentrism 翻译为种族中心主义，也有学者将之翻译为文化中心主义，似乎都比较片面。西方话语中的"族群"（ethnic）的概念与希腊人关系某族群的定义有一定的继承性，它既包含文化标准也包含血缘标准。所以，笔者认为把 ethnocentrism 直接翻译为族群中心主义更为准确。

的形象建构他者，一幅图描绘的是中世纪欧洲人眼中的中国人：无头，眼睛、鼻子、嘴巴长在胸部和背部；一幅图他认为描绘的是中国人眼中的欧洲人：无头、以乳为目、以脐为口的刑天在舞干戚[1]。

吕森以十分独到的眼光看到了族群认同和族群偏见的形成机制，但是他对中国文化的误读也是非常明显的[2]。稍微懂点中国文化的人都知道，神话中刑天的形象当然不是针对欧洲人，也不是针对他者族群。吕森的误读说明要克服族群中心主义是如何不易，族群间的文化对话之路仍然漫长。有着西方文化背景的吕森只根据西方的历史经验和文化环境解读中西族群认同的相似性，恐怕看不到古典时期中国与希腊族群认同的另一个重要的差异：天下一体观和二元对立观。具体来说，华夏国家对于世界的认识是差序一体观或者说是一体并立观，而希腊人的认识是二元对立观。也就是说，华夏国家和希腊人都将世界分为两个部分，自我世界和他者世界/文明世界和蛮族世界，但是华夏人认为世界是一个整体，华夏国家居住在中心，夷狄环居在周围，更重要的是，华夏国家主张以非强制性的内敛的怀柔政策实现天下大同。希腊人则不同，他们将世界分为永恒的二元对立格局，并且认为文明世界应该用战争的手段征服野蛮世界，传播文明，而实际上这只是发动战争、掠夺外部世界的借口而已。

一 华夏国家的天下一体观

华夏国家的天下一体观主要体现在三个方面：容纳周边族群的"服制"说，主张以德服人的怀柔主义，"大一统"论。

1. "服制"说

成书于西周初年的《酒诰》记载了内外服的划分：

> 越在外服，侯、甸、男、卫邦伯；越在内服，百僚庶尹，维亚维服宗工；越百姓里居。[3]

---

[1] ［德］约恩·吕森著，张旭鹏译《怎样克服种族中心主义——21世纪历史学对承认的文化的探讨》，《山东社会科学》2007年第11期。

[2] 论文的中文译者张旭鹏在页下注中就指出了这一点。

[3] 《尚书·酒诰》，第207页。

汉代以来的注经者认为这即是夏商周三代采用的五服制。从现存的文献和考古证据看，殷西周时期确实实行过内外服制，但没有实行过五服制。殷外服是服属殷的邦君诸侯"侯、甸、男、卫"与殷建立不平等关系的联盟方国集团。西周初年，周人继承了殷的内外服制度，不过，周公东征后，国土大开，以周公为首的领导集团便采用"封建亲戚"的方法统治广阔的疆域，作为外服的侯、甸、男等邦国宗族化，事实上是将内服的宗法采邑制扩大到外服。畿内采邑与畿外诸侯在臣服于周王朝、受其间接统治的方式上没有什么本质区别，服内外的邦国全是周的封建国家①。可见，殷周没有施行过五服制，那么，《国语》关于五服制的记载就有些荒唐。《国语·周语》记载：

> 邦内甸服，邦外侯服，侯、卫宾服，蛮夷要服，戎狄荒服。甸服者祭，侯服者祀，宾服者享，要服者贡，荒服者王。②

这种有板有眼的"五服制"说显然是起于春秋战国时期的伪造。此时期"五服制"说的版本还有：

> 五百里甸服：百里赋纳总，二百里纳铚，三百里纳秸服，四百里粟，五百里米。五百里侯服：百里采，二百里男邦，三百里诸侯。五百里绥服：三百里揆文教，二百里奋武卫。五百里要服：三百里夷，二百里蔡。五百里荒服：三百里蛮，二百里流。③

这段话出自《尚书·禹贡》。《禹贡》篇的成书年代广为争议，多数学者认为他是战国时期的作品。邵望平认为，现代读到的《禹贡》含"九州"、"导山导水"、"五服"三个篇章。"九州"篇的内容古老真实，是可靠的；"五服"篇与"九州"篇不仅不相呼应，且大相径庭，为后人杜撰④。此"五服制"说与《国语·周语》的名称不同，且各有里数限

---

① 参见王健《西周政治地理结构研究》，中州古籍出版社，2004 年版，第 125 页。

② 《国语·周语上》，第 6—7 页。

③ 《尚书·禹贡》，第 153 页。

④ 见邵望平《〈禹贡〉"九州"的考古学研究》，载苏秉琦主编《考古学文化论集》，文物出版社 1989 年版，第 11—30 页。

制，服与服之间的理想化规划在现实中是不可能发生的。其为战国时代的学者建构无疑。

与"五服制"说相类似的还有"六服制"说。《周礼·秋官·大行人》中说：

> 邦畿方千里。其外方五百里谓之侯服……又其外方五百里谓之甸服……又其外方五百里谓之男服……又其外方五百里谓之采服……又其外方五百里谓之卫服……又其外方五百里谓之要服……九州之外，谓之蕃国……①

现代学者也认为《周礼》成书于战国时期②。此处的"六服制"说恐受"五服制"说的影响而成。奇怪的是同书的《夏官·职方氏》又有"九服制"说：

> 乃辨九服之邦国。方千里曰王畿，其外方五百里曰侯服，又其外方五百里曰甸服，又其外方五百里曰男服，又其外方五百里曰采服，又其外方五百里曰卫服，又其外方五百里曰蛮服，又其外方五百里曰夷服，又其外方五百里曰蛮服，又其外方五百里曰藩服。③

这是"服制"说最为周全的版本，可能也最为晚出。"五服制"说、"六服制"说、"九服制"说，不管谁先谁后对本书没有太大的意义。它们的广泛流行能够说明"服制"观念确实是当时人们的普遍观念。本书就是关注"服制"说反映的夷夏观念。我们从中可以看出，几种版本的"服制"说无一例外地都将蛮夷作为"服"的一种。在内外服制实施期间的商周时期，周边部族并不在殷周人的外服之内，所以许多学者将"服制"说这种有悖历史事实的建构看作向壁造车，然而，从族群史的角度看，它反映了一个基本事实，华夏族与周边部族的融合已经完成，至少是族群界限变得极为模糊。另外，"服制"说更积极地意义在于，它是阐述华夷关系的一种政治学说。战国时期的精英在理论上接纳周边部族进入他

---

① 《周礼·秋官·大行人》，第892页。
② 参见杨天宇《周礼译注·前言》，上海古籍出版社2004年版，第17页。
③ 《周礼·夏官·职方氏》，第863页。

们想象的"天下秩序"当中。这种政治伦理虽然存在着重内轻外的缺陷，但它将"蛮夷"视为周王朝政治结构的一部分。从这个理论本身来看，没有夷狄与华夏之间的对立与紧张，也不存在殖民主义的剥削和压迫。恰恰相反，在《禹贡》的五服制中，处中心地位的甸、侯、绥三服要有负责贡赋藩卫王畿的义务，而要、荒二服蛮夷所居之地，则无此义务。不但如此，华夏精英还认为，对周边族群应"修其教不易其俗，齐其政不易其宜"。即主张对他们认为落后的地区，推行教化，但不改变他们的习俗；应统一政令，但不改变与他们环境向适应的风尚。在畿服之外的地区，应该因地制宜，尊重各地区的文化多样性。

2. 怀柔主义

怀柔主义是华夏国家处理周边族群关系的主要政策和思想。西周时期怀柔政策已经被周人采用。《国语·周语》关于五服制的记载是后人的附会，它却透露出了周人处理周边族群的关系是相当成功的，周政权的对外政策导向是"耀德不观兵"，从而达到"近无不听，远无不服"的境界①。当然周人与周边族群的关系有时是十分紧张的，北部的猃狁是主要的外部威胁。但是怀柔政策应是对外政策的主要方向。在春秋时期的华夷冲突中，华夏国家改变了以怀柔政策为主的对外策略，转而采用"德以柔中国，刑以威四夷"的刑兵政策。当华夷冲突减弱、华夷交往增加的时候，怀柔政策又回归了。这一点在晋国表现得比较明显。"魏绛和戎"是晋国怀柔政策的大手笔，但在魏绛之前，郤成子就曾"求成于众狄"。《左传》宣公十一年记载：

> 晋郤成子求成于众狄，众狄疾赤狄之役，遂服于晋。秋，会于欑函，众狄服也。是行也。诸大夫欲召狄。郤成子曰："吾闻之，非德，莫如勤，非勤，何以求人？能勤有继，其从之也。《诗》曰：'文王既勤止。'文王犹勤，况寡德乎？"②

郤成子深入狄地，表明结盟的诚意，最终用德和诚意使赤狄之外的其他众狄顺服于晋国。

---

① 《国语·周语上》，第8页。
② 《左传》宣公十一年，第1876页。

可以说，西周时期和春秋中后期中原诸侯国实行的怀柔政策为孔子的怀柔主义思想提供了资源。孔子多次强调:

> 上好礼，则民莫敢不敬；上好义，则民莫敢不服；上好信，则民莫敢不用情。夫如是，则四方之民，襁负其子而至矣。(《论语·子路》)
>
> 叶公问政，子曰:近者说（悦），远者来。(《论语·子路》)
>
> 远人不服，则修文德以来之；既来之，则安之。(《论语·季氏》)①

这便是儒家的"内圣外王"之道。孔子认为，华夏国家的统治者应该通过自己的修为——好礼、好义、好信、修文德——而竖立一个表率和威望，从而使得内部昌明，外部服顺，达致一个天下和平的局面。怀柔主义思想在现实主义者看来显得太幼稚、太理想主义，但是不可否认，怀柔主义确实为后来统治者制定族群政策和对外政策奠定了基调。

正是这种非暴力的怀柔主义造成了春秋时期华夷大融合的局面。伴随着华夷界限的消失，主张华夷平等、天下为一家的大一统论便呼之欲出。

3. 大一统论

明确提出大一统论的是《公羊传》。《春秋》隐公元年经文记曰:"元年，春，王正月。"《公羊传》解释"王正月"说"大一统也"。大一统就是维护周王的至高无上的地位，主张所有的居民都处于一统的和谐的天下秩序当中，"欲天下之一乎周"②。隐公元年《春秋》经文说:"冬十有二月，祭伯来。"《公羊传》传曰:

> 祭伯者何? 天子之大夫也。何以不称使? 奔也。奔则曷为不言奔? 王者无外，言奔则有外之辞也。"③

《公羊传》成公十二年也有"王者无外"的说辞。"王者无外"更好地阐

---

① 《论语·子路》，第 2506 页；《论语·子路》，第 2507 页；《论语·季氏》，第 2520 页。

② 《公羊传》文公十三年，第 2272 页。

③ 《公羊传》隐公元年，第 2199 页。

释了"大一统"的理念。

大家都知道，《公羊传》是严夷夏之防的，它的宗旨之一就是"内其国而外诸夏，内诸夏而外夷狄"。诸夏与夷狄有内外之分。那么"王者无外"是否与"内诸夏而外夷狄"相矛盾？何休解释了"王者无外"的义理，他将《公羊传》的"三世说"与"异内外说"联系在一起。《公羊解诂》中说：

> 于所传闻之世，见治起于衰乱之中，……故内其国而外夷狄，先详内而后治外。……与所闻之世，见治升平，内诸夏而外夷狄，书外离会，小国有大夫，……至所见之世，著治太平，夷狄进于爵，天下远近大小若一。①

《春秋》所谓"内外"是个相对的概念，是个随着时代的发展而不断变化着的概念。春秋时期，华夏族内部的空间越来越大，相对地，在时人地理认识的范围没有扩大的情况下，外部空间越来越小。华夏族生活空间的扩展不是因为侵略和征服，而是因为多族群的融合。至春秋末期，即孔子所处的时代，"夷狄进于爵"，"夷狄"生活的区域与周人的生活疆域联接为一片，所以，华夏精英才有"王者无外"的思想和认识。

"内夷狄"说并非何休本人的杜撰，"夷狄进于爵"也是《春秋》的题中之义。按照《公羊传》的说法，《春秋》记事分作七等，依子、字、名、人、氏、国、州的顺序排列，"州"为最低一等，"子"为最高一等。所以，《春秋》根据这个体例记载了"夷狄进于爵"的过程。初在"所传闻之世"，内外之分谨严，楚为夷狄，《春秋》记为"州"②；吴出现在"所闻之世"，以"国"名③；至"所见之世"，夷狄进于爵，《春秋》以"子"名，如昭公十六年，"楚子诱戎曼子，杀之"，何休《解诂》说，"戎曼称子者，入昭公，见于王道，百蛮贡职，夷狄进于爵"④。公羊家认为，族群的关系是在不断地发展的，夷夏之辨的关系仅仅是族群

---

① 何休：《公羊解诂》隐公元年，第 2200 页。
② 《公羊传》庄公十年，第 2232 页。
③ 何休：《公羊解诂》成公七年，第 2292 页。
④ 何休：《公羊解诂》昭公十六年，第 2324 页。

关系史上一个初始的阶段而已，族群关系的必然归宿就是"天下远近大小若一"的族群大一统。

在《公羊传》明确表述"大一统"论之前，孟子也提出过统一的思想。梁襄王问他"天下恶乎定"，孟子说"定于一"①。孟子认为，天下要稳定，只能依靠天下统一。在夷夏关系上，孟子说："吾闻用夏变夷者，未闻变于夷者也。"②"夏变夷"即是孟子华夷大一统的主张。"用夏变夷"虽然带有文化中心主义的色彩，但是孟子本人却没有歧视周边部族的思想。他曾说：

> 舜生于诸冯，迁于负夏，卒于鸣条，东夷之人也。文王生于岐周，卒于毕郢，西夷之人也。地之相去也，千有余里，世之相后也，千有余岁。得志行乎中国，若合符节，先圣后圣，其揆一也。③

在孟子看来，舜、文王本是夷人，一居于东土，一生于西土，因二人之功德，被儒者奉为圣人和先王。由夷变于夏的楚人陈良，"悦周公、仲尼之道"，"北学于中国"，受到孟子的极力赞扬④。孟子族群认同上的普世观念令人赞叹。

"大一统"论并非儒家的专利，墨道法三家无不有"大一统"的思想。《老子》五千字没有言及作为族群意义上的"蛮戎夷狄"，但此书俯仰皆可看到"天下观"。老子说：

> 善建者不拔，善抱者不脱，子孙以祭祀不辍。修之身，其德乃真；修之家，其德余；修之乡，其德乃长；修之国，其德乃丰；修之于天下，其德乃普。故以身观身，以家观家，以乡观乡，以国观国，以天下观天下。⑤

这句话译为白话文的意思是：善于建树的人，建树的东西拔不掉。善

---

① 《孟子·梁惠王上》，第2670页。
② 《孟子·滕文公上》，第2706页。
③ 《孟子·离娄下》，第2725页。
④ 《孟子·滕文公上》，第2706页。
⑤ 《老子》五十四章，新编诸子集成校释本，中华书局2000年版，第214—216页。

于抱持的人，抱持的东西脱不掉。侯王若能建功立业，又能保持功业，致子孙祭享不绝，唯在修德。修德于一身，他的德为纯真之德；修德于一家，他的德就可以有余；修德于一乡，他的德就加长；修德于一国，他的德就丰盈；修德于天下，他的德便普惠。那就应该从个人利益看到他人利益，从己家利益看到别人家利益，从自己一乡的利益看到其他各乡的利益，从自己国家人民的利益看到其他国家人民的利益，更要站在天下人的立场看到天下人的利益①。本段文字层层递进，旨在提醒侯王最终修造惠及天下的普德，让他们着眼于超越国家的天下人的利益。"天下"一词在先秦文献中乃一个普世的概念，在《老子》一书中反复出现。在这里"天下"泛指人类整个社会乃至整个地球上的万物。例如，"不出户，知天下"②。又如，"天下万物生于有，有生于无"③。所以，尽管《老子》中没有提及族群的认同的观点，但从它普世的关怀来看，这部义理玄奥的奇书也能体现出华夷一体、天下一统的光辉思想。

《墨子》第一篇开篇提到：

> 昔者文王出走而正天下，桓公去国而霸诸侯，越王勾践遇吴王之丑（耻）而尚摄（慑）中国之贤君。三子之能达名成功于天下也，皆于国抑而大丑（耻）也。④

墨子拿越王勾践的功业与华夏诸侯齐桓晋文的霸业相提并论，并称勾践为慑服华夏国家的贤君。这说明去勾践称霸不远的墨翟及其后学已经将勾践认同于华夏。墨家在孟子和公羊家之前提出了天下归于一统的政治学说。在墨家的理想国里，"选择天下贤良圣知辩慧之人立为天子，使从事乎一同天下之义"⑤。天下人共同推举天子"唯能一同天下之义，是以天下治也"⑥。"远国异土之民"不分族类皆为天子百姓。在他们的理想国

---

① 译文据高亨《老子注译》，《高亨著作集林》第五卷，清华大学出版社 2004 年版，第 361—264 页。唯"以天下观天下"不同于高译。

② 《老子》四十七章，第 189 页。

③ 《老子》四十章，第 165 页。

④ 《墨子·亲士》，新编诸子集成校注本，中华书局 1993 年版，第 1 页。

⑤ 《墨子·尚同中》，第 116 页。

⑥ 《墨子·尚同上》，第 110 页。

中，社会结构划分为官与民两大集团，但"官无常贵而民无终贱"，"虽在农与工肆之人又能皆举之"①。这是墨家站在平民的立场上描绘的平等、尚贤、尚一同（统）的乌托邦。在这个理想社会里我们见不到族类或族群的界限。

法家的思想为秦汉建立大一统政府可谓功不可没。法家的大一统论关注的重点已经不是要不要大一统和应不应大一统的问题，而是讨论如何实现大一统的问题。司马谈《论六家要指》言简意赅地论述了法家思想的特征："不别亲疏，不殊贵贱，一断于法。"② 不管法家思想与秦国法制实践之间是否一致，就法家的法学思想而言，它的平等精神的确是超越族群界限的。

大一统论的另一种表达是"天下一家"的观念，即将整个华夷秩序看作一个家庭伦理秩序，天下之人不分远近皆为兄弟。有学者曾质疑《公羊传》的大一统论是秦汉时期才出现的认识，他们忽视了其他表述形态。孔子就说过"圣人耐（能）以天下为一家"③。当然，我们所熟知的"天下一家"思想还是《论语》记载的孔子两位弟子的一段对话：

> 司马牛忧曰："人皆有兄弟，我独亡。"子夏曰："商闻之矣：'死生有命，富贵在天。'君子敬而无失，与人恭而有礼。四海之内皆兄弟也。君子何患乎无兄弟也？"④

子夏的观念抛去了血统、肤色、体质、语言甚至文化的差异，将视野内的世界居民百姓视为家庭一般的一个极大的共同体。在这个共同体之内没有战争，有的是和睦相处，相敬相爱。在先前诸子的大一统思想中，儒家更乐于从家庭伦理推演的角度去构想大同世界。《大学》中说"修身、齐家、治国、平天下"也是这一逻辑。战国末世的荀子同样用家庭和睦的理念来设计放之四海的制度。他说：

---

① 《墨子·尚贤上》，第 67 页。
② 《史记·太史公自序》，第 3291 页。
③ 《礼记·礼运》，第 1422 页。
④ 《论语·颜渊》，第 2503 页。

四海之内若一家，故近者不隐其能，远者不疾其劳，无悠闲隐僻之国，莫不趋使而安乐之。①

对于"四海之内皆兄弟也"和"天下若一家"的这种包容精神和平等精神，我们恐怕还没有足够认识它的积极价值。

二　希腊人的二元对立观

华夏国家的内外观念是开放的天下一体观，这种观念下的华夷秩序是一体并立的。不可否认，华夏国家存在对外部世界的偏见，但是并不同意将他们征服，两者的关系也不被视为敌对的关系，而主张自己修功德达到天下大同的境界，所谓"四海之内皆兄弟也"，所谓"天下之内若一家"，所谓"天下远近大小若一"。

而希腊人的世界观念是二元对立的，他们的世界分为希腊人/文明人或希腊人/野蛮人的二元区域。希腊人认为文明与野蛮二元世界的关系是永远敌对的，文明应该用暴力的方式征服与奴役野蛮人，只有自由的希腊人才配享世界的统治者。换句话说，他们用敌对思维认识希腊世界和他者世界，用征服思维处理两者之间的关系。

1. 敌对思维

希腊人看待蛮族人的敌对思维是波斯战争的遗产。波斯战争之后希波之间的长期对峙让希腊人对于波斯人和一切非希腊人的敌视有增无减。特别是伴随着希腊人自身优越性和他者野蛮性建构的完成，敌对思维扎根于希腊人精英的观念深处。他们认为希腊人与波斯人或一切蛮族人是永恒地敌对的，不可能成为朋友，他们的敌对关系也不可能和解。欧里庇得斯借"蛮族人"赫卡柏之口说，蛮族人不可能成为希腊人的朋友②。公元前四世纪的政治家伊索克拉底更加激进、更加激情地阐述了希腊人与蛮族人的永恒敌对关系，他说：

我们与他们（波斯人）的敌对是如此的根深蒂固，所以我们最热衷于阅读记载特洛伊战争和希波战争的史书，因为我们从中能够畅

---

① 《荀子·王制篇》，第 161 页。
② Euripides, *Hecuba*, 1201—1202.

览敌人的不幸,你们还可以发现是我们和蛮族人之间的战争给我们带来了颂歌,给敌人带去了挽歌。颂歌在我们的节日里吟唱,让我们回忆起了敌人溃败忧伤的情景。再者,我认为荷马的史诗之所以享有盛名,是因为它褒扬了与蛮族人作斗争的英雄,基于此,先人们决定在音乐竞赛中吟诵他的杰作,在教育青年人时用之作为垂范,如此耳目濡染,让我们铭记这久远的敌我对立,使我们钦佩于特洛伊战场上勇士们的无畏气概,激发我们效法古士的志气。①

伊索克拉底将希腊人与波斯人的战争记忆与荷马史诗中讨伐特洛伊神话联系起来,强化了希腊人与蛮族人交往记忆的战争叙事。当然这不是伊索克拉底的发明,至少在希罗多德撰写《历史》时,希腊人的内外冲突记忆就出现了。希氏在开篇叙述波斯战争的原委时,就提到希腊人认为波斯战争的起因是希腊人与东方人很久以来存在的冲突的延续。可见,冲突记忆是希腊人普遍的观念。希氏本人也旨在模仿荷马写一部史诗般的战争故事②。事实上,他做到了。他用自己的方式保存波斯战争的经过,歌颂希腊人的勇敢、团结、和自由精神。他的叙事文本也为希腊人的东西冲突记忆提供了不竭的源泉。从伊索克拉底的表述中也能看到一个普通的希腊人对特洛伊战争和波斯战争熟悉的程度。它说明东西冲突教育在希腊至少在雅典十分成功,以至于伊索克拉底说希腊人与蛮族人的敌对已深深地扎根于雅典人的头脑当中。

比伊索克拉底小十岁的柏拉图在他的著作中更为明确地表达了希腊人与蛮族人的敌对观念。他笔下的苏格拉底说:

> 希腊人与希腊人亲善的,因为他们同宗共祖。而对希腊人来说,蛮族人是外人,他们之间关系是内外关系。……那么我们说,希腊人向蛮族开战或蛮族人向希腊开战是理所应当的,他们是天敌。所以,针对于希腊人和蛮族人的敌对和仇恨,"战争"这个词适用于他们之

① Isocrates, *Panegyricus*, 158—159.
② 参见张巍《希罗多德的"探究"——《历史》序言的思想史释读》,《世界历史》2011年第 5 期。

间的关系。①

　　柏拉图在这里强调战争应该只针对蛮族人，而不能针对有着亲缘关系的希腊人。这与华夷关系紧张时期的口号"德以柔中国，刑以威四夷"一样，所不同的是柏拉图将内外的冲突永恒化，他认为希腊人与蛮族人之间是天敌的关系，永远不可能和平相处。实际上，希腊人的内部冲突要远大于希腊人和非希腊人的外部冲突，如何达致希腊城邦之间的和平，就摆在希腊文化精英的面前，因此，"战争对外不对内"的口号就被提了出来。向外部发动战争便成了获取内部团结与和平的手段，征服思维仅仅是敌对思维在逻辑上的延伸。所以，主张战争对外不对内的柏拉图借他笔下的格拉孔说，以现在希腊人内部的战争、蹂躏土地、焚烧房屋、奴役外邦人的方式对待蛮族人②。

　　2. 征服思维与文明帝国主义

　　柏拉图在这里也透露出恰恰在希腊世界内部存在城邦征服城邦、奴役城邦的事实。在希腊人看来，城邦之间的关系要么是彼此自由或独立的关系，要么是征服与奴役的关系。在后一种关系下，被征服的城邦人口被迫成为征服者的奴隶。斯巴达人征服美塞尼亚之后，将美塞尼亚人变为国家奴隶——希洛特（Helots），这段历史记忆以及希洛特的现实遭遇时时刻刻在教育着其他弱小的城邦，要保持独立，免遭奴役的命运。希腊人对城邦奴役城邦的现实刻骨铭心。欧里庇得斯的悲剧《请愿妇女》中说：

　　　　和平女神是文艺女神的最好的朋友，是复仇女神的敌人，喜爱那
　　可爱白肤的孩童，乐意看到百姓富足。蠢人抛弃这些幸福，挑起战
　　争：强者奴役弱者，大国奴役小邦。③

　　欧里庇得斯的时代上演的又一出现实中的城邦征服和奴役悲剧是雅典人清洗米洛斯岛。公元前416年，雅典人对企图保持中立的多利亚人城邦米洛斯进行了种族大清洗。修昔底德记载，雅典人攻克米洛斯城之后将俘

---

① Plato, *The Republic*, V. 16.

② Ibid.

③ Euripides, *Suppliant Women*, 489 – 493.

获的成年男子全部处死，将妇女儿童卖为奴隶，再派遣 500 名雅典居民殖民该岛①。欧里庇得斯据此描写了特洛伊城陷落后的场面：城市被劫掠焚毁，男子尽被杀绝，连儿童也不能幸免，妇女则沦为奴隶②。但是欧里庇得斯来了个乾坤大挪移，他把这一现实中发生在希腊人内部之间的大悲剧安放了想象的希腊人与蛮族人的战争背景当中，征服思维就外化到族际之间。实际上，欧里庇得斯的许多悲剧充斥着这种征服思维。赫卡柏和安德洛玛刻是特洛伊的王后和王妃，特洛伊城最尊贵的两位女性在特洛伊失陷之后沦为阿伽门农和阿喀琉斯之子的帐下奴隶，供征服者任意驱使，甚至成为性奴隶③。

　　学者一般认为，《特洛伊妇女》《赫卡柏》《安德洛马刻》等作品的主题是反对侵略战争、同情妇女的④。但是，前文多次提到欧里庇得斯对蛮族的偏见，显然这两种主题不可能同时存在于他的作品当中。欧里庇得斯之所以描写特洛伊人战败的悲惨景象和特洛伊妇女的悲惨命运，只不过是为了提醒雅典人：如果斯巴达人占领了雅典，雅典人的命运就如同特洛伊人的命运一样。他创作这三出悲剧的目的就是激发雅典人反抗斯巴达入侵的斗志⑤。所以他的《特洛伊妇女》甫已上演便在戏剧比赛中得了头奖⑥。

　　欧里庇得斯反对斯巴达入侵雅典，是个爱国主义作家，但绝不反对希腊人侵略外族的战争，相反他是向外征服扩张的鼓吹者。文化精英总要为征服活动提供冠冕堂皇的说辞，征服蛮族人的理由便是以自由之名。他在另一部与特洛伊战争有关的悲剧《伊菲革涅亚在奥利斯》中写道，阿特柔斯之子阿伽门农的女儿伊菲革涅亚为了全体希腊人能够毁灭特洛伊而洗刷海伦被拐走带来的耻辱，甘愿作为牺牲献给神明，她的母亲不忍心自己的女儿被杀，她却安慰到：

---

　　①　Thucydides, *History of the Peloponnesian War*, V. 116

　　②　Euripides, *The Trojan Women*, Loeb Classical Library, trans. David Kovacs, Harvard University Press, 1999.

　　③　Euripides, *Hecuba*, 53—58, Loeb Classical Library, trans. David Kovacs, Harvard University Press, 2000.

　　④　罗念生:《罗念生全集》第 8 册, 上海人民出版社 2007 年版, 第 70—71 页。

　　⑤　这三种悲剧创作于伯罗奔尼撒战争期间, 参见罗念生《罗念生全集》第 8 册, 第 69 页。

　　⑥　罗念生:《罗念生全集》第 8 册, 第 701 页。

　　　　母亲呀，正义的是希腊人统治蛮族人，不正义的是蛮族人统治希
腊人。因为蛮族人皆是奴隶，希腊人是天生的自由人。①

表明自己做的是无上光荣的事儿。这部悲剧是歌颂伊菲革涅亚作为一名普
通的希腊女性甘愿为希腊人的征服事业牺牲的伟大精神。在该剧结尾，欧
里庇得斯写道：

　　　　阿特柔斯之子啊，欣然到弗基亚（Phrygia）去吧，再欣然从交
兵之地回来，劫回特洛伊城的异宝奇珍。②

　　这绝对不是欧里庇得斯反对侵略战争的呐喊，完全是吹出的向外部世
界发动征服战争的号角。而唯一的一片遮羞布就是自由的名义。该剧创作
得比较晚，在他死后才得以上演（欧里庇得斯逝世于公元前 407 年），同
样拿到了头奖，这表明雅典人对该剧所宣扬的主题的认可。
　　欧里庇得斯没有看到伯罗奔尼撒战争的结束便去世了。他能感觉到雅
典霸权的衰落，但是他没有看到雅典公民精神的衰退，也没有看到希腊世
界更加持久的国家间冲突。而生活在这一时期的伊索克拉底为雅典的危机
和希腊的危机担忧。他提出向外扩张的化解之道是转嫁内部危机③。但是
雅典霸权已经恢复无望，他将统帅希腊征服波斯的重任寄托于其他大国的
领袖身上，初是色萨利城邦斐拉伊（Pherae）的僭主杰森（Jason），再是
叙拉古的僭主狄奥尼修斯，后来是斯巴达的国王阿基达玛斯三世（Archi-
damus Ⅲ），最后随着马其顿的雄起，他物色到了马其顿王菲力二世④。
　　伊索克拉底像欧里庇得斯一样用文明话语或者说以文明的名义鼓动菲
力二世向波斯发动战争。他在致菲力二世的信中说：

　　　　您义当对希腊人施善政，对马其顿人施王政，然后统治尽可能多
的蛮族人。因为如果您这样做了，所有的人都会感激您：希腊人因您

----

①　Euripides, *Iphigenia at Aulis*, 1400—1401.

②　Ibid., 1627—1629.

③　参见焦雅君《从平视到蔑视——古希腊人蛮族观念的演变》，第 75 页。

④　同上书，第 76 页。

对他们仁慈而感激不尽，马其顿人因您以王政而非僭政统治他们将感恩戴德，其他族类的人（genos）因您使他们摆脱了蛮族式的专制统治、获得希腊的保护而感激涕零。①

伊索克拉底和菲力二世心里都很明白，征服波斯人的目的就是掠夺财富，建立一种族群不平等的帝国秩序。可是伊索克拉底给出的理由是如此的冠冕堂皇：解放蛮族人，给他们希腊式的自由。我们从欧里庇得斯和伊索克拉底的帝国主义论调中看出希腊人文化认同的话语是怎样蜕变为帝国主义的话语的。希腊人的文化认同本是以文化标准来区分自我和他者的观念或者一种政治实践，文化认同带有萨义德所说的东方主义式的文化偏见。但在以欧里庇得斯和伊索克拉底和柏拉图为代表的希腊精英那里，文化偏见发展成为煽动帝国主义扩张的话语基础。这种以传播文明为借口而发动对外战争、推行征服活动的帝国主义观念和实践可以称之为文明帝国主义，这正是现代西方社会推行殖民主义的思想源头之一。

作为晚辈的亚里士多德同样受到前辈们的影响，接受了文明帝国主义的话语，他在证明他的著名的蛮族人奴性论时就引用欧里庇得斯的这句诗："正义的是希腊人统治蛮族人，不正义的是蛮族人统治希腊人"②。可见，文明帝国主义话语在希腊的精英的观念当中绝非个案，而带有普遍的意义。这其实就是希腊人征服的思维与文化认同相结合的产物。

族群认同的本质是某族群如何认知外部族群以及如何处理族际关系的行为方式以及思维方式。当这种行为方式和思维方式固定下来便形成了族群认同的文化模式。根据上述中希族群认同的比较，华夏族群和希腊族群在古典时期形成了各自的族群认同的文化模式。具体而言，华夏族群形成了文化本位和天下一体的认同文化，希腊人形成了早期的种族主义和二元对立的认同文化。前者具有开放性和普世性，后者则表现出封闭性和狭隘性。

---

① Isocrates, *To Philip*, 154, Loeb Classical Library, trans., George Norlin, Harvard University Press, 2000.

② Aristotle, *The Politics*, Ⅰ.Ⅰ.6.

第 七 章

文化转向与轴心突破

中希族群认同的文化转向发生在轴心时期，它与轴心突破有密切的联系。轴心突破为文化转向提供思想资源，同时文化转向也丰富了轴心突破的内容。这是从横向的角度理解文化转向，从纵向看，将它放在中国历史和西方历史的长河中来考察，文化转向为中华文明和西方文明在处理文化共同体相遇的问题上留下了不一样的遗产。

第一节　外部失序与轴心突破

许多学者关注到公元前 500 年前后华夏文明、希腊文明、犹太文明、印度文明、波斯文明等发达文明在思想文化领域出现了根本性的突变，产生了一大批先知先觉的文化精英，并从本体论的角度思考着人天（神）关系、人人关系和人之本初。这就是轴心文明理论所说的"轴心突破"。轴心文明理论认为轴心突破为文明的延续、成长、转型提供了不竭的文化资源。

轴心文明理论的阐述经历了几代学者的努力，还在不断完善当中。人们常常提到的第一位对轴心文明理论有杰出贡献的学者是雅斯贝斯①。雅斯贝斯于 1949 年出版《历史的起源与目标》一书中重点阐述了他的轴心

① 在雅斯贝斯之前已有不少学者注意到了公元前 500 前后几大文明的精神觉醒现象。19 世纪初法国东方学家亚贝尔 - 雷慕沙（J. P. Abel-Remusar）已经注意到公元前 1 千纪东西方几大文明发生的空前的思想跃进。19 世纪中叶，德国学者拉苏斯（Lasaulx）在他的论著中对这一想象已经进行了历史哲学层次的反思。马克斯·韦伯的比较宗教学也提到了这一文化现象。中国的学者梁启超、闻一多等人也曾比较过这几大文明的思想变化。参见张灏《从世界文化史看枢轴时代》，《二十一世纪》2000 年第 2 期（总第 58 期）；参见余英时《轴心突破和礼乐传统》，《二十一世》2000 年第 2 期（总第 58 期）；张京华《中国何来轴心时代？（上）》，《学术月刊》2007 年第 7 期。

文明理论①。雅斯贝斯指出,在公元前 800 年至公元前 200 年,古代希腊、中国、以色列、印度、波斯的文化发生了一次革命性变化,这一变化的实质就是精神的觉醒。每当出现生存危机的时候,他们的精英都会回顾轴心时代,利用轴心突破的文化遗产以期度过危机,从而出现了一次次的复兴运动。精神觉醒或轴心突破的意义重大,发生了轴心突破的文明长久保持着生命力,而那些没有实现突破的古代文明如巴比伦文明、埃及文明都没有摆脱灭绝的命运,与轴心文明没有接触的部族则保持着原始状态,历史没有进步。因为从奥古斯丁到黑格尔的历史哲学都认为,人类的全部历史都来自耶稣基督,走向耶稣基督,上帝之子降临乃是世界历史的轴心,因此,信仰基督教的雅斯贝斯就用"轴心期"来命名这个对人类历史起着巨大影响的时代②。

该书虽在 1953 年被译成英文,但是在学术界没有产生多大回响。直到 1972 年美国研究中国思想史的汉学家本杰明·史华慈(Benjamin Schwartz)向美国《代达罗斯》(Daedalus)杂志建议借用雅斯贝斯的"轴心时代"思想探讨公元前 1 千纪的文化状况。这个建议得到杂志编委会采纳。是年 9 月和次年 9 月分别在罗马和威尼斯召开两次会议以讨论该议题。1975 年《代达罗斯》杂志选择了会议部分论文推出"智慧、启示与怀疑:公元前 1 千纪的视角"专号③。另外,以色列社会学家艾森斯塔特(Shmuel N. Eisenstadt)踵其后,继续思考轴心文明理论。他曾主持召开"轴心文明起源与多样性"的会议,会议论文也结集出版④。轴心文明理论的研究得到进一步深化。

史华慈和艾森斯塔特两位轴心文明理论的旗手都异曲同工地述及轴心突破的实质。史华慈在《超越的时代》这篇高屋建瓴的文章中指出:"如果在所有这些轴心运动中存在某种共同的根本的驱动力的话,那么,这种驱力可以被称为走向超越的倾向(the strain toward transcendence)。'超

---

①　[德]卡尔·雅斯贝斯:《历史的起源与目标》,魏楚雄、余新天译,华夏出版社 1989 年版。

②　同上书,第 7—15 页。

③　*Daedalus*, Vol. 104, No. 2, Wisdom, Revelation, and Doubt: Perspectives on the First Millennium B. C. (Spring, 1975).

④　Shmuel N. Eisenstadt, ed., *The Origins and Diversity of Axial Age Civilizations*, New York: State University of New York Press, 1986.

越'这个词，负载太重的内涵，某些指示颇为晦涩的哲学道理。我这里所说的'超越'是与其语源学意义相近的——企踵瞻远——意味着对现实采取一种批判、反思的究问态度从而开启一崭新的视界。"① 艾森斯塔特认为轴心突破的实质就是"超越秩序与世俗秩序之间基本张力的出现、概念化和制度化"②。在两位学者看来，轴心突破的根源在于对现实秩序的不满或者说对失序的批判而产生了重建理想秩序的努力，这种理想秩序就是超越秩序。轴心突破之所以持续对后世产生影响就是超越秩序不断被制度化。

史华慈和艾森斯塔特对轴心突破产生原因及其实质的解释有很强的说服力，但是他们的轴心突破理论也存在不足之处，那就是他们看到的仅仅是文明内部突破以及内部突破与内部失序之间的关系，而忽略了文明外部突破以及与外部失序之间的关系。

内部突破发生的机理是解决内部失序的问题和列国失序的问题。轴心突破的时代本来是大变革的时代，是技术革新和制度大变迁的时代，是人口迅速增长的时代，也是列国争雄、战争频发的时代，更是政治舞台上政治斗争异常残酷的时代。所以，在很多思想家看来，这个时代与先前的时代比起来是黑暗的时代。儒家称这个时代"礼崩乐坏"，并且极力描述夏商西周所谓三代的清平稳定，赋予理想的色彩。希腊人也有社会退步论的观念，社会越是古远就越美好，谓之黄金时代，往后沦为白银时代、青铜时代，至最近而为黑暗的黑铁时代。"礼崩乐坏"和"黑铁时代"的描述都是在批判当时的现实秩序。

司马迁在《太史公自序》中留下了一段对话，这篇对话恰恰道出了儒家思想突破的背景：

> 上大夫壶遂曰："昔孔子何为而作《春秋》哉？"太史公曰："余闻董生曰：'周道衰废，孔子为鲁司寇，诸侯害之，大夫壅之。孔子知言之不用，道之不行也，是非二百四十二年之中，以为天下仪表，

---

① Benjamin I. Schwartz, "The Age of Transcendence", *Daedalus*, Vol. 104, No. 2, (Spring, 1975), p. 3.

② ［以］艾森斯塔特：《轴心时代的突破——轴心时代的特征与起源》，载苏国勋、刘小枫主编《社会理论的诸理论》第二卷，上海三联书店2005年版，第240页。

贬天子，退诸侯，讨大夫，以达王事而已矣．'子曰：'我欲载之空言，不如见之于行事之深切著明也．'夫《春秋》，上明三王之道，下辨人事之纪，别嫌疑，明是非，定犹豫，善善恶恶，贤贤贱不肖，存亡国，继绝世，补敝起废，王道之大者也．《易》著天地阴阳四时五行，故长于变；《礼》经纪人伦，故长于行；《书》记先王之事，故长于政；《诗》记山川谷禽兽草木牝牡雌雄，故长于风；《乐》乐所以立，故长于和；《春秋》辩是非，故长于治人．是故《礼》以节人，《乐》以发和，《书》以道事，《诗》以达意，《易》以道化，《春秋》以道义．拨乱世反之正，莫近于《春秋》．《春秋》文成数万，其指数千．万物之散聚皆在《春秋》．《春秋》之中，弑君三十六，亡国五十二，诸侯奔走不得保其社稷者不可胜数．察其所以，皆失其本已．故《易》曰'失之毫厘，差以千里'．故曰'臣弑君，子弑父，非一旦一夕之故也，其渐久矣'．故有国者不可以不知《春秋》，前有谗而弗见，後有贼而不知．为人臣者不可以不知《春秋》，守经事而不知其宜，遭变事而不知其权．为人君父而不通于《春秋》之义者，必蒙首恶之名．为人臣子而不通于《春秋》之义者，必陷篡弑之诛，死罪之名．其实皆以为善，为之不知其义，被之空言而不敢辞．夫不通礼义之旨，至于君不君，臣不臣，父不父，子不子．夫君不君则犯，臣不臣则诛，父不父则无道，子不子则不孝．此四行者，天下之大过也．以天下之大过予之，则受而弗敢辞．故《春秋》者，礼义之大宗也．夫礼禁未然之前，法施已然之後；法之所为用者易见，而礼之所为禁者难知．"①

这篇著名的对话不仅是在讨论孔子何以作（修）《春秋》以及《春秋》修撰宗旨的问题，也是在讨论儒家经典《诗》《书》《礼》《易》《春秋》和传说中的《乐》这些作品被儒家重新阐释或者说儒家化的原因与宗旨。儒家认为春秋时期"周道衰废"，"道之不行"，他们欲借助典籍和教育重建"君君、臣臣、父父、子子"的政治伦理秩序。而儒家之外的其他诸子也是延续儒家批判现实的思路，思考秩序重建的问题。

希腊哲学的社会（道德）转向要归功于苏格拉底。黑格尔说："在古

① 《史记·太史公自序》，第3797—3798页．

代哲学史中，苏格拉底的突出贡献，就是他建立了一个新的概念，亦即他把伦理学加进了哲学，而过去哲学是只考察自然的。……苏格拉底的哲学是道地的道德哲学。"① 苏格拉底生活的时代特别是晚年经历了希腊世界最大的内战——伯罗奔尼萨战争。战争的结果是希腊世界的衰落，希腊城邦陷入危机之中。苏格拉底思考道德哲学的基础仍然是对现实秩序的不满。他常发疑问："谁应该来修理国家这只船呢?"② 他的道德哲学就是为探寻解决希腊城邦危机开出的良方。然而苏格拉底本人在伯罗奔尼撒战争结束的第五年（公元前 399 年）被雅典公民以渎神和败坏青年为由判以死刑。苏氏之死也反映了艾森斯塔特所说的"超越秩序与现实秩序的紧张"。他的学生柏拉图的《国家篇》等政治哲学和伦理哲学著作在很大程度上是回答苏格拉底的疑问。亚里士多德在《政治学》第二卷开篇就表明了自己写作该书的动机③。他说，研究优良政体不是为了逞文字之快，炫耀诡辩之术，而是因为希腊城邦的每一种政体都是有问题的④。他试图通过探究真正的优良政体，寻求希腊政治危机的出路。这是文明内部失序导致轴心突破的典型例子。

但是，我们还应看到文明的外部失序与轴心突破的关系。所谓外部失序就是在轴心时代轴心文明特别是华夏文明和希腊文明都遭受到来自外部的巨大威胁，这种威胁甚至是致命的，但是华夏文明和希腊文明依靠内部团结最终战胜了来自外部的挑战。在遭遇外部危机和战胜外部危机的过程当中，族群意识成为内部凝聚力的重要源泉，同时族群认同发生了文化转向，即轴心文明意识到了自身作为一种文明或文化共同体的存在，他们在文化上区分了自我和他者，并建构了自身之于他者的文化优越性。

外部失序带来的族群意识或者文明认同的变化是轴心突破的不可或缺的组成部分。实际上，族群认同文化转向的实质是族群自觉或者文明自觉，即某一族群或文明由自在的状态向自觉的状态转变。正是在这个意义

---

① ［德］黑格尔：《哲学史讲演录》第二卷，贺麟、王太庆译，商务印书馆 1960 年版，第 42 页。

② 参见罗素著《西方哲学史》上卷，何兆武、李约瑟译，商务印书馆 1963 年版，第 118 页。

③ 《政治学》第一卷主要谈论家政学和家庭管理，第二卷才正式论述以城邦为研究对象的政治学。

④ Aristotle, *The Politics*, Ⅱ.Ⅰ.1.

上，雅斯贝斯所说的轴心文明的持久性存在才是成立的。自觉之后的族群
不易被同化或被消灭，拥有长久的生命力；与他们接触的部族受到轴心文
明的影响，产生了族群意识，变成了新的文明或族群；任何未同轴心文明
获得联系的族群仍保持原始，要不就消亡①。历史的事实也表明，在之后
的两千余年历史中，这一批自觉族群始终扮演者重要角色，他们的文明或
延续或被继承，影响逐步扩大。周边的自在族群或吸纳他们的成果构成新
一批的自觉族群或消亡。在前现代时期未被影响到的地区则一直保持着原
始状态。

　　族群互动引起的文化自觉不仅仅发生在中希两大文明中间，产生了轴
心突破的印度文明和犹太文明也有近似的经历。据汤因比考察，操印欧语
的族群曾在公元前 600 年前后第二次入侵印度河流域，迫使当地居民向东
南地区移民。到佛陀和大雄的时代，印度文明的重心已经向东南方向转移
到从旁遮普到恒河、哥格拉河和宋河的交汇地区一带。这一地区占多数的
正统印度人开始不以为然地把他们的祖先在印度河流域的家园看作半蛮荒
之地。不久，波斯的势力开始渗透印度河流域。居鲁士二世在公元前 539
年征服巴比伦王国之后的某一年代，吞并了印度河的支流喀布尔河流域；
大流士一世在公元前 522 年镇压了帝国心脏地带大起义后，又在某一年代
吞并了印度河流域的其他地区，一直推进到印度河三角洲地区。印度人的
族群中心主义在波斯入侵以后得到进一步的加强②。

　　华夏国家以文化标准区分华夷，希腊世界以文化和血缘复合标准界定
希腊人和蛮族人"barbarians"，而犹太人（Jews）则以宗教（犹太一神
教）排除了异教徒（gentile），犹太人和异教徒对立的观念也形成于犹太
文明的轴心突破时期，特别是受到"巴比伦之囚"（Babylonian Exile）这
一外族征服事件的影响。公元前 586 年新巴比伦王国君主尼布甲尼撒二世
（Nebuchadnezzar II）再一次征服了犹太王国，征服者洗劫了耶路撒冷，
并将大批民众特别是祭司、王室成员、工匠等精英群体掳往巴比伦。公元
前 538 年波斯国王居鲁士灭新巴比伦王国之后，被囚掳的犹太人才获准返
回家园。这次事件对犹太教的发展具有重大影响。它也是犹太认同发生转
变的拐点，犹太教特别是严格的教规教仪成为犹太认同的主要标准。《圣

---

① ［德］卡尔·雅斯贝斯：《历史的起源与目标》，第 14—15 页。
② ［英］汤因比：《人类与大地母亲》，徐波等译，上海人民出版社 2001 年版，第 201 页。

经·以斯拉记》记载，被囚掳的以色列人在回归的第二年正月十四日庆祝逾越节。逾越节上，以色列祭司和利未人按照严格的祭仪清洁自己，并且为回归的人民屠宰羔羊。所有回归的以色列人吃了羔羊，以及那些脱离不清洁的异教信仰而重新皈依以色列上帝的人也吃了逾越节羔羊。① 逾越节，分享祭牲，信仰以色列上帝耶和华，这些文化方式就是犹太人界分自我与异教徒的标志。同样犹太人也有相比于异教徒的文化优越感，那就是他们的祭仪让以色列人身体和心灵清洁，而异教徒则是肮脏的。清洁是犹太人的重要文化价值观。

我们看，族群认同的文化转向在古典时期是具有普遍意义的。在这一时期中国、希腊、印度和犹太人这几大文明的文明意识都不断觉醒，这与族群认同的文化转向是同步合拍的。文明或族群的外部失序和内部失序共同推动了轴心突破运动。

第二节 中希族群认同的历史遗产

刘家和先生曾总结轴心突破的三个方面：人与自然或天的关系的反省，达到关于自身对外界的自觉；人与人之间关系的反省，达到关于自身内部结构的自觉；人的本质或人性的反省，达到自身的精神的自觉②。事实上，还有第四个层次的自觉，那就是，文明对自我意识的觉醒和认知。前三个层次属于内部突破的结果，第四个层次属于外部突破的结果。然而，研究轴心文明理论的学者大多关注内部突破的文化遗产，而忽视了外部突破的文化遗产。

公元前8到公元前3世纪不但是文明内部发生变革的时代，也是文明壮大扩张的时代。所以当时的文化精英和政治精英就要审时度势地思考如何与更广阔地区族群的互动问题，当族群之间的冲突加剧时，就要讨论外部失序的问题，就要对如何处理内外关系做出回应。这种回应被观念化和制度化之后就形成族群认同或文明认同的文化模式，并被后人继承下来。

轴心文明外部突破的实质就是文明或族群关于如何认识自身、如何认

---

① *The Bible*, Ezra, 6.19–21, New Revised Standard Version.

② 刘家和：《论古代的人类精神的觉醒》，载《古代中国与世界》，武汉出版社1997年版，第572—573页。

识作为自身对立面的他者、以及如何处理自身与他者内外关系所形成的制度化的处理方式和固定的思维模式。当轴心突破一次次复兴或者一次次被制度化的时候,认同文化也一次次地发挥历史作用。所以,中希族群认同的差异性分别送给中华文明和希腊—西方文明不同的认同遗产:一是文化本位和种族主义,二是一体并立的文明守成主义和二元对立的文明帝国主义。

一　文化本位与种族主义

中国族群认同的文化本位传统由陈寅恪发凡,本书也论述了先秦时期文化本位传统形成的过程。这一传统可谓源远流长,接下来就简单的叙述一下文化本位的认同遗产在中国历史上的继承。

司马迁《史记》中的华夷观代表了汉代人的看法。他记载匈奴说"苟利所在,不知礼义",这是他区分华夷最核心的标准,也是汉代精英的共识。东汉的思想家王充也在《论衡》中说:

> 诸夏之人所以贵于夷狄者,以其通仁义之文,知古今之学也。①

不可否认,司马迁和王充的华夷观念都带有族群中心主义的倾向,但是,他们所持华夷之辨的标准是文化本位的,也就是"礼义"价值。文化标准具有普世性和开放性,一个人的身份可以根据自身所持文化的变迁而改变。一个匈奴人可以成为一个汉人,一个汉人也可以成为一个匈奴人。所以身为匈奴王子的金日磾可以成为汉武帝的托孤大臣。而在希腊,如外族人进入斯巴达和雅典的权力中枢,这是不可想象的。

北魏政权为鲜卑族拓跋氏建立的少数民族政权,拓跋氏就以中华正统自居。北魏太武帝拓跋焘《灭佛诏》称佛为"胡神",佛法非九州固有。《魏书·韩显宗传》记载韩显宗上书孝文帝说:"自南伪相承,窃有淮北,欲擅中华正统。"孝文帝君臣以北魏为中华文化的继承者自居,反斥南方汉族政权为伪政权②。正是在这种中华正统思想的氛围下,孝文帝的华夏化改革才得以较少阻力地实现。

---

① 王充:《论衡·别通篇》,新编诸子集成本,中华书局1990年版,第600页。
② 参见陈连开《中国·华夷·蕃汉·中华·中华民族———一个内在联系发展被认识的过程》,载《中华民族研究初探》,知识出版社1994年版,第61—62页。

同样是少数民族政权的辽国也以中华正统自居。洪浩在《松漠纪闻》中记载一则事例：

> 大辽道宗朝，有汉人讲《论语》至"北辰居所而众星拱之"，道宗曰："吾闻北极之下为中国，此岂其地邪？"至"夷狄之有君"，疾读不敢讲，则又曰："上世猃狁獫狁荡无礼法，故谓之夷，吾修文物，彬彬不异中华，何嫌之有？"卒令讲之。[①]

辽道宗认为辽国的文物制度与中华同，与上古时期不知礼法的獫狁夷狄不同，辽国也是中华国家。

宋人与辽国及金国争中华正统，但是他们在如何定义中华的问题上是一致的，宋朝的文人认为：

> 中华者，中国也。亲被王教，自属中国，衣冠威仪，习俗孝悌，居身礼义，故谓中华。非同夷狄之俗，被发左衽，雕体文身之俗也。[②]

我们从中可以看出轴心文明的影响之深，此山贳冶子的华夷观念与先秦儒家的观点是如此的相像，别无二致。

元朝是中国历史上第一个统治全国的少数民族政权，那么对于占据多数人口的汉人和汉化的少数民族人口来说，他们又怎样认同于这个政权，蒙古最高统治者又怎样使他们认同这个政权。两者的契合点正是族群认同的文化本位传统。蒙古最高统治者实行汉化政策，得到儒生的支持。元代士大夫郝经在与友人的书信中说道：

> 今日能用士而能行中国之道，则中国之主也。[③]

---

① 洪皓：《松漠纪闻》，丛书集成新编本，台北：新文丰出版公司1985年版，第117册，第471页。

② 此山贳冶子：《唐律释文》，载长孙无忌：《唐律疏议》附录，中华书局1983年版，第626页。

③ 郝经：《陵川集》卷三十七，文津阁《四库全书》本，商务印书馆2005年影印版，第398册，第381页。

　　中国之道就是儒家所提倡的政治制度以及君臣之义等儒家价值观。实际上,儒生对蒙古人建立的政权有着高度的认同。萧启庆曾对明清易代之际元朝进士的政治抉择进行了详细的研究,他的结论是:第一,在他所列举的144名进士中,忠元者有87人,背元者45人,遁逸者12人,忠元的进士远高于背元者。第二,在忠元的进士当中,在元末死节殉国者有51人,其中汉族人32人;在元朝北走、明朝建国之后,拒绝出仕明朝的元遗民仍有32人,其中汉族27人;另外追随北元者有4人,汉人1名①。汉族在政治上是受到歧视的,但是愿为故国守节殉国者仍然甚多。萧启庆也做了解释,他认为:"易代之际,多数进士做出忠元的抉择,主要是由于'君臣大义'观念的影响。由于元代各族进士皆深受道学熏陶,'君臣大义'的观念深入其心。……忠君观念在当时可以说是一超越族群藩篱的普世价值。"② 就是因为儒家道学这一"中国之道"被元朝各族精英所接受,元朝政权的合法性才被他们接受。

　　陈寅恪已经多次阐述隋唐时期和明清时期的文化本位传统,所以这里没有赘述。我们可以清晰地在中国的历史上寻找出文化本位传统的延续传承脉络。现在反观西方的历史就会发现,种族主义在西方也有一个接力的过程。

　　皮埃尔—安德烈·塔吉耶夫和艾萨克都认为种族主义是西方独有的现象③,只不过前者认为种族主义产生在现代时期,后者认为可以上溯到古典时期。我们认为艾萨克的观点是成立的。作者列举了一连串古希腊罗马时期的种族主义者名单,这些人物包括:希罗多德、希波克拉底、柏拉图、亚里士多德、波里比阿、斯多葛学派哲学家波希多尼(Posidonius)、维特鲁威(Vitruvius)、盖伦(Galen)、韦格提乌斯(Vegetius)、西塞罗(Cicero)、斯特拉波、普利尼(Pliny)、塔西佗(Tacitus)、凯撒、托勒密(Ptolemy)。这些人物我们都很熟悉,他们是希腊罗马文明的最杰出代表,可是在种族主义的认识上却惊人地一致。艾萨克还比较了古典时期与启蒙

---

　　① 萧启庆:《元明之际士人的多元政治选择——以各族进士为中心》,《台大历史学报》第32期(2003),第132—133页。

　　② 同上书,第133—134页。

　　③ Miriam Eliav-Feldon, Benjamin Isaac and Joseph Ziegler, eds., *The Origins of Racism in the West*, pp. 8—9.

运动时期也就是大多数学者认可的种族主义产生时期的种族主义者的观点，启蒙时期的种族主义者或者带有种族观念的学者有：布丰（Georges-Louis Buffon）、休谟、伏尔泰、康德、爱尔维修。古今种族主义的观点有明显的一致性和继承性[①]。可以说，种族主义是植根于西方文明的一个传统，这一传统正是从古希腊演绎开来。

二　文明守成主义与文明帝国主义

如何认识外部世界以及处理外部世界的关系，华夏国家和希腊人形成了不同的观念和政策，即一体主义（一体差序）和二元主义（二元对立）。一体主义并非没有内外的区分，而是对外部世界采取和平、包容、普世的态度、理念和政策实践。二元主义将世界严格地分为内外两个对立的部分，即文明族群，与他者野蛮族群，并主张以暴力和征服的形式向蛮族地区推广自己的文明。中希两种不同的族际政策给中西两种文明带来不同的遗产，这就是文明守成主义和文明帝国主义的传统。

华夏文明没有将自己的文化/文明传播到域外的强烈动机，相反她反对采用暴力的手段改变外族的习俗文化，而是注重内修，达致内部昌明的境界，从而使得外部世界效仿学习。这就是文明守成主义。《礼记·王制》中的一段话准确地表达了这种观念、政策及其理论基础：

> 凡居民材，必因天地寒暖燥湿，广谷大川异制，民生其间者异齐，刚柔轻重，迟速异齐，五味异和，器械异制，衣服异宜。修其教不易其俗，齐其政不易其宜。中国戎夷，五方之民，皆有性也，不可推移。……中国、夷、蛮、戎、狄皆有安居，和味，宜服，利用，备器，五方之民，言语不通，嗜欲不同，达其志，通其欲。[②]

这段话的意思是说，华夏地区和四裔地区的居民都有不同的习性，他们的文化习俗与他们地理环境是相适应的，华夏国家可以加强他们的教化但不改变他们的习俗，统一他们的政令而不改变当地适宜的风尚。这当然不是地理环境决定论，更不是种族论，因为这里没有种族优劣的论调，它主

---

①　Benjamin Isaac, *The Invention of Racism in Classical Antiquity*, pp. 8—12, pp. 56—109.

②　《礼记·王制》，第 1338 页。

张"中国、夷蛮戎狄皆有安居",也不存在征服消灭劣等族群的冲动。这段话的重点在于主张因地制宜以及和平方式处理华夏与四方之民的关系。

文明守成主义是植根于华夏文明内部的一种文化,它受儒家思想影响极深。儒家倡导内圣外王之道,重视内在修为,先正己后正人,主张修己以安百姓,修身、齐家、治国、平天下,所以季康子问政于孔子。孔子对曰:

政者,正也。子帅以正,孰敢不正?①

儒家强调的是领袖的表率作用、道德楷模的感召力。"内圣外王"虽然针对个人的修行与功德。但是扩而展之,个人的修为推及到文明的修为。所以孔子说:"远人不服,修文德以来之"。在儒家看来,个人的修为与集体的修为是相通的。

文明守成主义是中国文明的一个传统,相比较而言,中国在处理周边族群的关系上秉持着克制、包容、平等的精神。有着韩国血统和文化背景的美籍学者康灿雄(David Kang)对中国文明的文明守成主义有比较客观的认识。他认为中国并没有要改造世界的救世主设想或者野心,无意于积极输出自己的制度文明价值观,而是努力和大多数周边国家建立稳定的关系。这种关系就是具有等级秩序儒家国际格局。但是这种儒家秩序虽然在形式上是不平等的,但在实质上是平等的,周边国家拥有真正的自主权。中国文明影响下的朝鲜、越南、日本是以自上而下、自愿效仿的形式中国化或者文明化的,这些国家仍然保留了自己的特色和多元传统②。

康灿雄所说的改造世界的救世主野心以及文明输出的冲动恰恰是只有在西方文明中才有的现象。前面提到文明帝国主义早在古典希腊就出现了。文明帝国主义就包括二元对立的世界观、一元文明论以及传播文明的狂热使命。

希腊二元对立的思维方式被罗马人所继承,罗马人将世界居民分为罗马人和蛮族人(非罗马人),中世纪的基督教文明也继承了希腊、罗马的

---

① 《论语·颜渊》,第 2504 页。

② 参见 [美] 彼得·卡赞斯坦主编《世界政治中的文明——多元多维的视角》,秦亚青、魏玲等译,上海人民出版社 2012 年版,第 102—128 页。

世界观念，将世界分为基督教徒和野蛮的异教徒①。众所周知，基督教会鼓动基督教徒传播基督教，是有不乏采取暴力的形式。不管是十字军东征，还是近代欧洲人的殖民扩张，都能找到基督教徒狂热传教的动机。

萨义德说，现代的东方学/东方主义是世俗化了的宗教，"东方学/东方主义不是突然出现的关于东方的客观知识，而是从以前继承过来的，为语言学这样的学科所世俗化、重新处理、重新建构的一套结构，而这些结构本身又是自然化、现代化和世俗化了的基督教超自然论的替代品或变体。"② 的确善于妖魔化异教徒的基督教会将接力棒传给了拥有强大的话语生产机构——学术队伍、宗教组织、媒体——继续认识他者、妖魔化他者。种族、肤色、气质、性格、制度、文明价值观取代基督教成为了现代欧洲人重新划分世界的标准，这个世界不再是基督徒和异教徒共存的世界，而是文明的西方人和非文明的东方人以及处在野蛮状态的原始人同居的世界。

作为对萨义德的回应，西方学者也谈东方人建构西方的西方主义（Occidentalism）③，不可否认，文化中心主义以及对异文化的误读是每一文明、每一族群共有的文化现象，但是，即使是非西方世界存在对西方的误解也不可与西方的东方主义传统同日而语。不管在效果上还是在程度上，东方主义的影响都要强大得多。东方主义还有一个更重要的不同，它塑造了东方人的自我东方化。东方主义已经影响甚至支配了东方对自己的认识，这些是萨义德借马克思的话反复强调的：他们无法表述自己；他们必须被别人表述。东方主义和自我东方主义"合谋"为当今不合理的世界秩序提供了合法性。

事实上，东方主义只是文明话语的另一种表达方式，东方主义是西方人对东方的认知、建构和偏见，文明话语则是西方人对自身的认知、建构

---

① Robert Browning, "Greeks and Others: From Antiquity to the Renaissance", in Thomas Harrison ed., *Greeks and Barbarians*, Edinburgh: Edinburgh University Press, 2002, pp. 226—228.

② Edward W. Said, *Orientalism*, p. 122.

③ 参见 James Carrier, ed., *Occidentalism: Images of the West*, Oxford: Oxford University Press, 1995; Wang Ning, "Orientalism Versus Occidentalism?", *New Literary History*, Vol. 28, No. 1, Cultural Studies: China and the West (Winter, 1997), pp. 57—67; Couze Venn, Occidentalism: Modernity and Subjectivity, London: Sage Publications, 2000; ［荷兰］布鲁玛、玛格里特：《西方主义——追溯"反西方"的历史与本源》，张鹏译，金城出版社 2010 版。

和偏爱。东方主义和文明话语共用的是一套标准、一套知识体系。两者互为一体，不可分割，偏见和偏爱是一对孪生姊妹，东方主义明言西方的优越，文明话语则暗含非西方的落后、野蛮。文明话语属于一元文明论，它认为只有西方是进步的、发展的，原因就是西方拥有民主、自由、平等、法治、科学等优秀传统，而非西方世界由于缺乏这些传统而停滞不前，所以西方人有责任将西方的优秀传统输出到这些地区，从而替代非西方历史专制、野蛮、残暴的因素，实现非西方的文明进步。而事实证明这些只不过是西方殖民者的话语罢了①。这种话语背后正是西方人控制世界的权力野心。

文明话语的核心是"自由"大叙事。我们可以从古希腊找到自由大叙事的影子。根据现存的文献，欧里庇得斯最早明确提出东方人只有君主一个人自由的观念。前面也提到，他在悲剧作品中说"希腊人是自由人，蛮族人皆是奴隶，一人除外"。这是东方专制主义论的古典表述。但是，我们可能对欧里庇得斯的表述不会感到陌生，因为它很容易让我们想起黑格尔的历史哲学。实际上，欧里庇得斯启迪了熟悉古典学的黑格尔。欧里庇得斯的"自由"叙事仅是空间上的，东方一个人自由，希腊人人自由。黑格尔的"自由"叙事加入了时间的因素，并将之改造为人类社会发展的历史逻辑。这种叙事就变成了自由主义宏大叙事（Grand Narrative）。

黑格尔在《历史哲学》中说，人类的历史就是自由精神发展的历史，自由的发展经过三个阶段：一个人自由的时期，少数人自由的时期，全体人自由的时期。东方社会发展到第一阶段便停滞了，所以他们一直处于东方专制主义的阶段；希腊罗马社会发展到第二阶段；只有日耳曼人发展到第三阶段，意识到了全体人的自由②。他把希腊人自我认同的"自由"叙事发展为西方人自我认同的"自由"大叙事。显然，黑格尔继承了欧里庇得斯的"自由"叙事观念，不过在"自由"叙事的时空方面有大的发挥，时间上由希腊人的古典时期变为人类的整个进程，空间上加入印度、中国更广泛的"东方"社会，又加入了"西方"的罗马和日耳曼社会。黑格尔对东方社会的认识与欧里庇得斯是相同的，他说，"东方人还不知

---

① 参见 J. M. Blaut, *The Colonizer's Model of the World*：*Geographical Diffusionism and Eurocentric History*, New York and London：The Guilford Press, 1993.

② 参见［德］黑格尔《历史哲学》，王造时译，上海书店出版社 2006 年版。

道，'精神'——人之所以为人的本质——是自由的，因为他们不知道他
们不自由。他们只知道一个人是自由的。……所以这个人只是一个专制君
主，不是一个自由人。"① 他的表述与欧里庇得斯的表述如出一辙。不同
的是黑格尔剥夺了希腊人自认为的全体人自由的优越性，并将它赋予了他
挚爱的日耳曼民族。黑格尔的东方专制主义建构无疑是从古希腊的东方主
义的思想中汲取了资源。

希腊人的"自由"叙事划分了希腊人和野蛮人（主要是东方人）的
边界，黑格尔的"自由"大叙事则划分了西方人和东方人的边界，并将
这一划分历史化。西方绝对优越于东方的西方中心主义观念就建基在自由
主义宏大叙事之上。他的西方中心主义对后世影响至深，甚至有学者认
为，后来所有的欧洲中心主义在本质上仅仅是黑格尔的一串串注脚②。这
一评价是不无道理的。

"自由"大叙事之外还有兴起于当代美国的"人权"大叙事。后者是
前者的最新形式。上世纪 70 年代，卡特政府提出人权外交的理念，形成
了人权外交的对外政策。美国政府站在她所鼓吹的人权、民主的道德制高
点上，批评、指责他国内政，甚至武装干涉别国政治，以实现自己的国家
利益。这种借口人权问题实现霸权的政治手段被称为"人道主义帝国主
义"（humanitarian imperialism）③。人权帝国主义继承的是西方文明帝国主
义的传统，可以想见，人权帝国主义失灵之后，西方世界还会产生什么新
的文明帝国主义话语花样。

显然，种族主义和文明帝国主义也是西方的遗产，但是，在"西方
的遗产"话语当中我们很难寻觅到这一表述，在西方人看来，西方的遗
产只包括自由、民主、科学、法制、个人主义、私权等"积极"的东西。

我们随便翻检一本西方文明史教材就会发现，"西方的遗产"叙事是
西方文明史津津乐道的主题。马文·佩里主编的《西方文明史》就颇受
欢迎，他在书中的前言中说，本书"考察了西方的传统，即那些构成西

---

① 参见［德］黑格尔《历史哲学》，王造时译，上海书店出版社 2006 年版，第 16 页。

② Teshale Tibebu, *Hegel and the Third World：the Making of Eurocentrism in World History*，Syracuse：Syracuse University Press，2011，p. xxi.

③ 参见 Brett Bowden, *The Empire of Civilization：The Evolution of an Imperial Idea*，Chicago and London：The University of Chicago Press，2009，pp. 189—214.

方遗产的独特思想模式和价值体系"①。约翰·巴克勒等人编写的《西方社会史》是以社会史为核心的西方文明史教材,此书也旨在反映西方"历史和文化遗产的最新潮流"②,更有教材直接称之为《西方的遗产》③。

西方学者并不回避他们编撰西方文明史的宗旨。《西方的遗产》三位作者在该书前言中说,"9.11"之后,美国公民更加关注西方的文化遗产及其未来走向,这样西方学者有责任解释历史上"西方是谁"的问题,并思考如何清楚地表达西方的核心价值观念。三位作者还提到,现在"西方的定义要根据政治集团之间的冲突所导致的全球对抗来界定,这些政治集团并非是民族国家,而是它们所理解的西方的对立面,因此,在跨入新时代时,西方的公民需要了解自己的文化、价值观念、经济和政治观点是如何形成的,而不能让那些攻击西方的人随意界定西方文明或是阐释西方的价值观念"④。很显然,在这里"政治集团"是指亨廷顿意义上的文明,"西方的对立面"是指非西方文明,也暗指伊斯兰世界。按照亨廷顿及其追随者的理解,"西方的对立面"也可以指代中国。编写者的动机就是从历史的角度阐释西方文明的核心价值观念,并教授给西方的公民,培养他们的西方文明认同意识。"西方遗产"叙事只是西方人建构文明认同的工具。

对西方人而言,这种建构是无可厚非的,每一种文明、每一个国家都不可避免地建构自己的文化认同,发明自己的制度优越性和文化价值观。然而,在西方文化霸权主导的当今世界,"西方遗产"叙事的西方话语被不加批判地输入到非西方地区,大量的西方文明史教材被译介中国就是明证,而且中国的历史学者还在序言中不遗余力地推荐。西方文明史教材被译介到其他文化区是一种单向度的跨文化现象。实际上,这一跨文化现象背后生成了西方中心论的话语机制以及知识背后的权力支配关系。就拿中文译著来说,中国公民通过这些本来用于灌输西方意识的教材形成了他们的西方想象。教材中的西方优越论和东方主义塑造着中国公民对西方的认识,也以自我东方主义的方式影响着他们对自己历史和文明的认知。所

---

① 〔美〕马文·佩里主编:《西方文明史》,胡万里等译,商务印书馆1993年版,第3页。
② 〔美〕约翰·巴克勒等:《西方社会史》,霍文利等译,广西师范大学出版社2005年版,第6页。
③ 〔美〕唐纳德·卡根等:《西方的遗产》,上海人民出版社2008年版。
④ 同上书,第1页。

以，作为非西方人就有必要检讨"西方遗产"叙事的西方中心论模式。

西方学者通过"西方遗产"叙事建构了一个完整的内在一致的文明传承谱系。根据这一谱系，希腊文明创造出了理性、民主、科学、自由，罗马文明创造出了法制、人文主义，基督教文明创造出了伦理、平等、正义，这些遗产最终催生了现代西方文明，即资本主义、市场经济、科学革命、工业革命等等，现代文明然后向西方之外的世界传播，推动了人类的进步。例如马文·佩里主编的《西方文明史》就说，"西方世界锤炼出了理性的工具，还孕育出了政治自由的观点，并且肯定个人的价值"①。佩里的叙事仍然是理性、自由和个人主义的发展史。在佩里们看来，理性、政治自由、个人主义是西方历史中独有的，他们或以持续传承或以复兴的形式活跃在西方的历史当中，并伴随着西方的扩张而传播到其他文明中去。这完全是一种西方优越论的论调，忽视了其他文明的成就。

虽然西方文明史的书写范围是西方的历史，但是"西方遗产"叙事模式并没有忽略非西方文明的书写，而是预设了西方与非西方遗产对比的前提，那就是，西方文明发明了自由、科学、个人主义，非西方的历史却发明了相反的东西：专制主义、集体主义。例如，伯恩斯等人编著的《西方文明史》叙及希腊、罗马文明的成就时说，"人类自由和强调个人利益的理想超出了构成两河和尼罗河文明的专制主义和集体主义"②。非西方文明仅仅是映照西方优越的一面镜子，或者是衬托英雄的反面角色。这种千篇一律的东方主义偏见在西方文明史教材中俯仰皆是。

针对这种西方优越论，杰克·古迪毫不客气地予以批判。他将西方优越论视为"历史的偷窃"。他以大量史实证明，诸如自由、民主、个人主义、资本主义等社会制度不独为西方所拥有，但是在西方学者的历史叙事中它们成为西方特有的了③。但是，由于西方文化霸权和自我东方主义的存在，被西方"偷窃"的历史至今没有还给非西方世界。

忽视消极层面的"西方遗产"叙事是一种残缺的叙事。这一点要引起我们的注意。相反，我们的文明史研究却受到自我东方主义的影响，中华文明的遗产似乎除了四大发明之外乏善可陈，制度文明被贴上东方专制

① ［美］马文·佩里主编：《西方文明史》，第 3 页。

② ［美］伯恩斯等：《西方文明史》，王觉非等译，中国青年出版社 2003 年版，第 98 页。

③ 参见 Jack Goody, *The Theft of History*, Cambridge：Cambridge University Press, 2006。

主义的标签,仍遭到一刀切的批判。现在到了重新认识自己文化传统的时候了。文化本位和文明守成主义的遗产就值得当今社会的重视。

在全球化的时代,移民、族群迁徙变得更加频繁,每一国家和地区都可能出现多族群杂居的现象。另外,随着印刷资本主义、传媒资本主义的高速发展,族群认同或文化认同从精英阶层向大众阶层传布,政治中的认同因素也日益凸显出来。所以不管是在国内层面还是在国际层面,族群问题都不同程度地存在。我们就不得不思考,如何解决频繁的族际互动所带来的族群问题。发扬中国文化认同的遗产是有意义的。第一,淡化血缘意识和狭隘的部族认同观念,摒弃种族主义宣传。血缘被认为即既定的,某个人或某个群体认定是谁的子孙,在短期内是不可改变的,而且共祖意识易于被用来激发族群意识,成为族群冲突的精神利器。而文化则是后天习得的,某个人或某个群体的生活方式随着环境的变化需要做出调适和变迁。两种生活方式久而久之便会出现趋同,从而形成新的统一的文化认同,化解族群间的矛盾。第二,尊重多元文化。族群意识日益显现的今天,一元文明论越发地不合时宜。搞文化霸权必然遭到其他文化共同体的抵制。多族群共生和多元文化共存将是一种常态,尊重多元文化是族群共生的前提。这要求我们拥有宽容、开放、平等的认同观念。中国的认同文化以及新中国成立以来的族群政策与外交政策实践不仅仅是中华文明的宝贵遗产,也可以为世界文明提供智慧资源。

参考文献

一 中文文献

1. 原始文献

《春秋公羊传》，《十三经注疏》本，中华书局 1980 年影印版。

《春秋谷梁传》，《十三经注疏》本，中华书局 1980 年影印版。

《〈春秋三传〉注》，宋元人注《四书五经》本，中国书店 1985 年影印版。

《春秋左传》，《十三经注疏》本，中华书局 1980 年影印版。

《尔雅》，《十三经注疏》本，中华书局 1980 年影印版。

《国语》，集解点校本，中华书局 2002 年版。

《老子》，新编诸子集成校释本，中华书局 2000 年版。

《礼记》，《十三经注疏》本，中华书局 1980 年影印版。

《论语》，《十三经注疏》本，中华书局 1980 年影印版。

《孟子》，《十三经注疏》本，中华书局 1980 年影印版。

《墨子》，新编诸子集成本，中华书局 1993 年版。

《尚书》，《十三经注疏》本，中华书局 1980 年影印版。

《诗经》，《十三经注疏》本，中华书局 1980 年影印版。

《荀子》，新编诸子集成集解本，中华书局 1988 年版。

《逸周书》，汇校集注本，上海古籍出版社 1995 年版。

《周礼》，《十三经注疏》本，中华书局 1980 年影印版。

班固：《汉书》，中华书局 1962 年版。

此山贯冶子：《唐律释文》，载长孙无忌《唐律疏议》附录，中华书局 1983 年版。

董仲舒：《春秋繁露》，新编诸子集成本，中华书局 1992 年版。

杜预：《春秋经传集解》，《十三经注疏》本，中华书局 1980 年影印版。

范晔：《后汉书》，中华书局 1965 年版。

韩愈:《韩昌黎文集》,上海古籍出版社 1986 年版校注本。

郝经:《陵川集》,文津阁《四库全书》本,商务印书馆 2005 年影印版。

何休:《公羊解诂》,《十三经注疏》本,中华书局 1980 年影印版。

洪皓:《松漠纪闻》,丛书集成新编本,台北:新文丰出版公司 1985
年版。

黄怀信主撰:《论语汇校集释》,上海古籍出版社 2008 年版。

孔颖达:《左传正义》,《十三经注疏》本,中华书局 1980 年影印版。

罗泌:《路史》,文渊阁《四库全书》本,台北:台湾商务印书馆 2008
年版。

司马迁:《史记》,中华书局 1963 年版。

孙诒让:《周礼正义》,中华书局 1987 年版。

王充:《论衡·别通篇》,新编诸子集成本,中华书局 1990 年版。

　2. 工具书

《简明不列颠百科全书》第九卷,中国大百科全书出版社 1986 年版。

古文字诂林编纂委员会编:《古文字诂林》第八册,上海教育出版社 1999
年版。

永瑢等:《四库全书简明目录》,上海古籍出版社 1985 年影印版。

于省吾主编:《甲骨文字诂林》第三册,中华书局 1999 年版。

许慎:《说文解字》,段玉裁注本,上海古籍出版社 1988 年版。

徐中舒主编:《甲骨文字典》,四川辞书出版社 1993 年版。

　3. 专著

白国红:《春秋晋国赵氏研究》,中华书局 2007 年版。

陈来:《古代思想文化的世界——春秋时代宗教、伦理与社会思想》,三
联书店 2009 年版。

陈槃:《不见于〈春秋大事表〉之春秋方国稿》,上海古籍出版社 2009
年版。

陈寅恪:《柳如是别传》,三联书店 2001 年版。

陈寅恪:《元白诗笺证稿》,三联书店 2001 年版。

陈寅恪:《隋唐制度渊源略论稿》,三联书店 2001 年版。

陈寅恪:《唐代政治史述论稿》,三联书店 2001 年版。

崔适:《春秋复始》,续修四库全第 131 册,上海古籍出版社 1995 年版。

范达人、易孟醇:《比较史学》,湖南出版社 1991 年版。

高亨：《老子注译》，《高亨著作集林》第五卷，清华大学出版社 2004 年版。

顾栋高：《春秋大事表》，中华书局 1993 年版。

顾颉刚：《古史辨》第一册，上海古籍出版社 1981 年版。

顾炎武：《日知录》，集释全校本，上海古籍出版社 2006 年版。

郭沫若：《卜辞通纂》，科学出版社 1983 年版。

何浩：《楚灭国研究》，武汉出版社 1989 年版。

黑格尔：《哲学史讲演录》第二卷，贺麟、王太庆译，商务印书馆 1983 年版。

后晓荣：《秦代政区地理》，社会科学文献出版社 2009 年版。

黄怀信：《〈逸周书〉源流考辨》，西北大学出版社 1992 年版。

黄开国、唐赤蓉：《诸子百家兴起的前奏——春秋时期德思想文化》，巴蜀出版社 2004 年版。

黄洋：《古代希腊土地制度研究》，复旦大学出版社 1995 年版。

蒋庆：《公羊学引论》，辽宁教育出版社 1995 年版。

康殷：《古文字形发微》，北京出版社 1990 年版。

李龙海：《汉民族形成之研究》，科学出版社 2010 年版。

李天祜：《古代希腊史》，兰州大学出版社 1991 年版。

李玉洁：《楚国史》，河南大学出版社 2001 年版。

林剑鸣：《秦史稿》，上海人民出版社 1981 年版。

刘家和：《经学、史学与思想》，北京师范大学出版社 2005 年版。

刘家和、王敦书主编：《世界史·古代史编》上卷，高等教育出版社 2005 年版。

刘黎明：《〈春秋〉经传研究》，巴蜀书社 2008 年版。

刘昭民：《中国历史上气候之变迁》，台湾：商务印书馆 1992 年版。

罗念生：《罗念生全集》第 8 册，上海人民出版社 2007 年版。

罗素：《西方哲学史》上卷，何兆武、李约瑟译，商务印书馆 1963 年版。

马戎编著：《民族社会学：社会学的族群关系研究》，北京大学出版社 2004 年版。

蒙文通：《周秦少数民族研究》，《蒙文通文集》（第二卷），巴蜀出版社 1993 年版。

牟钟鉴、张践:《中国宗教通史》,社会科学文献出版社 2000 年版。

彭林:《中国古代礼仪文明》,中华书局 2004 年版。

浦卫忠:《春秋三传综合研究》,台北:文津出版社 1995 年版。

钱穆:《先秦诸子系年》,中华书局 1985 年版。

钱穆:《国史大纲》,商务印书馆 1994 年版。

日知:《中西古典学引论》,东北师范大学出版社 1999 年版。

日知主编:《古代城邦史研究》,人民出版社 1983 年。

沈长云、张渭莲:《中国古代国家起源与形成研究》,人民出版社 2009
　　年版。

舒大刚:《春秋时期少数民族分布研究》,台北:文津出版社 1994 年版。

童书业:《春秋史》,商务印书馆 2010 年版。

汪民安等编:《福柯的面孔》,文化艺术出版社 2001 年版。

王国维:《观堂集林》,上海古籍书店 1983 年影印版。

王健:《西周政治地理结构研究》,中州古籍出版社 2004 年版。

王明珂:《华夏边缘——历史记忆与族群认同》,台北:允晨文化实业股
　　份有限公司 1997 年版。

王维堤、唐书文:《〈春秋公羊传〉译注》,上海古籍出版社 2004 年版。

王永兴:《陈寅恪先生史学述略稿》,北京大学出版社 1998 年版。

王锺翰主编:《中国民族史》(修订版),中国社会科学出版社 2001 年版。

吴于廑:《吴于廑自选集》,首都师范大学出版社 1995 年版。

许倬云:《西周史》(增订本),三联书店 1993 年版。

许冠三:《新史学九十年代》,岳麓书社 2003 年版。

杨伯峻:《春秋左传注》,中华书局 1981 年版。

杨宽:《西周史》,上海人民出版社 2003 年版。

杨树达:《春秋大义述》,上海古籍出版社 2007 年版。

杨树达:《积微居小学述林》,中华书局 1983 年版。

杨天宇:《周礼译注》,上海古籍出版社 2004 年版。

杨向奎:《宗周社会与礼乐文明》,人民出版社 1992 年版。

易建平:《部落联盟与酋邦——民主·专制·国家:起源问题比较研究》,
　　社会科学文献出版社 2004 年版。

赵伯雄:《春秋学史》,山东教育出版社 2004 年版。

朱凤瀚:《商周家族形态》,天津古籍出版社 2004 年版。

4. 中文译著

［美］约翰·巴克勒等：《西方社会史》，霍文利等译，广西师范大学出版社 2005 年版。

［美］马丁·贝尔纳：《黑色雅典娜——古典文明的亚非之根》第一卷，郝田虎、程英译，吉林出版集团有限责任公司 2011 年版。

［美］杰瑞·本特利、齐格勒：《新全球史——文明的传承与交流》，魏凤莲等译，北京大学出版社 2007 年版。

［美］伯恩斯等著：《西方文明史》，王觉非等译，中国青年出版社 2003 年版。

［英］罗伊·波特主编：《剑桥插图医学史》，张大庆主译，山东画报出版社 2007 年版。

［英］戴维斯：《民主政治与古典希腊》，黄洋、宋可即译，上海人民出版社 2010 年版。

［美］伊迪丝·汉密尔顿：《希腊精神》，葛海滨译，辽宁教育出版社 2005 年版。

［英］霍布斯鲍姆：《民族与民族主义》，李金梅译，上海人民出版社 2000 年版。

［英］基托：《希腊人》，徐卫翔、黄韬译，上海人民出版社 1998 年版。

［美］唐纳德·卡根等著：《西方的遗产》，上海人民出版社 2008 年版。

［美］彼得·卡赞斯坦主编：《世界政治中的文明——多元多维的视角》，秦亚青、魏玲等译，上海人民出版社 2012 年版。

［德］哈特穆特·凯博：《历史比较研究导论》，赵进中译，北京大学出版社 2009 年版。

［英］科林武德：《历史的观念》，何兆武、张文杰译，商务印书馆 1997 年版。

［法］雅克·勒高夫：《历史与记忆》，方仁杰、倪复生译，中国人民大学出版社 2010 年版

［荷］布鲁玛·玛格里特：《西方主义——追溯"反西方"的历史与本源》，张鹏译，金城出版社 2010 版。

［美］洛伊斯·玛格纳：《医学史》，刘学礼主译，上海人民出版社 2009 年版。

［美］乔治·米德：《心灵、自我与社会》，赵月瑟译，上海译文出版社

1992 年版。

［英］奥斯温·默里：《早期希腊》，晏绍祥译，上海人民出版社 2008
　　年版。

［美］马文·佩里主编：《西方文明史》，胡万里等译，商务印书馆 1993
　　年版。

［法］皮埃尔－安德烈·塔吉耶夫：《种族主义源流》，高凌瀚译，三联书
　　店 2005 年版。

［英］汤因比：《人类与大地母亲》，徐波等译，上海人民出版社 2001
　　年版。

［德］卡尔·雅斯贝斯：《历史的起源与目标》，魏楚雄等译，华夏出版社
　　1989 年版。

［古希腊］希罗多德：《历史》，徐松岩译，上海三联出版社 2008 年版。

　　5. 论文

［以］艾森斯塔特：《轴心时代的突破——轴心时代的特征与起源》，载苏
　　国勋、刘小枫主编《社会理论的诸理论》第二卷，上海三联书店 2005
　　年版。

［挪威］弗里德里克·巴斯：《族群与边界》，高崇译，《广西民族学院学
　　报》，1999 年第 1 期。

晁福林：《春秋时期礼的发展与社会观念的变迁》，《北京师范大学学报》
　　1994 年第 5 期。

晁福林：《先秦时期“德”观念的起源及其发展》，《中国社会科学》
　　2005 年第 4 期。

常金仓：《“夷夏之辨”与“以德怀远”说》，《陕西师范大学学报》1997
　　年第 1 期。

陈昌远：《古杞国历史地理问题考辨》，《中国历史地理论丛》2000 年第
　　1 期。

陈连开：《中国·华夷·蕃汉·中华·中华民族——一个内在联系发展被
　　认识的过程》，载《中华民族研究初探》，知识出版社 1994 年版。

陈其泰：《儒家公羊学派夷夏观及其影响》，《史学集刊》2008 年第 3 期。

陈寅恪：《与刘叔雅论国文试题书》，载《金明馆丛稿二编》，三联书店
　　2001 年版。

陈玉屏：《对先秦儒家“礼别华夷”的解读》，《烟台大学学报》2009 年

第 1 期。

杜钢百：《公羊、谷梁为卜商或孔商讹诲异名考》，《文哲季刊》1933 年第 1 期。

葛荃：《论〈春秋·公羊传〉的"大一统"政治思想》，《政治学研究》1987 年第 3 期。

范毓周：《甲骨文"戎"字通释》，载王宇信、宋镇豪主编《纪念殷墟甲骨文发现一百周年国际学术研讨会论文集》，社会科学文献出版社 2003 年版。

费孝通：《开创学术新风气》，载《费孝通论文化自觉》，群言出版社 2005 年版。

顾颉刚、王树民：《"夏"和"中国"——祖国古代的称号》，载《中国历史地理论丛》第一辑，陕西人民出版社 1981 年版。

韩连琪：《春秋战国时代的郡县制及其演变》，《文史哲》1986 年第 5 期。

黄德昌：《儒家与夷夏之辨》，《四川大学学报》2003 年第 4 期。

黄洋：《希腊城邦的公共空间与政治文化》，《历史研究》，2001 年第 5 期。

黄洋：《古代希腊罗马文明的"东方"想象》，《历史研究》2006 年第 1 期。

黄洋：《希罗多德：历史学的开创与异域文明的话语》，《世界历史》2008 年第 4 期。

姜建设：《夷夏之辨发生问题的历史考察》，《史学月刊》1998 年第 5 期。

李炳海：《孔子种族意识的双向结构》，《齐鲁学刊》1990 年第 2 期。

李云泉：《夏夷文野之分与华夏中心意识》，《山东师范大学》2002 年第 3 期；《夏夷之辨观念的擅变及其时代特征》，《河北师范大学》2003 年第 1 期。

栗劲、王占通：《略论奴隶社会的礼与法》，《中国社会科学》1985 年第 5 期。

林甘泉：《夷夏之辨与文化认同》，《传统文化与现代化》1995 年第 3 期。

刘家和：《论古代的人类精神的觉醒》，载《古代中国与世界》，武汉出版社 1997 年版。

刘梦溪：《有教无类——论陈寅恪先生种族与文化观点》，《中国文化》1991 年第 4 期。

刘文明：《19 世纪中叶前中国与欧洲的"文明"观念》，《首都师范大学学报》2010 年第 5 期。

刘新成：《〈新全球史〉序》，载杰里·本特利、赫伯特·齐格勒：《新全球史》上，魏凤莲等译，北京大学出版社 2007 年版。

刘新成：《互动：全球史观的核心理念》，《全球史评论》第二辑，中国社会科学出版社 2009 年版。

刘新成：《全球史观在中国》，《历史研究》2011 年第 6 期。

柳岳武：《"一统"与"统一"——试论中国传统"华夷"观念之演变》，《江淮论坛》2008 年第 3 期。

[德] 约恩·吕森著：《怎样克服种族中心主义——21 世纪历史学对承认的文化的探讨》，张旭鹏译，《山东社会科学》2007 年第 11 期。

罗志田：《有教无类：中古文化与政治的互动——读陈寅恪隋唐两论札记》，《社会科学研究》2004 年第 2 期。

彭华：《陈寅恪"种族与文化"观辨微》，《历史研究》2000 年第 1 期。

庞朴：《文化的民族性和时代性》，载《文化的民族性与时代性》，中国和平出版社 1988 年版。

启良：《希腊城邦与周天下——与日知先生商榷》，《世界历史》1991 年第 2 期。

秦平：《〈春秋穀梁传〉华夷思想初探》，《齐鲁学刊》2010 年第 1 期。

秦永洲：《春秋战国的华夷之辨与华夏正统之争》，《山东师范大学学报》2001 年第 6 期。

邵望平：《〈禹贡〉"九州"的考古学研究》，载苏秉琦主编《考古学文化论集》，文物出版社 1989 年版。

沈长云：《华夏民族的起源和形成过程》，《中国社会科学》1993 年版第 1 期。

王尔敏：《陈寅恪著〈元白诗笺证稿〉读后》，《食货月刊复刊》第二卷，1973 年，第十期。

王雷：《民族定义与汉民族的形成》，《中国社会科学》1982 年第 5 期。

王以欣：《古希腊神话与土地占有权》，《世界历史》2002 年第 4 期。

萧启庆：《元明之际士人的多元政治选择——以各族进士为中心》，《台大历史学报》第 32 期（2003）。

许殿才：《"夷夏之辨"与大一统思想》，《河北学刊》2005 第 3 期。

徐杰舜、彭英明：《部族的形成及特点浅探》，《云南社会科学》第 2 期。

徐杰舜：《从部族的定义看夏、商、周三族的性质》，《广西民族研究》1985 年第 1 期。

徐松岩：《雅典帝国、周天下与早期国家》，《重庆师院学报》1999 年第 1 期。

徐晓旭：《古希腊人的"民族"概念》，《世界民族》2004 年第 2 期。

徐晓旭：《马其顿帝国主义中的希腊认同》，《世界历史》2008 年第 4 期。

姚小欧：《〈商颂〉五篇的分类与作年》，《文献》2002 年第 2 期。

颜世安：《华夷之辨与春秋泓之战》，《南京工业大学学报》2004 年第 3 期。

颜世安：《周初"夏"观念与王族文化圈意识》，《北京师范大学学报》2007 年第 4 期。

杨铭、刘春鸣：《西周时期的气候变化与民族迁徙》，《中原文物》1997 年第 2 期。

杨希枚：《论先秦姓族和氏族》，载《杨希枚集》，中国社会科学出版社 2006 年版。

杨希枚：《姓字古义析证》，载《杨希枚集》，中国社会科学出版社 2006 年版。

杨祖希：《我国历史上古国和古族的表述问题》，《学术月刊》1980 年第 3 期。

叶江：《当代西方的两种民族理论——兼评安东尼·斯密斯的民族理论》，《中国社会科学》2002 年第 1 期。

叶文宪：《论商王朝是我国早期的一个部族国家》，《殷都学刊》2001 年第 1 期。

叶文宪：《论西周国家的性质——中国早期的部族国家》，《史海侦迹——庆祝孟世凯先生其实岁文集》，香港新世纪出版社 2006 年版。

余英时：《轴心突破和礼乐传统》，《二十一世》2000 年第 2 期（总第 58 期）。

余治平：《夷夏之变与文明超越——春秋公羊学视野下的中国道路选择》，《江海学刊》2012 年第 1 期。

张灏：《从世界文化史看枢轴时代》，《二十一世纪》2000 年第 2 期（总第 58 期）。

张家诚:《气候变化对中国农业生产的影响初探》,《地理研究》,1982 年
　　第 1 卷第 2 期。

张京华:《中国何来轴心时代?(上)》,《学术月刊》2007 年第 7 期。

张巍:《希罗多德的"探究"——《历史》序言的思想史释读》,《世界
　　历史》2011 年第 5 期。

张新刚:《希腊"自由"观念的历史考察》,《史林》2012 年第 3 期。

张正明:《先秦的民族结构、民族关系和民族思想》,《民族研究》1983
　　年第 5 期。

张正明:《荆楚族源通议》,《中国民族学院学报》,1984 年第 1 期。

周樑楷:《陈寅恪和傅斯年的历史观点——从西方学术背景所作的讨论
　　(1880—1930)》,《台大历史学报》第 20 期(1996)。

周书灿:《〈殷周制度论〉新论——学术史视野下的再考察》,《清华大学
　　学报》2012 年第 5 期。

竺可桢:《历史时代世界气候的波动》,《气象学报》,第 31 卷第 4 期,
　　1962 年 1 月。

竺可桢:《中国近五千年来气候变迁的初步研究》,《考古学报》,1972 年
　　第 1 期。

左宏愿:《原生论与建构论:当代西方的两种族群认同理论》,《国外社会
　　科学》2012 年第 3 期。

　　6. 硕博(后)论文

焦雅君:《从平视到蔑视——古希腊人蛮族观念的演变》,北京师范大学
　　博士毕业论文,2002 年 5 月。

宁永娟:《论陈寅恪先生的"种族与文化"观》,首都师范大学硕士毕业
　　论文,2005 年 5 月。

徐晓旭:《古代希腊民族认同的形成》,复旦大学博士后出站论文,2003
　　年 5 月。

张其贤:《"中国"概念与"华夷"之辨的历史探讨》,台湾大学博士论
　　文,2009 年 9 月。

二　英文文献

1. 原始文献

Aeschylus, *The Persians*, Loeb Classical Library, trans., H. W. Smyth, Harvard University Press, 2001.

Aristotle, *The Politics*, Loeb Classical Library, trans. , H. Rackham, Harvard University Press, 2000.

Aristotle, *Metaphysics*, Loeb Classical Library, trans. , Hugh Tredennick, Harvard University Press, 2003.

Aristotle, *The Athenian Constitution*, Loeb Classical Library, trans. , H. Rackham, Harvard University Press, 1996.

Euripides, *Hecuba*, Loeb Classical Library, trans. , David Kovacs, Harvard University Press, 2002.

Euripides, *Suppliant Women*, Loeb Classical Library, trans. , David Kovacs, Harvard University Press, 2002.

Euripides, *Helen*, Loeb Classical Library, trans. , David Kovacs, Harvard University Press, 2002.

Euripides, *Iphigenia at Aulis*, Loeb Classical Library, trans. , David Kovacs, Harvard University Press, 2002.

Euripides, *Orestes*, Loeb Classical Library, trans. David Kovacs, Harvard University Press, 2002.

Euripides, *The Trojan Women*, Loeb Classical Library, trans. David Kovacs, Harvard University Press, 1999.

Euripides, *The Children of Hercules*, Loeb Classical Library, trans. David Kovacs, Harvard University Press, 2005.

Euripides, *Alcestis*, Loeb Classical Library, trans. David Kovacs, Harvard University Press, 2002.

Greek Lyric, Vol. II, Loeb Classical Library, trans. , David A. Campbell, Harvard University Press, 1988.

Herodotus, *The Persian Wars*, Loeb Classical Library, trans. , A. D. Godley, Havard University Press, 2000.

Hippocrates, *Airs Waters Places*, Loeb Classical Library, trans. , W. H. S. Jones, Harvard University Press, 2004.

Homer, *Iliad*, Loeb Classical Library, trans. , A. T. Murray, Havard University Press, 2001.

Homer, *Odyssey*, Loeb Classical Library, trans. , A. T. Murray, Havard University Press, 2002.

Isocrates, *Panegyricus*, Loeb Classical Library, trans., George Norlin, Harvard University Press, 2000.

Pausanias, *Description of Greece*, Loeb Classical Library, trans., W. H. S. Jones and H. A. Ormerod, Harvard University Press, 2003.

Pindar, *Isthmain Odes*, Loeb Classical Library, trans., William H. Race, Harvard University Press, 2003.

Plato, *Laws*, Loeb Classical Library, trans., R. G. Bury, Harvard University Press, 2001.

Plato, *The Republic*, Loeb Classical Library, trans., Paul Shorey, Harvard University Press, 2003.

Plato, *Menexenus*, Loeb Classical Library, trans., R. G. Bury, Harvard University Press, 2003.

Plutarch, *Lives*, Loeb Classical Library, trans., Bernadotte Perrin, Harvard University Press, 2001.

Plutarch, *On the Mallce of Herodotus*, Loeb Classical Library, trans., F. H. Sandbach, Harvard University Press, 1965.

Thucydides, *History of the Peloponnesian War*, Loeb Classical Library, trans., C. F. Smith, Harvard University Press, 1998.

Xenophon, *Hellenica*, Loeb Classical Library, trans., Carleton Brownson, Harvard University Press, 2003.

Xenophon, *Anabasis*, Loeb Classical Library, trans., Carleton Brownson, Harvard University Press, 2001.

The Bible, New Revised Standard Version.

2. 专著

Barth, Fredrik, ed., *Ethnic Groups and Boundaries: The Social Organization of Culture Difference*, Boston: Little, Brown and Company, 1969.

Blaut, J. M., *The Colonizer's Model of the World: Geographical Diffusionism and Eurocentric History*, New York and London: The Guilford Press, 1993.

Boardman, John and Hammond, eds., *Cambridge Ancient History*, Vol. Ⅲ, Part3, Cambridge: Cambridge University Press, 2008.

Boardman, John and G. L. Hammond, M. Lewis, M. Ostwald, eds., *The*

Cambridge Ancient History, Vol. Ⅳ, Cambridge: Cambridge University Press, 1988.

Bowden, Brett, *The Empire of Civilization: The Evolution of an Imperial Idea*, Chicago and London: The University of Chicago Press, 2009.

Carrier, James, ed. , *Occidentalism: Images of the West*, Oxford: Oxford University Press, 1995.

Cartledge, Paul, *The Greeks: A Portrait of Self and Others*, Oxford and New York: Oxford University Press, 1993.

Croix, G. E. M. de Ste. , *The Origins of the Peloponnesian War*, Ithaca and London: Cornell university press, 1972.

Eisenstadt, Shmuel, ed. , *The Origins and Diversity of Axial Age Civilizations*, New York: State University of New York Press, 1986.

Eliav-Feldon, Miriam, Benjamin Isaac and Joseph Ziegler, eds. , *The Origins of Racism in the West*, Cambridge: Cambridge University Press, 2009.

Focault, Miche, *Archaeology of Knowledge and the Discourse on Language*, Trans. , A. M. Sheridan Smith, New York: Pantheon Books, 1972.

Geerts, Clifford, *The Interpretation of Cultures*, New York: Basic Books, 1973.

Goody, Jack, *The Theft of History*, Cambridge: Cambridge University Press, 2006.

Hall, Edith, *Inventing the Barbarian: Greek Self-Difinition through Tragedy*, Oxford: Oxford University Press, 1989.

Hall, Jonathan, *Ethnic Identity in Greek Antiquity*, Cambridge: Cambradge University Press, 1997.

——*Hellenicity: Between Ethnicity and Culture*, Chicago: The University of Chicago Press, 2002.

Harrison, Thomas, ed. , *Greeks and Barbarians*, Edinburgh: Edinburgh University Press, 2002.

Hartog, Francois, *The Mirror of Herodotus: The Representation of the Other in the Writing of History*, trans. , Janet Lloyd, Berkeley and Los Angeles: University of California Press, 1988.

Hornblower, S. , *The Greek World: 479—323 B. C*, London: Routledge,

1991.

Isaac, Benjamin, *The Invention of Racism in Classical Antiquity*, Princeton: Princeton University Press, 2004.

Kagan, Donald, *The Outbreak of the Peloponnesian War*, Ithaca and London: Cornell University Press, 1969.

Kim, Hyun Jin, *Ethnicity and Foreigners in Ancient Greece and China*, London: Duckworth Publishers, 2009.

Kreober, Alfred and Clyde Cluckhohn, *Culture: A Critical Review of Concepts and Definitions*, Cambridge, Massachusetts, 1952.

Lieberman, Victor, *Strange Parallels: Southeast Asia in Global Context, c. 800—1830, Volume I: Integration on the Mainland*, Cambridge: Cambridge University Press, 2003.

Malkin, Irad, ed., *Ancient Perceptions of Greek Ethnicity*. Washington DC: Center for Hellenic Studies, 2001.

Raaflaub, Kurt, *The Discovery of Freedom in Ancient Greece*, trans., Renate Franciscono, London: University of Chicago Press, 2004.

Said, Edward, *Orientalism*, New York: Random House, 1994.

Smith, Anthony D., *The Ethnic Origins of Nations*, Oxford: Basil Blackwell Ltd, 1986.

Tibebu, Teshale, *Hegel and the Third World: the Making of Eurocentrism in World History*, Syracuse: Syracuse University Press, 2011.

Venn, Couze, *Occidentalism: Modernity and Subjectivity*, London: Sage Publications, 2000.

3. 论文

Browning, Robert, "Greeks and Others: From Antiquity to the Renaissance", in Thomas Harrison ed., *Greeks and Barbarians*, Edinburgh: Edinburgh University Press, 2002.

Connor, W. R., "The Ionian Era of Athenian Civic Identity", *Proceedings of the American Philosophical Society*, Vol. 137, No. 2 (1993).

Daedalus, Vol. 104, No. 2, *Wisdom, Revelation, and Doubt: Perspectives on the First Millennium B. C.*, (Spring, 1975).

Finley, M. I., "The Fifth-Century Athenian Empire: A Balance Sheet", in

P. D. A. Garnsey and C. R. Whittaker, *Imperialism in the Ancient world*, Cambridge University Press, 1978.

Haaland, Gunnar, "Economic Determinants in Ethnic Processes", in *Ethnic Groups and Boundaries: The Social Organization of Culture Difference*, Fredrik Barth, ed., Boston: Little, Brown and Company, 1969.

Hale, Henry E., "Explaining Ethnicity", *Comparative Political Studies*, Vol. 37, No. 4, 2004.

Hall, J. M., "Contested Ethnicities: Perceptions of Macedonia within Evolving Definitions of Greek Identity", in Irad Malkin ed., *Ancient Perceptions of Greek Ethnicity*. Washington DC: Center for Hellenic Studies, 2001.

Jones, C., "Ethnos and Genos in Herodotus", in *Classical Quarterly* 46 (1996).

Jones, W. H. S., "Greeks and Foreigners", *The Classical Review*, Vol. 24, No. 7 (Nov., 1910).

Kaniewski, D. and Paulissen, E. and Van Campo, E. and Weiss, H. and Otto, T. and Bretschneider, J. and Van Lerberghe, K., "Late second-early first millennium BC abrupt climate changes in coastal Syria and their possible significance for the history of the Eastern Mediterranean", *Quaternary Research*, Volume 74, Issue 2.

Ning, Wang, "Orientalism Versus Occidentalism?", *New Literary History*, Vol. 28, No. 1, Cultural Studies: China and the West (Winter, 1997).

Rusen, Jorn, "How to Overcome Ethnocentrism: Appraoches to a Culture of Recognition by History in the Twenty-First Century", in *History and Theory*, Vol. 43 (Dec., 2004)

Said, Suzanne, "Greeks and barbarians in Euripides' Tragedies: The End of Differences?", in Thomas Harrison, ed., *Greeks and Barbarians*, Edinburgh: Edinburgh University Press, 2001.

Schwartz, Benjamin I., "The Age of Transcendence", *Daedalus*, Vol. 104, No. 2, (Spring, 1975).

后　记

经过一年多的时间，这本小册子终于写完了，如释重负。在这段日子里真正体验到了什么叫"光阴似箭，日月如梭"，几乎掰着指头数着日出日落。当初设想在硕士论文的基础上添加十一二万字，就可以有模有样，但是后来再检视这篇硕士论文，发现它几乎用不上，只能重写。所以改变了写作计划，也拖延了写作的时间。写作过程中也学会了怎样拾掇零碎的时间，原来以为一个小时、半个小时的空档联不起思绪，难以进入状态，非得一天半天的时间才动笔，时间紧了，也只好集腋成裘，才发现只利用大时间那是思想上的懒惰。

在首都师范大学全球史研究中心学习的四年里受惠于很多师友，在此仅能用只言片语表达谢意。首先感谢恩师刘文明教授及师母谭珍梅女士。刘老师的博学、淡泊、宽厚给我留下了极为深刻的印象。老师的教育方法也让我终生受益，他善于用师生讨论的方式传道授业解惑，没有架子，不愠不怒，与学生一道就某个关心的问题展开对话，甚至是辩论，这样将学习的主动权交给学生，易于开导学生的思维。老师理论修养颇深，熟悉哲学、人类学、社会学理论，常常从跨学科的角度解释历史，给我们很多启发。这本小册子同样凝结恩师很多心血，从本书的选题，到材料的搜集，到最后定稿，自始至终老师都付出莫大的辛劳，没有老师的支持、信任和鞭策，很难想象它是什么样子！师母在图书馆工作，为我借阅图书提供极大的帮助。有这样的恩师、师母，是人生的幸事。

夏继果老师为本书的写作提供很大支持。当初，我硕士论文定了这个选题，很多朋友表示了怀疑，认为题目太大，很难写，夏老师拍着我的肩膀说，"认同研究是史学前沿，好好做"，我才鼓起了勇气写下去。另外，夏老师还尽量为我开绿灯，选了他的专业课，他却给我了免修的特权，以便腾出更多的时间。

　　说实话，初接触全球史还不知道全球史为何物，施诚老师也是我学习全球史的引路人之一。读硕士期间修了晏绍祥老师一年的专业课，很是钦佩晏老师的博闻强志。他的课让我初窥希腊史之门。有时我还发短信向晏老师请益，晏老师都在第一时间内回复。

　　四年来，我除受以上诸位老师教诲恩泽外，许多同窗好友也在学习上和生活上给我无数的帮助。陈建兄为人敦厚，好学不倦，每每与陈建兄聊到深夜，都受益不浅。他有藏书的爱好，但嗜书不吝书，经常慷慨相借。刘旭兄与我共处三载，情趣相投，彼此无话不谈。他性情若处子，行事真须眉，见我生活拮据，必出援手。许冬辉兄有古士遗风，仗义疏财，也不在话下，急人所急，想人所想。我初来北京之时，衣单食薄，冬辉兄赠衣送食，到如今仍受其赐。秦达酉、王若茜、高冰诸兄都饱读诗书，我从诸君处受教者不少，这里一致并谢。

　　还要感谢高照晶、张小敏、汪辉、张娟娟几位贤师妹，她们丢下宝贵的学习时间认真地校对了书稿，提出很多修改意见，都镶嵌在书中。

　　最后，要感谢家人的付出。游子客居他乡方体味到家的意义。寸草之心如何报得三春之晖。

魏孝稷

2013 年 10 月于首都师范大学